MARTIN WEHRLE

Sei einzig, nicht artig!

W0179993

mosaik

Martin Wehrle

Sei einzig, nicht artig!

So sagen Sie nie mehr JA,
wenn Sie NEIN sagen wollen

mosaik

Die Ratschläge in diesem Buch wurden vom Autor und vom Verlag sorgfältig erwogen und geprüft, dennoch kann eine Garantie nicht übernommen werden. Eine Haftung des Autors bzw. des Verlags und seiner Beauftragten für Personen-, Sach- und Vermögensschäden ist ausgeschlossen.

Der Verlag weist ausdrücklich darauf hin, dass im Text enthaltene externe Links vom Verlag nur bis zum Zeitpunkt der Buchveröffentlichung eingesehen werden konnten. Auf spätere Veränderungen hat der Verlag keinerlei Einfluss. Eine Haftung des Verlags für externe Links ist stets ausgeschlossen.

MIX
Papier aus verantwortungsvollen Quellen
FSC® C083411

Verlagsgruppe Random House FSC® N001967

Dieses Buch ist auch als E-Book erhältlich.

2. Auflage
© 2015 Martin Wehrle
Deutsche Erstausgabe
© Wilhelm Goldmann Verlag, München,
in der Verlagsgruppe Random House GmbH,
Neumarkter Str. 28, 81673 München
Umschlaggestaltung: zeichenpool unter Verwendung eines Bildes
von Shutterstock / T-Kot
Lektorat: Dr. Christine Laudahn
Illustrationen: Dirk Meissner
Gedichte S. 260 und S. 261 aus: Doktor Erich Kästners lyrische Hausapotheke
© Atrium Verlag Zürich, 1936 und Thomas Kästner
Satz und Layout: Buch-Werkstatt GmbH, Bad Aibling / Kim Winzen
Druck und Bindung: CPI books GmbH, Leck.
Printed in Germany
MZ · Herstellung: IH
ISBN 978-3-442-39283-4

www.mosaik-verlag.de

Es ist besser, für das, was man ist, gehasst,
als für das, was man nicht ist, geliebt zu werden.

George Bernard Shaw

Inhalt

Teil 2
Einzig leben:
Wie Eigen-Sinn Sie glücklich macht

Vorwort

Ich hab da was verloren: Mein Leben!

»Was glauben Sie: Wie verlieren die meisten Deutschen ihr Leben?« Ich rief die Frage von der Bühne in den vollen Saal und wartete gespannt auf erste Reaktionen aus dem Publikum.

Ein junger Mann mit strohblonder Igelfrisur ließ seinen Arm nach oben schnellen. »Durch Herzleiden.«

»Nein«, sagte ich.

»Durch Krebs«, rief eine Frau mit schwarzem Zopf von weit hinten.

»Nein.«

»Unfälle?«, murmelte ein Herr mit Silberlocke.

»Nein.«

Ein nervöses Tuscheln lief durch die Reihen, ich schnappte auf: »Alkohol«, »Demenz«, »Selbstmord«. Und immer wieder rief ich: »Nein.«

»Sie wollen uns doch veralbern!«, maulte der junge Mann mit der Igelfrisur. »Wie denn sonst?«

Ich ließ meinen Blick langsam durch den Saal wandern, dann sagte ich: »Die meisten Menschen verlieren *ihr* Leben, weil sie es abtreten an andere. Weil sie Ja sagen, wenn sie Nein meinen. Weil sie mit dem Strom schwimmen, aber gegen ihre Sehnsüchte. Weil sie Berufe ausüben, die nicht ihre Berufung sind. Weil sie Beziehungen eingehen, in denen ihr Herz eingeht. Weil sie ihre Topfpflanzen jeden Tag gießen, aber sich um ihr inneres Wachstum nicht mehr kümmern.«

Im Saal war es ganz still geworden, und ich fügte hinzu: »Mit 18 verlieren sie ihr Leben – und mit 88 sinken sie ins Grab.«

Ich war genau 18 Jahre, als ich *mein* Leben verlor. Meine Eltern freuten sich an diesem Tag ein Loch in den Bauch. Die Verwandtschaft rief an, um zu gratulieren. Und meine Freunde forderten mich auf, in der Dorfkneipe eine Runde zu schmeißen. Ich galt als Glückspilz. Denn ich hatte mich als Beamtenanwärter bei einer Behörde beworben, mit Erfolg. Alle freuten sich, priesen den »sicheren Arbeitsplatz« und feixten: »Als Beamter arbeitest du dich nicht tot.« Sie irrten sich.

Zwei Jahre lang saß ich in einem Rathaus zwischen Aktenbergen, die genauso verstaubt waren wie die politischen Ansichten meines Ausbilders. Er ließ mich Artikel aus der Lokalzeitung ausschneiden (am liebsten solche, die er selbst über Gemeinderatssitzungen geschrieben hatte), Akten lochen, Kopien machen, Botengänge erledigen und mäkelte an meinem Schreibstil herum (dabei hatte ich in der Schule immer die besten Aufsätze geschrieben). Und wenn mal ein Bürger um 12.01 Uhr auftauchte, um seinen Personalausweis abzuholen, musste ich ihm die Tür vor der Nase zuschlagen mit dem Hinweis, die »Besuchszeit« sei leider schon seit einer Minute vorbei.

Ich war ein kreatives Kind gewesen, hatte Spiele und Geschichten erfunden. Jetzt langweilte ich mich zu Tode. Abends fühlte ich mich zu erschöpft, um noch Freunde zu treffen. Dabei hatte ich den ganzen Tag kaum etwas getan – außer 500 Mal auf die Uhr zu schauen, immer in der Hoffnung, es sei bald Mittagspause, bald Feierabend, bald Wochenende (doch die Uhr lief umso langsamer, je öfter ich schaute!).

Eine unglückliche Zeit war das für mich. Zwei Jahre. Ich wollte Gestalter sein, aber siechte als Verwalter vor mich hin. Ich hatte *mein* Leben verloren. Und warum? Ich hatte zu viel auf fremde Ratschläge gehört und zu wenig auf mein Herz.

Also: Legen Sie dieses Buch zur Seite, wenn Sie die unfehlbaren Tipps eines Gurus erwarten, der selbst immer alles richtig gemacht hat und Ihnen Ihr perfektes Leben in den Block diktiert; für diese Rolle tauge ich nicht, und gute Entscheidungen kommen immer aus Ihnen selbst heraus, nie von außen. Und legen Sie dieses Buch auch dann zur Seite, wenn Sie glauben, allein die Lektüre werde Ihr Leben verändern. Das wird sie nicht. Nicht allein.

Dies ist ein Weckruf, aber Sie entscheiden selbst, ob Sie das warme Bett der Gewohnheit verlassen oder sich aufs andere Ohr drehen. Nur wenn Sie aufstehen und sich gegen die fremden Erwartungen auflehnen, wenn Sie vom Lesen zum Handeln übergehen, können Sie Ihre Einzigartigkeit mit Leben füllen. Kein *Lesebuch* wollte ich schreiben, das Sie sich kopfnickend zu Gemüte führen, sondern ein *Lebensbuch,* das Ihr Denken, Ihr Handeln, Ihr Leben verändert. Und das funktioniert nur, wenn Sie aus vollem Herzen mitmachen.

Die wichtigste Voraussetzung, um in die Einzigartigkeit abzubiegen, ist der brennende Wunsch in Ihnen, sich und Ihr Leben wachsen zu lassen, äußere Erwartungen abzuschütteln und in ein selbstbestimmtes Leben durchzustarten, ein Leben, das perfekt zu Ihnen passt.

Erfüllen Sie diese Voraussetzung? Ich bin guter Dinge, denn warum hat Sie dieses Buch sonst angesprochen? Ich schätze, weil Sie ein Mensch sind, der über sein Leben nachdenkt und lieber einen Schritt auf sein Glück zugeht, als vergeblich zu warten, dass es an seiner Haustür klingelt. Und vielleicht haben Sie die Anpassung satt, weil Ihnen ebenso wie dem britischen Philosophen Bertrand Russell aufgefallen ist: »Menschen, die immer daran denken, was andere von ihnen halten, wären sehr überrascht, wenn sie wüssten, wie wenig die anderen über sie nachdenken.«

Wenn Sie schon so weit sind, gratuliere ich Ihnen; denn die meisten machen es umkehrt: Sie arrangieren sich mit ihrem Leben, statt ihr Leben für sich zu arrangieren. Sie fahren im letzten Waggon ihres eigenen Lebenszuges. Die Lok wird von anderen geführt, die Weichen werden von anderen gestellt. Und so rast der Zug an Lebenszielen vorbei und bleibt an Stellen stehen, wo sich das Leben schlecht anfühlt.

Mich hat mein Lebenszug in einem Rathaus abgesetzt. Ich meinte, frei zu handeln, doch war nur eine Marionette. Die gefährlichste Krankheit der Gegenwart hatte mich erwischt, ein Volksleiden, das immer mehr um sich greift: die heimliche Fremdbestimmung. Dadurch war mein Glück entgleist.

Was können Sie tun, um (vermeintliche) Zwänge abzuschütteln und in die Lok Ihres Lebenszuges zu klettern? Wie können Sie die Weichen so stellen, dass Sie die eingefahrenen Gleise verlassen und in Ihrer eigenen Mitte ankommen?

Dieses Buch wird Sie auf Ihrem Weg zum Selber-Leben begleiten, mit den Erlebnissen prominenter Zeitgenossen von Günther Jauch bis Stephen King, den Weisheiten großer Denker von Aristoteles bis Schopenhauer und vor allem den Geschichten ganz normaler Menschen, die bei mir in der Beratung ihren Lebens-Fahrplan neu festgelegt haben. Diese Erfahrungen, verbunden mit praktischen Coaching-Übungen, liefern Ihnen wertvolles Rüstzeug.

Der erste Teil des Buches deckt die Mechanismen der Fremdbestimmung auf. Sie erfahren, wie diese schon in der Erziehung einsetzen, weshalb wir sie im Zeitalter der Massenmedien und des Internets so leicht mit Eigensteuerung verwechseln und warum Sie auf alle Vorbilder pfeifen sollten, bis auf eines: sich selbst!

Der zweite Teil lädt Sie zu einem großen Life-Check ein, der Ihnen verrät, wie es um Ihre Selbstbestimmung steht und was Sie für Ihr Glück tun können. Praktische Beispiele und wissenschaftliche Studien zeigen Ihnen, wie Sie Ihre Gedanken und Emotionen steuern, die richtigen Freunde wählen und in der Liebe aufstatt untergehen. Am Ende können Sie den schwarzen Gürtel im Nein-Sagen erwerben: Ein Kapitel mit 22 Tipps macht Sie fit dafür, nie mehr Ja zu sagen, wenn Sie Nein sagen wollen. Damit dieses Buch ein Lebensbuch für Sie wird; damit Sie die Weichen so stellen können, dass Sie Ihrer Selbstbestimmung und Ihrem Lebensglück jeden Tag ein Stück näherkommen.

Noch stehen Sie auf dem Bahnsteig. Wollen Sie die Reise antreten? Dann heißt es jetzt: »Achtung, bitte einsteigen, Türen schließen selbsttätig.« Ich verspreche Ihnen: Es wird eine spannende Fahrt.

DER KLEINE NEUDENKER

Der Strenge fragte: »Wo kämen wir hin, wenn jeder nur noch täte, was er will?!«
Der Weise lächelte und sagte: »Ins Glück!«

Teil 1

Artig leben: Warum Anpassung Ihr Unglück ist

1 Im falschen Film:

Guten Tag, ich will mein Leben zurück!

In diesem Kapitel erfahren Sie ...

▶ warum so viele Menschen in einem Film leben, dessen Drehbuch andere schreiben,

▶ warum wir so gerne »Ich muss« sagen, statt selbst zu entscheiden,

▶ wie Sie Ihren eigenen Tod als besten Lebensberater anheuern

▶ und warum die viel gepriesenen Vorbilder Sie nur in die Irre führen.

Ein Leben wie Format-Radio

Der Mann, über den bald ganz Deutschland reden würde, war am 19. Juli 1999 früh auf den Beinen: Um 3 Uhr nachts huschte er durch das Gebäude in Hamburg, ein Schatten auf leisen Sohlen. Sein Blick schweifte nach links und rechts, sein Herz schlug bis zum Hals. Niemand sollte ihn entdecken. Nicht jetzt, ehe seine Tat vollbracht war.

Endlich hatte er den Raum erreicht, wo die vielen kleinen Lichtlein flackerten. Er schlich hinein, schob die schwere Tür zu und schloss ab. Den Schlüssel ließ er von innen stecken. Er wollte es seinen Gegnern möglichst schwer machen.

Und so begann Oliver Pscherer seinen ersten Arbeitstag als Moderator der neuen »Morning Show« des Radiosenders Mix 95.0 – aber ganz anders, als es gedacht war: Er unterbrach die Song-Automatik. Dafür legte er sein eigenes Programm auf, exakt zwei Titel: »Dancing Queen« von ABBA und »No Milk Today« von Herman's Hermits. Nur diese beiden Lieder ließ er laufen. Wieder und wieder.

Um 3.30 Uhr hämmerten die ersten Fäuste gegen die Tür: »Aufmachen, sofort aufmachen!« Die Kollegen waren im Sender angekommen und wollten den musikalischen Wiederholungstäter stoppen. Doch die Tür des Studios war ebenso stark wie die Nerven des Moderators: Er spielte seine beiden Songs einfach weiter. In endloser Schleife.

Die Telefone klingelten sich heiß: »Was ist da los?«, fragten Hörer. Der Programmchef tobte vor der Studiotür, ein Krisenstab tagte, aber ABBA sang weiter »Dancing Queen«. Vier Stunden dauerte es, bis der Spuk ein Ende fand. »Der Programmchef stürmte herein und zog mich von den Fadern weg«, erinnert sich Oliver Pscherer. »Er sah ziemlich wütend aus.« Danach saß der Moderator »im Geschäftsführerzimmer wie auf einer Polizeistation« und wurde fürs Erste beurlaubt.[1]

Was hatte den Moderator zu seinem Alleingang getrieben? Frust über das Format-Radio! »Überall dudeln dieselben Songs rauf und runter«, so Pscherer. Die Moderatoren dürfen keine Lieder mehr aussuchen, das Programm wird ihnen diktiert. Darauf wollte er aufmerksam machen.

Fällt Ihnen die Parallele auf? Unser modernes Leben ist wie Format-Radio: Wir spulen ein Einheits-Programm ab, das andere für uns bestimmen. Bei der Erziehung geben die Eltern den Takt vor; bei der Arbeit haben die Chefs die Hosen an; und im Alltag richtet sich unser Kompass oft an den Freunden, Partnern und Nachbarn aus.

Wir lesen dieselben Bestseller, tragen dieselben Kleidermarken, lachen über dieselben Witze, pfeifen dieselben Hits, nutzen dieselbe Suchmaschine, tummeln uns im selben »sozialen Netzwerk« und leiden unter demselben Erreichbarkeitswahn, weshalb wir den eigenen Verstand grundsätzlich vor dem eigenen Handy ausschalten.

Und natürlich sehen wir im Fernsehen dieselbe Werbung, die Millionen Menschen individuelles Glück verspricht, sofern diese – aufgepasst! – alle das gleiche Duschgel, die gleiche Versicherung oder die gleiche Schlaftablette kaufen. Da weiß man, was man hat: ein Reihenleben im Reihenhaus.

Und doch weigert sich das Glück, bei uns einzuziehen. Denn tief innen fragen sich viele: »Was hat dieses Leben eigentlich mit mir zu tun?« Immer mehr Menschen fühlen sich im falschen Film. Vier von zehn Deutschen geben an, die Qualität ihres Lebens nehme ab.[2] Hinter hektischer Aktivität, hinter lächelnden Gesichtern, hinter makellosen Fassaden gähnt ein Abgrund aus Sinnlosigkeit und kranken Seelen. Weltweit leiden 350 Millionen Menschen unter Depressionen, bis ins Jahr 2020 wird es die zweithäufigste Volkskrankheit sein, sagt die Weltgesundheitsorganisation voraus.[3]

Wir haben es verlernt, unser Lebensprogramm so zu gestalten, dass die eigene Sehnsuchts-Melodie noch erklingt. Äußere Erwartungen blasen uns schon früh den Marsch. Die Eltern hämmern uns ein, was wir zu tun haben, um ein braves Kind zu sein. Die Schule ist eine Schablone, durch die kleine Individuen gepresst werden, bis große Anpasser herauskommen. Wer ins Arbeitsleben wechselt, hat den Funkkontakt zu seinem Herzen oft schon verloren.

Als Berater habe ich häufig Menschen vor mir sitzen, die Lebensentscheidungen von einer einzigen Frage abhängig machen wollen: »Wie wirkt es sich auf meinen Lebenslauf aus?« Je nachdem, wie die Antwort ausfällt, heuern sie im Internet-Business oder in der Stahlbranche an, gehen sie nach China oder an den Chiemsee, fangen sie ein Zweitstudium in Wirtschaftsinformatik an oder lesen Omis im Altersheim Fontane vor (weil sich ein »soziales Engagement« im Lebenslauf angeblich gut macht).

Die Frage lautet nicht: Was wäre gut für mein *Leben*? Die Frage lautet: Was wäre gut für meinen *Lebenslauf*? Die Schere im Kopf schneidet die eigenen Wünsche ab und entwirft einen Schattenriss, der äußere Anforderungen vorwegnimmt.

Solche Entscheidungen fällen wir mit Vernunft, aber bezahlen sie mit Herzblut. Wir leben »das Leben der anderen«. Wir verpassen uns selbst. Wie ist es bei Ihnen: Haben Sie es manchmal satt, ein Programm zu leben, das Ihr Herz verbiegt? Haben Sie es satt …

► Sätze zu sagen, die Sie so nicht meinen?
► Dinge zu meinen, die Sie so nicht sagen?
► Arbeiten zu verrichten, die Ihre Motivation hinrichten?
► Überstunden zu machen, die Sie fertigmachen?
► Diäten zu halten, von denen Sie nichts halten?
► große Autos zu kaufen, nur damit der Nachbar große Augen macht?
► billige Pullis überzubezahlen, nur damit ein Markenlabel darauf klebt?
► sich mit Menschen zu umgeben, die Ihnen nichts mehr geben?
► auf Leute zu hören, die alles besser wissen, obwohl sie gar nichts wissen?
► Ihr Bett mit jemandem zu teilen, der Ihnen nichts mehr ins Ohr flüstert, sondern nur noch ins Ohr schnarcht?

»Eigentlich bin ich ganz anders, nur komme ich nicht dazu«, schrieb der österreichisch-ungarische Autor Ödön von Horváth.[4] Ich möchte Sie ermutigen: Kommen Sie doch dazu, Sie selbst zu sein – je eher, je besser! Denn wer sich immer damit vertröstet, sein Glück warte hinter der nächsten Lebenskurve, als Schüler nach der Schulzeit, als Student nach dem Studium, als Berufstätiger nach dem Arbeitsleben – dem wird es mit seinem Glück wie mit dem Scheinriesen Tur Tur aus der Jim-Knopf-Geschichte gehen:[5] Je näher man ihm kommt, desto kleiner wird es. Am Ende hat es sich aufgelöst.

Über dem Tempel der alten Griechen in Delphi stand: »Erkenne dich selbst!« Dieser Appell dient als Wegweiser für ein Leben, das perfekt zu Ihnen passt. Erst wenn Sie wissen, wer Sie sind und was Sie wirklich wollen, können Sie die Weichen für Ihren Lebenszug richtigstellen.

Doch Vorsicht, fragen Sie sich immer: »Ist dieser Wunsch *tatsächlich* mein eigener? Oder doch nur eine Einflüsterung?« Viele Erwartungen sind das Echo fremder Stimmen im eigenen Kopf. Wer sagt eigentlich, dass wir rund um die Uhr vor lauter Glück glucksen müssen? Dass jeder Misserfolg ein Unglück und jedes Scheitern eine Schande ist? Dass unser Partner mindestens ein »Traumpartner« sein muss, mit einem Hirn wie Stephen Hawking und einem Hintern wie Jennifer Lopez (und keinesfalls umgekehrt!)? Dass wir nur schlank sind, wenn eine Hose in Normalgröße an unseren Hüften schlottert? Und dass wir erst dann »Karriere« gemacht haben, wenn wir auf einem Chefsessel im 15. Stock sitzen und abends in Goldtalern baden?

Wie befreiend kann es sein, solche Wünsche als Einflüsterungen zu durchschauen und durch wahre Herzenswünsche zu ersetzen! Dann wechselt Ihr Lebenszug das Gleis, und die Lokomotive faucht auf einmal fröhlicher – auch wenn Sie manches Stoppsignal anderer überfahren müssen!

Apropos: Was geschah eigentlich mit Oliver Pscherer? Die Radiochefs waren stinksauer und wollten ihn feuern. Doch die Hörer protestierten. Sie hängten Transparente in Hamburg auf: »Olli soll bleiben!« und »Schluss mit dem Einheitsbrei!« Unter diesem Sperrfeuer knickten die Bosse ein. Sie holten den widerspenstigen Moderator zu »Mix 95.0« zurück, sogar mit Gehaltserhöhung; denn die Aktion hatte den kleinen Radiosender über Nacht bekannt gemacht.

Dieses Beispiel zeigt: Oft verbiegen wir uns, um anderen zu gefallen. Aber wer erntet Respekt? Nicht der Angepasste, den je-

26

der übersieht – sondern der Mutige, der aus der Reihe tanzt und zu seinen Überzeugungen steht. Heimlich denken alle: »Hut ab, das hätte ich mich nicht getraut!«

Hätte Oliver Pscherer nur das Standard-Programm gespielt, wäre er ein Standard-Moderator geblieben. Heute ist er ein erfolgreicher TV-Produzent in London.

DER KLEINE NEUDENKER

Jeder weiß, was ihn seine Lebenshaltung kostet.
Aber was kostet mangelnde Haltung im Leben?
Diese Rechnung wäre interessanter!

Die verschütteten Wünsche

Leicht gebeugt saß die Touristikerin Rosa Steinbach[6] (39) vor mir, ihre Augen wirkten leer wie die Fenster eines ausgebrannten Hauses. Mit emotionsloser Stimme sagte sie: »Mein Aufstieg ist mir wichtig.« Ihr Gesicht blieb starr wie eine Totenmaske. Dabei sprach sie doch über ihr Leben, über eine Vision für ihre Zukunft!

Ich wollte sie aus der Reserve locken: »Angenommen, die Welt würde in sechs Monaten dichtmachen, alles Leben wäre dann vorbei, auch Ihres – wie würden Sie Ihre letzte Zeit verbringen?«

Sie blinzelte und neigte sich ein Stück nach vorne. »Sie meinen im Beruf?«

»Nein, insgesamt.«

Rosa Steinbach stellte ihren rechten Ellbogen auf den Tisch und legte ihr Kinn in den Handteller. Ihr Blick wanderte nach oben, als wollte sie die Antwort von der Decke ablesen. Ihre zuckenden Gesichtsmuskeln verrieten, dass sie angestrengt nachdachte. Es war so still im Raum, dass die Wanduhr ihr Ticken zu hämmern schien.

Nach einer Weile sah Rosa Steinbach mich wieder an. »Ich würde wahrscheinlich meinen Job kündigen, meinen Freund verlassen, endlich die Weltreise machen – und das erste Mal mit dem Fallschirm springen, das will ich schon so lange.«

Auf einmal schien Licht aus ihren Augen! Beschwingt fuhr sie fort: »Ich würde keine Businesskleidung mehr tragen, sondern Jeans. Ich würde mal wieder eine große Party veranstalten, wie zuletzt an meinem 18. Geburtstag. Ich würde mich mit meinem Vater aussprechen, da steht noch viel zwischen uns im Raum. Und ich würde meinem Vermieter endlich sagen, dass ich ihn für ein Arschloch halte. Dann müsste ich ausziehen, aber egal: Für den Übergang ginge es auch in einem Hotel.«

Jetzt saß sie aufrecht. Ihre Hände flogen beim Sprechen, sie lachte, schürzte ihre Lippen und wirkte befreit. Fasziniert hörte ich zu. Aus der Leblosen war eine Lebendige geworden.

Das erlebe ich oft: Menschen leuchten, wenn sie über ihre Herzenswünsche sprechen; und sie erlöschen, wenn sie nur nachplappern, was die Gesellschaft ihnen einflüstert. Rosa Steinbachs Aufstiegswunsch, so kam heraus, ging auf ihren Vater zurück, der ihr eingeimpft hatte: »Du musst im Beruf nach oben kommen!« Ihr Freund, ein Betriebswirt mit MBA, hatte in dasselbe Horn gestoßen: Aufstieg um jeden Preis!

Ihre eigenen Wünsche lagen begraben unter einem Müllberg fremder Erwartungen, dessen Gift bis in ihr Unbewusstes gesickert war.

Dass der gesellschaftliche Zwang das Individuum vergiftet, hat der hellsichtige Philosoph Jean-Jacques Rousseau bereits zu einer Zeit kritisiert, als sein Geburtsort Genf noch nicht über Google Earth zu finden war, als es noch keine Massenmedien, keinen Massengeschmack, keine Fremdsteuerung im heutigen Ausmaß gab:

»Alle Geister scheinen in die gleiche Form gepresst. Ohne Unterlass fordert die Höflichkeit, befiehlt der Anstand bestimmte Dinge; immer folgt man dem Usus, nie dem Genius. Man wagt nicht mehr zu scheinen, was man ist; und in diesem ständigen Zwang tun die Menschen, die jene Herde bilden, die man Gesellschaft nennt, unter gleichen Umständen alle das Gleiche.«[7]

Wir leben im Zeitalter der Herde. 91 Prozent der Deutschen unterschreiben, dass Genuss ein Leben lebenswert macht. Aber nur 15 Prozent können von Momenten berichten, in denen sie alles um sich herum vergessen haben und wirklich glücklich waren.[8] Selbstbestimmung heißt, dass Sie *nicht* »unter gleichen Umständen das Gleiche tun«, sondern das Eigene, das Stimmige, das *für Sie* Glücksbringende. Dabei weist Ihnen Ihr Herz den Weg, sobald Sie die gleiche Frage wie Rosa Steinbach beantworten:

Wie würden Sie Ihre restliche Zeit verbringen, wenn Sie wüssten, dass es mit der Welt und Ihrem Leben in sechs Monaten vorbei ist?

Nehmen Sie sich Zeit für diese Frage. Gehen Sie im Geist die einzelnen Felder Ihres Lebens durch. Was ist Ihnen wirklich wichtig? Hier einige Beispielfragen:

- ▶ Welche Arbeiten würden Sie noch verrichten wollen?
- ▶ Welche Liebe noch ausleben?
- ▶ Welche Menschen noch sehen?
- ▶ Welche Länder noch bereisen?
- ▶ Welche Hobbys noch ausüben?
- ▶ Welche Bücher noch lesen?
- ▶ Welche Gedanken noch denken?
- ▶ Welche Worte noch sagen?
- ▶ Welche Pläne noch schmieden?
- ▶ Welche Träume noch verwirklichen?
- ▶ Welche Versäumnisse noch nachholen?

Ich wette, dass Sie nicht antworten werden: »Ich will unbedingt noch ein paar Überstunden machen, damit mein Chef zufrieden ist.« Nicht: »Ich will mehr Geld sparen, damit ich ein größeres Auto kaufen kann.« Und schon gar nicht: »Ich will mir noch die Nase operieren lassen, damit ich den Top-Models ähnlicher sehe.«

Solche Herdenwünsche, die an uns kleben wie der Hundekot am Schuh, weichen den echten Herzenswünschen, sobald Ihr eigenes Ende nah scheint. Dafür werden Sie den Scheinwerfer nach innen richten: auf Ihr Wollen, auf Ihr Sehnen, auf die Kraft Ihrer Intuition – nach dem Leitspruch Hermann Hesses: »Ich lebe in meinen Träumen. Die anderen Leute leben auch in Träumen, aber nicht in ihren eigenen, das ist der Unterschied.«[9]

Welche Bilder steigen in Ihrem Kopf auf? Welches Traumkarussell beginnt sich zu drehen? Welche Hoffnungen, die im Alltag schon verstummt waren, flüstern Ihnen jetzt wieder ins Ohr? Und wollen Sie wirklich auf den Weltuntergang warten, um vorher noch schnell der Mensch zu werden, der Sie wirklich sind?

Oder wäre es stimmiger, damit heute schon zu beginnen – und zwar direkt, nachdem Sie dieses Buch aus der Hand gelegt haben?

Folgen Sie der Aufforderung des Philosophen Friedrich Nietzsche: »Es gibt in der Welt einen einzigen Weg, auf welchem niemand gehen kann außer dir: wohin er führt? Frage nicht, gehe ihn!«[10]

DER KLEINE NEUDENKER

Wer nur tut, was ihm sein Anstand befiehlt, beweist damit, dass er keinen hat – seinen eigenen Wünschen gegenüber!

Ich spare Zeit, doch habe keine

Wie kann es sein, dass unser Funkkontakt zum eigenen Herzen heute so schnell abreißt? Dass die Erwartungen der Gesellschaft in unseren Köpfen mehr Raum einnehmen als die eigenen Sehnsüchte? Dass so viele Menschen *ihr* Leben verlieren, obwohl sie noch nicht gestorben sind?

Hier liegt ein großer Widerspruch: Wir haben eine Armada technischer Geräte erfunden, um Zeit fürs Eigentliche zu gewinnen. Statt monatelang mit einer Postkutsche durchs Land zu hoppeln, zischen wir mit dem Flugzeug durch die Lüfte. Statt uns jeden Tag mit dem Abwasch herumzuschlagen, drücken wir den Knopf der Spülmaschine. Und wer seine Wohnung heizen will, muss vorher keine Bäume mehr fällen, kein Holz mehr hacken, kein Feuer mehr schüren – er muss nur noch am Regler seiner Heizung drehen.

Doch der scheinbare Fortschritt entpuppt sich bei näherer Betrachtung als ein Geiselnehmer, der uns dem stimmigen Leben entreißt – oder von dem wir uns allzu gern entreißen lassen.

Nicht die Technik dient uns, sondern wir dienen ihr. Wie Getriebene hetzen wir durchs moderne Leben, surfen gegen die Brandung der Informationsflut an, stürzen uns in Chats, twittern Banalitäten in Echtzeit um den Globus und skypen uns ans andere Ende der Welt (während wir unseren Nachbarn seit einem halben Jahr nicht mehr gesehen haben). Kein Wunder, dass der Terminkalender allmählich so voll ist wie unser Kopf, der vor lauter Gedankenschaum überkocht.

Die häufigste Klage, die Menschen in unserer Zeit äußern, ist die, dass sie keine Zeit haben.[11] Keine Zeit für Entspannung. Keine Zeit für die Familie. Und vor allem: Keine Zeit für sich selbst!

Und doch würden viele in ihrem Bett eher auf den Liebespartner verzichten als auf Smartphone, Tablet oder Laptop. Und doch sitzt der durchschnittliche Deutsche jeden Tag vier Stunden und zwei Minuten vor seinem Fernseher, um sich eine Welt vorgaukeln zu lassen, die es so vor seinem Fenster gar nicht gibt![12] Gerade Fernsehkonsum wird von Forschern als Glücksbremse gesehen: Die Menschen sprechen weniger miteinander, treiben weniger Sport, überschätzen den Wohlstand der anderen und denken sich arm. Zudem wächst die Aggression: Noch zwei Tage, nachdem Schwergewichts-Boxkämpfe im US-Fernsehen übertragen wurden, liegt die Mordrate neun Prozent höher als sonst.[13]

Wir bringen unser Auto regelmäßig zur Inspektion, aber unser Leben bleibt ungepflegt. Sehnsüchte rosten, Träume springen nicht mehr an, der Lack des Individuellen platzt ab und wird ersetzt durch die Modefarben des Massengeschmacks.

Der Grund für diese Misere? Wir haben den Wegweiser zum selbstbestimmten Leben, das »Erkenne dich selbst!«, aus den Augen verloren. Kaum jemand hält noch inne und stellt sich Fragen, die keine Internet-Suchmaschine beantworten kann:

▶ Ist die Meinung, die ich vertrete, wirklich meine eigene?
▶ Ist der Beruf, den ich ausübe, wirklich meine Berufung?
▶ Ist die Beziehung, in der ich lebe, wirklich meine Liebe?
▶ Ist das Leben, das ich führe, wirklich von mir und für mich gemacht?

Alle Sinne zielen auf die Außenwelt. Statt auf die Chancen unseres eigenen Lebens zu blicken, sehen wir fern. Statt auf unsere Bedürfnisse zu hören, hören wir Format-Radio. Statt Erfüllung zu suchen, suchen wir bei Google heiße News aus aller Welt.

Gerade jene Zeit, die wir uns angeblich durch die moderne Technik sparen, die Zeit der langen Wege, die Zeit des Abwaschens, die Zeit des Holzhackens – gerade diese Zeit gab den Menschen früher Gelegenheit, ihr Leben zu reflektieren und auszusteuern. Solche Mußestunden bräuchten wir heute dringender als je zuvor.

Bei Rosa Steinbach, der Touristikerin, hatte die Hypothese des nahen Endes einen Denkprozess ausgelöst, ehe sie wieder zurück ins Hier und Jetzt kam und sagte: »Aber die Welt endet ja nicht in sechs Monaten. In Wirklichkeit habe ich noch viel Zeit.«

Ich fragte: »Woher wissen Sie eigentlich, dass Sie noch mehr als sechs Monate haben? Wer garantiert Ihnen das?«

Ihre Stirn schlug Falten, ihre Augenschlitze verkleinerten sich: »Stimmt, sicher ist das nicht.«

Sie erinnerte sich an ihren Onkel, der immer für die Rente gelebt hatte, aber ein halbes Jahr zuvor an einem Herzinfarkt verstorben war. Und so beschloss sie, nicht erst auf den Weltuntergang zu warten, sondern jetzt schon zu handeln.

Dabei nahm sie sich kleine Schritte vor: Erst den Sprung mit dem Fallschirm – sie wollte ihn noch am selben Tag buchen. Dann das klärende Gespräch mit ihrem Vater. Und schließlich wollte sie sich um die Beziehung zu ihrem Freund und um eine neue Wohnung kümmern.

Ihr ursprüngliches Anliegen, der Aufstieg im Job, stand plötzlich an letzter Stelle. Der Gedanke an das nahende Ende hatte ihre Wünsche umgewälzt: die eigenen nach oben, die fremden nach unten.

Wie haben sich Ihre Prioritäten durch das Gedankenspiel verschoben? Wie viel Zeit verwenden Sie pro Woche auf jene Wünsche, die Ihnen vor dem nahenden Tod die wichtigsten wären? Und wie viel Zeit auf jene, die Ihnen dann nichts mehr bedeuteten? Schreiben Sie es auf, zählen Sie es zusammen, schauen Sie es schwarz auf weiß an.

Sind Sie einverstanden mit diesem Verhältnis? Wenn nicht: Welcher Schritt könnte der erste sein, um Ihren Herzenswünschen mehr Raum zu geben? Was könnten Sie täglich tun, um diesen Kurs zu halten? Welches Zeitverhältnis soll nächste Woche auf Ihrem Zettel stehen? Und welches in einem Monat? Manchmal kann ein symbolischer Akt eine solche Lebenswende einleiten – bei Rosa Steinbach sollte es der Sprung mit dem Fallschirm sein, auf den sie sich schon spürbar freute.

Als ich ihr zum Abschied die Hand schüttelte, schien noch immer Licht aus ihren Augen.

DER KLEINE NEUDENKER

Der Weise fragte die Geschäftsfrau: »Nimmst du dir genug Zeit für die wichtigsten Menschen in deinem Leben?«

»Und ob«, antwortete sie und zückte ihren Terminkalender: »Sieh selbst: Familie, Freunde, Geschäftspartner – jeder bekommt seine Zeit.«

»Aber ein Name fehlt«, sagte der Weise und sah sie traurig an. »Wann bist du verabredet mit dir selbst?«

Prominent erlebt: Der Tod als guter Freund

Am 12. Juni 2005 sprach ein berühmter Mann vor den Studenten in Stanford. Als Gründer eines Weltunternehmens, als vielfacher Milliardär verkörperte er den amerikanischen Traum: uneheliches Kind eines syrischen Vaters, zur Adoption freigegeben, Studium abgebrochen – und doch den Olymp der Gesellschaft erstiegen.[14]

Die Studenten waren gefasst auf die typische Geschichte des Tellerwäschers, der seinen Kampf mit den Hindernissen, seinen ruhmreichen Aufstieg als Heldenmythos in Szene setzt, nach dem Motto: »Ich hab's geschafft, also könnt ihr es auch!« Wobei »geschafft« immer meint: viel Erfolg, viel Geld, viel Ansehen.

Doch dieser Milliardär schlug andere Töne an. Nicht über Ruhm sprach er, nicht über Reichtum, sondern über die Kunst, dem eigenen Herzen zu folgen. Dazu empfahl er einen Freund und Berater, vor dem sonst alle zurückschrecken: den eigenen Tod. Hier ein Auszug seiner berühmt gewordenen Rede:

35

»Als ich 17 war, las ich ein Zitat, das ungefähr so klang: Wenn du jeden Tag so lebst, als wäre es dein letzter, wird es höchstwahrscheinlich irgendwann richtig sein. Das hat mich beeindruckt und seit damals, in den vergangenen 33 Jahren, habe ich jeden Morgen in den Spiegel geschaut und mich selbst gefragt: Wenn heute der letzte Tag in meinem Leben wäre, würde ich das tun, was ich mir heute vorgenommen habe zu tun? Und jedes Mal, wenn die Antwort nein war für mehrere Tage hintereinander, wusste ich, ich muss etwas verändern.

Mich zu erinnern, dass ich bald tot sein werde, war für mich das wichtigste Werkzeug, das mir geholfen hat, all diese großen Entscheidungen im Leben zu treffen. Denn fast alles – alle äußeren Erwartungen, der ganze Stolz, die ganze Angst vor dem Versagen und der Scham – diese Dinge fallen einfach weg angesichts des Todes und lassen nur übrig, was wirklich wichtig ist. Sich zu erinnern, dass man sterben wird, ist der beste Weg, den ich kenne, um der Falle zu entgehen und zu glauben, man hätte etwas zu verlieren. Du bist vollkommen nackt. Es gibt keinen Grund, um nicht seinem Herzen zu folgen.«[15]

Die schlechte Nachricht: Sechs Jahre nach diesen Worten, am 5. Oktober 2011, starb der Mann an den Folgen eines Krebsleidens. Die gute Nachricht: Vorher hat er, der Apple-Gründer Steve Jobs, wirklich gelebt. Denn er ist seinem Herzen gefolgt.

Ein gutes Leben – Tod sei Dank.

Warum Sie nichts müssen, aber vieles dürfen

Meinem Beraterkollegen wäre fast das Sektglas aus der Hand gefallen. »Das glaub ich jetzt nicht!«, rief er übertrieben laut. Die anderen Partygäste in dem alten Tanzsaal sahen zu uns herüber. Ungläubig wiederholte er: »Du hast kein Smartphone?«

»Nicht nur kein Smartphone«, präzisierte ich. »Kein Handy.«

Seine Augäpfel traten so weit nach vorne, als wollten sie ins Sektglas hüpfen. »Aber das geht doch nicht! Du bist doch ein gefragter Mann, ein bekannter Karriereberater und Autor! Du musst doch per Handy erreichbar sein.«

Ich nippte an meinem Sekt. »Wer sagt, dass ich muss?«

»Ich kenne keinen Geschäftsmann, der heute ohne Handy klarkommt!« Wie zum Beweis tippte er mit dem Zeigefinger sein iPhone an, das vor uns auf einem Stehtisch lag.

»Ich komme gut ohne Handy klar«, erwiderte ich.

»Aber du musst doch mit der Zeit gehen!«

»Muss ich das? Ich sehe die Zeit nicht als Diktator. Und mich nicht als ihren Untertan.«

Sein Kopf leuchtete röter, als es zwei Glas Sekt erfordert hätten. »Ich wette: Wenn du erst mal ein Smartphone hast, wirst du es nicht mehr missen wollen.«

»Darum hab ich keines.«

»Aber jeder Schüler hat doch heutzutage ein Handy.«

»Bin ich jeder? Bin ich Schüler? Weder noch.«

Er stürzte seinen Sekt hinab, als wäre es bittere Medizin.

»Ich versteh dich nicht!«, seufzte er.

»Es geht mir gut ohne Handy. So fühle ich mich am wohlsten. Was die anderen darüber denken, ist mir egal. Und außerdem …«

Da klingelte sein Handy. Unser Gespräch war damit beendet. Schade, denn ich hätte gerne noch geklärt, wer ihm das Märchen »Ohne Handy geht nichts!« in den Kopf gepflanzt hat.

Warum ich das erzähle? Weil ich Ihnen zeigen möchte: Immer wenn jemand sagt, dass Sie dieses oder jenes »müssen«, sollten Sie ein dickes Fragezeichen dahintersetzen. Auch (und gerade) dann, wenn dieser Standpunkt gesellschaftlich akzeptiert ist. Lassen Sie Ihre Individualität, lassen Sie Ihr Leben nicht in Zwangs-Haft nehmen! Lessing schrieb in seinem »Nathan« den standesgemäß weisen Satz: »Kein Mensch muss müssen.«

Prüfen Sie einmal Ihren Wortschatz: Wie viele »Muss«-Sätze springen Ihnen jeden Tag über die Lippen? Und aus welcher Quelle speisen sie sich? Wer hat Ihnen so oft gesagt, dass Sie müssen, bis Sie es selbst geglaubt und als Überzeugung übernommen haben? Ein paar Beispiele:

▶ Müssen Sie immer ein offenes Ohr haben?
▶ Müssen Sie auf Ihr Gewicht achten?
▶ Müssen Sie stets ein Auge auf die Kinder haben?
▶ Müssen Sie Ordnung halten?
▶ Müssen Sie Ihren Rasen mähen?
▶ Müssen Sie sich beherrschen?
▶ Müssen Sie nach Feierabend für Ihren Chef erreichbar sein?
▶ Müssen Sie sich heutzutage online bewerben?
▶ Müssen Sie Ihre Dienstmails fortlaufend abrufen?
▶ Müssen Sie Freunden beim Umzug helfen?

Nein, Sie müssen nicht – Sie können sich jedes Mal entscheiden: dafür oder dagegen. Nur wer wählt, kann abwählen. Ohne Wahl keine Freiheit.[16]

Wer Dinge tut, weil er sich dazu gezwungen fühlt, ist ein Sklave. Sein extrinsischer, also von außen gesteuerter Antrieb reicht immer nur so lange, wie die Peitsche der Zwänge hinter ihm knallt oder die Möhre der Motivierung vor seiner Nase baumelt. Danach bleibt er stehen. Wer dagegen aus intrinsischer Motivation handelt, wer von innen heraus etwas tun *will,* der lädt sich mit Energie auf, kommt dauerhaft vorwärts und kann ein stimmiges Leben entwickeln.

In jedem der genannten Fälle liegt die Entscheidung bei Ihnen. Aber sie hat auch ihren Preis, und den sollten Sie kennen.

Wahr ist: Sie *müssen* Ihre geschäftlichen Mails nicht im Minutentakt abrufen. Wenn Sie sich dafür entscheiden, es nur zweimal am Tag zu tun, wer sollte Sie daran hindern? Schließlich weist eine Studie nach, dass regelmäßiges Mailabrufen für den Verstand ungünstiger als Kiffen ist.[17]

Der Preis kann darin bestehen, dass Ihr Chef eine Todesanzeige für Sie aufgibt, wenn er nach fünf Minuten auf seine Mail noch keine Antwort hat. Oder dass er Ihre Motivation zur aussterbenden Gattung erklärt. Aber wer weiß, vielleicht hebt Sie der Mut zu dieser begründeten Entscheidung gerade aus der Reihe der allzeit Mailbereiten hervor und qualifiziert Sie für besondere Aufgaben.

Wahr ist: Sie *müssen* Ihren Freunden nicht beim Umzug helfen. Erst recht nicht, wenn Sie kurz vor einem Burnout stehen und sich am Wochenende erholen wollen. Oder wenn Sie Umzüge hassen. Dann wäre es geheuchelt, den fleißigen Helfer zu spielen. Und nichts macht unglücklicher, als »Ja« zu sagen, obwohl das Herz »Nein!« schreit. Solche kleinen Unstimmigkeiten im Alltag können sich zu einer großen Depression summieren.

Es ist Ihr gutes Recht, Ihre eigenen Bedürfnisse mindestens so wichtig wie die der anderen zu nehmen. Der Preis? Sie brauchen den Mut zum Nein-Sagen und die Souveränität, damit umzugehen, dass die anderen zunächst irritiert sind.

Oder nehmen Sie meine Entscheidung gegen ein Handy. Zwar bin ich schwerer erreichbar, werde vielleicht als altmodisch gesehen und erfahre immer als Letzter, dass mein Zug verspätet einfährt. Dafür kann ich mich ganz dem Augenblick widmen. Wenn ich trainiere, berate oder schreibe, dann trainiere, berate oder schreibe ich. Hundert Prozent meiner Konzentration gehören der Sache und den Menschen – und nicht nur 75 Prozent, weil der Rest von einem Smartphone aufgesaugt wird.

Es gibt kein Muss, auch nicht im Business. Das machte der Aldi-Gründer Theo Albrecht vor: Als 1993 die fünfstelligen Postleitzahlen kamen, ließ er keine neuen Briefumschläge für seine Korrespondenz drucken. Nein, der vielfache Milliardär strich die alte vierstellige Postleitzahl durch und kritzelte die neue darüber – diese Sitte behielt er 17 Jahre bei, bis zu seinem Tod.[18] Kein anderer Großunternehmer, ja kaum ein Privatmann wagte das. »Wir müssen neues Briefpapier haben«, dachten alle. Niemand musste!

Dass ausgerechnet Theo Albrecht gegen den Strich bürstete, war kein Zufall. Ende der 1940er Jahre hatten die Einzelhändler in Deutschland gesagt: »Du musst deine Kunden gut bedienen! Und musst sie mit Rabattmarken locken!« Theo Albrecht jedoch entzog sich diesem Muss – und entwickelte zusammen mit seinem Bruder Karl aus dem kleinen Tante-Emma-Laden seiner Eltern eine Supermarktkette mit reduziertem Sortiment, bei der die Preise ohne die komplizierten Rabattmarken günstig waren und die Kunden sich selbst bedienten. Es wurde *das* Geschäftsmodell der jungen Bundesrepublik. Nur wer ein »Muss« überwindet, eine Norm bricht, kann enorm erfolgreich werden.

Umgehen Sie die Muss-Falle, bekennen Sie Farbe! Dadurch ziehen Sie die (für Sie) richtigen Menschen an – und stoßen die (für Sie) falschen ab. Wenn der Chef Sie nicht mehr kennt, nur weil Sie seine Mails nicht wie Bälle beim Tischtennis retournieren, dann ist es für Sie garantiert der falsche Chef – während einer, der dieses Verhalten schätzt, ein guter Sparringspartner wäre. Wer Ihnen die Freundschaft kündigt, nur weil Sie nicht beim Umzug helfen, war kein Freund – dagegen wird ein echter Freund Verständnis zeigen (und sich über Ihre Einladung zum Abendessen, nach all dem Umzugsstress, ganz besonders freuen!).

Je schärfer Ihre Konturen sind, desto weniger Missverständnisse entstehen. Das sehe ich an meinem Handy-Verzicht: Die einen zollen mir Respekt für meinen Eigen-Sinn. Solche Kunden passen gut zu mir, und ich genieße den Kontakt.

Andere aber pochen schon beim Erstkontakt auf meine Handynummer. Offenbar halten Sie mich für eine Beratungsfeuerwehr, die ihre Probleme zu jeder Tages- und Nachtzeit löscht. Solche Klienten passen nicht zu meiner Philosophie. Gut, dass wir's rechtzeitig merken. Sie müssen nicht mit mir. Und ich muss nicht mit ihnen. Denn: »Kein Mensch muss müssen.«

DER KLEINE NEUDENKER

Für »Ich muss« gibt es Übersetzungen in alle Weltsprachen, am interessantesten ist die ins Deutsche: »Ich weigere mich, selbst zu entscheiden!«

Vergessen Sie die Vorbilder!

Ich fühlte mich, als sollte ich hingerichtet werden. Und das Fallbeil rückte näher. Unser Mathelehrer teilte die Klassenarbeiten aus. Es war in der siebten Klasse, ich hatte ein Abo auf Fünfer. Und auch diesmal war ich auf eine Niederlage gefasst.

Doch dann traute ich meinen Augen kaum: Unter der Arbeit stand eine 2,0! Freude durchzuckte mich. Was für ein unerwartetes Geschenk! Kurz danach sah ich neben der Note einen Kreis mit Querstrich. Der Notendurchschnitt lag bei 1,4! Meine Freude erlosch. Achtlos steckte ich die Arbeit in den Schulranzen.

Das Vergleichen ist unser Lieblingssport. Keiner wagt es mehr, sich zu beurteilen, ohne nach links und nach rechts zu schielen. Wir messen uns an Mitschülern, Kommilitonen, Arbeitskollegen, Nachbarn und als Wirtschaftsstandort natürlich an den Chinesen, solange die Außerirdischen noch nicht entdeckt sind.

Welchen Bildungsabschluss hat der andere im Vergleich zu mir? Was verdient er? Wie groß ist seine Wohnung oder sein Haus? Welche Marken trägt er? Wie viel Zoll hat sein Fernseher? Wie viel PS sein Auto? Wie teuer ist seine Urlaubsreise? Sieht er für sein Alter besser oder schlechter aus? Wie attraktiv ist sein Lebenspartner? Und welche Zahl an Facebook-Freunden kann er aufbieten?

Wir vermessen die anderen und vergessen uns selbst. Der dänische Philosoph Søren Kierkegaard schrieb: »Vergleichen ist das Ende des Glücks und der Anfang der Unzufriedenheit.«

Das Vergleichen gerät zum Leistungssport, bei dem wir vorzugsweise auf die Unerreichbaren schauen. Spätestens am Ende jeder Vergleichskette, wenn der Blick vom Nachbarhaus in die bunten Gazetten schweift, finden wir einen Bessergestellten:

▶ Egal, wie prall Ihre Gehaltstüte gefüllt ist, verglichen mit dem Jahresgehalt des Fußballers Lionel Messi – 48 Millionen, pro Arbeitstag ca. 200 000 Euro – fühlen Sie sich schmählich unterbezahlt![19]

▶ Egal, wie attraktiv Sie aussehen, neben dem Foto eines Top-Models wie Gisele Bündchen oder eines Hollywood-Stars wie Johnny Depp kommen Sie sich wie ein Mängelexemplar vor.

▶ Egal, wie groß Ihr Haus ist, verglichen mit dem langjährigen Ferienwohnsitz des Finanzunternehmers Carsten Maschmeyer (1181 Quadratmeter mit Meeresblick) wird es Ihnen wie eine bessere Hundehütte erscheinen.[20]

▶ Und egal, wie gut Sie ein Instrument spielen, verglichen mit einem Klavierkonzert des Chinesen Lang Lang werden Sie sich so musikalisch fühlen wie ein quietschendes Klapprad in einer Regennacht.

Vergleiche nützen nur dem, der Demut beweist und auf Menschen blickt, denen es schlechter geht. So belegen Studien, dass Krebspatienten am traurigsten sind, wenn sie sich mit Gesunden vergleichen – und deutlich heiterer, wenn sie an Patienten in noch schlechterer Verfassung denken (»So übel geht's mir gar nicht – ich kann immerhin noch laufen.«)[21]

Doch wir leben in einer Leistungsgesellschaft und vergleichen uns stets mit den Besten, den Gesündesten, den Reichsten. Deshalb verkommt der Vergleich zu einer Streckbank, auf der unser Ego malträtiert wird.

Und damit das Folterwerkzeug seine maximale Wirkung erzielt, fühlen sich auch Mitmenschen bemüßigt, uns Vorbilder unter die Nase zu reiben. Wer sein Studium nach sechs Jahren abschließt, wird von seinen Eltern auf die strebsame Jutta verwiesen, die den Campus nach vier Jahren im Tempo einer Rennrodlerin verlassen hat. Der Chef ordnet Überstunden bevorzugt mit Hinweis auf den Kollegen Dieter an, der in der Firma zu übernachten pflegt und dem das angeblich gar nichts ausmacht (bis Dieter eines Nachts, angeregt durch einen Herzinfarkt, dann doch auf die Intensivstation umzieht). Und elf von zehn Ehekrächen entzünden sich an Aussagen wie: »Aber der Jan Fischer von nebenan bringt den Müll doch auch immer runter und pfeift auch noch fröhlich dabei!« Oder: »Bei meiner Mutter war der Braten immer saftiger, und die hatte keinen Herd für 2000 Euro!«

Der Vergleich ist der Versuch, aus einem Menschen zu machen, was er nicht ist: einen anderen. In jedem Karriere-Ratgeber heißt es: »Such dir Vorbilder!« Aber warum steht dort eigentlich nicht: »Such dich selbst!«?

Heimlich funktioniert die Rechnung mit dem Vorbild so: Wir schauen einen anderen an, im verklärten Licht. Und von der Summe seiner vermeintlichen Qualitäten, seines Charakters, seines Reichtums, seiner Schönheit, ziehen wir unsere Qualitäten ab. Die Differenz liegt als Soll auf unserer Seele: So unendlich viel fehlt uns noch, um so zu sein wie er oder sie! Wir fühlen uns nicht mehr als Originale, sondern als blasse Kopien.

Die Latte unserer Vorbilder hängt zu hoch. Wir werden es nie schaffen, so cool wie Madonna, so gebildet wie Peter Sloterdijk, so bescheiden wie Papst Franziskus oder so lustig wie Charlie Chaplin zu sein. Und das ist gut so! Denn Sie sind nicht Madonna, Sloterdijk, Franziskus oder Chaplin – Sie sind Sie. Und Ihr Stern kann nur von innen leuchten. Wie sagt Wilhelm Busch: »Wer in den Fußstapfen eines anderen wandelt, hinterlässt keine eigenen Spuren.«

Wenden Sie Ihren Blick von außen nach innen. Was Sie an anderen bewundern, steckt auch in Ihnen selbst; sonst fände es keine Resonanz. Wertvoll für Sie ist nur ein einziger Vergleich: der mit Ihnen selbst. Immer wird es Situationen und Zeiten geben, in denen Sie sich gefallen und vorbildlich handeln. Hier können Sie mit Fragen einhaken:

Wann habe ich mir im letzten Jahr am besten gefallen? Wann hat sich mein Leben am stimmigsten angefühlt? Was habe ich da anders gemacht als sonst? Und wie kann es mir gelingen, dieses Verhalten öfter ans Licht zu kitzeln und es auszubauen? Entwerfen Sie einen Plan, wie Sie an diese Momente anknüpfen können – wie der Mensch, der Sie meistens sind, dem Menschen ähnlicher wird, der Sie sein können in Ihren besten Momenten.

Hätte ich als Schüler meine 2,0 in Mathe mit den Noten meiner letzten Arbeiten verglichen: Ich wäre stolz und glücklich nach Hause gefahren. Doch ich tat, was in unserer Gesellschaft üblich ist, nahm den äußeren Maßstab wichtiger. Und schon fühlte sich mein Erfolg wie eine Niederlage an.

DER KLEINE NEUDENKER

Ein junger Maler schaffte es, ein Gemälde von Picasso perfekt nachzumalen. Er bot es einem alten Kunsthändler an, aber der meinte: »Kopien sind wertlos.«

»Ich kann auch Originale«, versicherte der junge Maler.

Der Händler sah ihn lange an. »Nicht, bevor du selber eines geworden bist!«

DIE SELBSTCOACHING-ÜBUNG

Der Nachruf

Stellen Sie sich vor, Sie sind nach einem langen, erfüllten Leben gestorben. Ein Zeitungsartikel würdigt Sie. Was soll dort stehen? Lassen Sie Ihrer Fantasie beim Ausfüllen der Leerstellen freien Lauf – und fragen Sie sich im Nachgang, was Sie ab heute unternehmen können, um am Ende Ihres Lebens tatsächlich der hier beschriebene Mensch zu sein.

Großer Verlust: _____ **gestorben!**

Gestern entschlief der/die bekannte _____
(Beruf/Lebensaufgabe) sanft. Die letztes Jahr erschienene
Autobiographie trug als Titel sein/ihr Lebensmotto:

_____

Dort heißt es: »Die wichtigste Entscheidung für mein

Lebensglück war _____«.

Er/sie ging immer eigene Wege, das war erkennbar an:

Erstens: _____.

Zweitens: _____.

Drittens: _____.

Sein/ihr großer Wunsch im Leben hat sich erfüllt, und zwar:

_____

_____

_____

Dafür hat er/sie allerlei unternommen, unter anderem:

Erstens: _____.

Zweitens: _____.

Drittens: _____.

Am Ende der Biographie heißt es:
Die Menschen sollen mir einmal nachsagen, dass ich

_____

_____

Ein Satz, den alle Freunde heute unterschreiben würden!

47

2 Der Werbe-Wahn:

Mein Haus, mein Auto, meine Not

In diesem Kapitel erfahren Sie …

▶ warum so vielen Menschen ihre eigene Nase
nicht mehr passt und wer daran verdient,

▶ wie die Werbung uns manipuliert
und zu Marionetten macht,

▶ warum fast jeden Abend Millionäre
durch Ihr Wohnzimmer spazieren

▶ und wie Sie dennoch bewahren, was Ihnen
geraubt werden soll: Ihren eigenen Kopf.

Der Fremd-Körper in meinem Spiegel

Stellen Sie sich vor, unter Ihrem Weihnachtsbaum liegt eine neue Nase für Sie, hübsch verpackt und mit Liebe ausgesucht. Wie reagieren Sie auf dieses Geschenk? Rümpfen Sie Ihre Nase (die alte, wohlgemerkt!)? Oder freuen Sie sich?

Es klingt wie ein Witz, doch es ist wahr: Das Geschäft mit den verschenkten Nasen und Augenlidern, Brüsten und Bäuchen brummt. Eine große Klinik in Tschechien, spezialisiert auf Deutsche, schwärmt im Internet von der »Beauty-OP vom Weihnachtsmann«: »Dass die Behandlung auf dem Wunschzettel steht, ist nicht weiter verwunderlich. Zu Weihnachten tut man seinen Lieben doch gerne mal was Gutes.«[22] Und Dagmar Millesi, plastische Chirurgin in Wien, bestätigt: »In der Weihnachtszeit steigt die Zahl der Schönheits-OPs um 20 Prozent.«[23]

Aber es braucht keine Weihnachts-Gutscheine, dieses Geschäft floriert auch so: Bis zu knapp zwei Milliarden Euro geben die Deutschen pro Jahr für Schönheits-OPs aus. Männer begeistern sich für implantierte Six-Pack-Bäuche und verlängerte Penisse, Frauen streben nach größeren Brüsten und geglätteten Falten.[24] Botox spritzt Gesichter auf, Laser brennen Häute rein, Zähne werden gebleicht, Ohren angelegt, Geheimratsecken neu bepflanzt, und der Fettsauger schlürft fröhlich das Hüftgold weg.

Mancher geht mit seinem (auf den ersten Blick makellosen) Äußeren wie mit einem Unfallauto um: Er sieht Reparaturbedarf. Er holt einen Kostenvoranschlag. Und dann geht's ab in die Werkstatt, um die Sache zu richten.

Wie erklärt es sich, dass uns die eigene Nase, der eigene Körper, das eigene Leben nicht mehr passen? Viele Menschen wollen nicht mehr so aussehen, wie sie zur Welt gekommen sind – sondern so, wie die Welt zu ihnen kommt: genormt schön. In der Werbung lächeln uns Vorzeige-Menschen an, deren Gesichter so makellos sind, als wären sie frisch gebügelt. Über den Laufsteg trippeln Models, die so schlank sind, dass man fast durch sie hindurchsehen kann. Und in den Pornofilmen, die laut Soziologen das Schönheitsideal der Jungen und weniger Gebildeten prägen, fallen sich nur Adonisse und Aphrodites in die Arme, deren Körper und Geschlechtsteile die Latte unerreichbar hoch legen.[25]

Der Schönheitswahn geht so weit, dass sich Menschen unters Messer begeben, um wie Puppen auszusehen. Junge Frauen wollen sich zu »Barbie« machen lassen, junge Männer zu »Ken« (dem männlichen Gegenstück). Der Amerikaner Justin Jedlica hat sich 90 Mal operieren lassen, 13 Mal am Hintern, 5 Mal an der Nase, um ein echter »Ken« zu werden. Mittlerweile ist er tatsächlich zur Puppe geworden: Bizeps und Trizeps, Brust und Bauch – alles Implantate.[26]

Anpassung vor Individualität, Implantat vor Natur: Dieser Körperkult spiegelt eine seelische Krise. Wir haben im Zeitalter des Konsums, der Mediengesellschaft und des virtuellen Lebens unser Selbstvertrauen verloren. Wir globalisieren unsere Körper und Seelen. Wir sehen Individualität nicht mehr als Auszeichnung, sondern als Angriffsfläche. Aus lauter Angst, von anderen mit der Schablone der Norm gemessen zu werden und nicht zu passen, tun wir es in vorauseilendem Gehorsam selbst. Wir wollen so sein, wie der Trend es vorgibt.

Wer vorm Spiegel steht, denkt nicht: »Wie wunderbar, dass sich mein Gesicht von den anderen 7 Milliarden unterscheidet!«

Er denkt: »Verdammt, meine Nase ist zu groß, meine Brüste sind zu klein, meine Augenränder zu dunkel.« Und wer Falten entdeckt, freut sich nicht über diese Spuren seines Lebens, sondern wird von einer selbst ernannten »Anti-Aging-Industrie« animiert, sein Altern zu bekämpfen. Als ließe sich die eigene Sterblichkeit mit Cremes und Chirurgie ausbremsen; als könnte ein Werbespot der Vergänglichkeit spotten.

DER KLEINE NEUDENKER

In einer Vollmondnacht sagte ein Wanderer zum Weisen: »Sieh nur, der Mond scheint heute hell wie eine Sonne.«
»Mach den Mond nicht dunkler, als er ist«, wies der Weise den Vergleich zurück.

Jung, reich, schön: Die heilige Dreifaltigkeit

Ewige Jugend, Körperkult, Materialismus: Diese heilige Dreifaltigkeit wird uns von interessierter Seite als Norm diktiert. Traumfabrik-Betreiber aus Hollywood, Werbestrategen aus Düsseldorf, Schönheits-Chirurgen aus Wien schmuggeln ihre Ideale in die Köpfe der Menschen, um so den Zugriff auf ihren Geldbeutel zu erlangen. Geschickt wird uns suggeriert: Nur wer aussieht wie die anderen, die gleichen Produkte nutzt, die gleichen Filme sieht, die gleichen Kneipen besucht, die gleichen Klamotten trägt, die gleiche Margarine aufs Brot schmiert, die gleiche (Manga-)Nase präsentiert, die gleichen Gedanken denkt – nur der gehört dazu. Alle anderen sind jämmerliche Außenseiter!

Und weil uns ein Leben lang gesagt wurde, was zu tun ist, von den Eltern, den Lehrern, den Chefs – deshalb hat die Werbung es leicht, den Stab der Autorität im Staffellauf der Fremdbestimmung zu übernehmen. Und so lassen wir uns einreden, dass die Zigarette nicht nach Lungenkrebs, sondern nach Abenteuer riecht; dass sich die Vergrößerung von Brüsten nicht wie Körperverletzung anfühlt, sondern wie ein Begehrter-Werden. Das Duschgel ködert uns mit dem Abenteuer eines Klippensprungs, die Frühstücksmargarine gaukelt uns Familienglück vor, und der langweiligste Bausparvertrag redet uns ein, wir könnten es mit seiner Hilfe zu Haus, Auto und einer riesigen Yacht bringen.

Die Botschaft jeder Werbung: »Du bist unzulänglich, unglücklich, unzufrieden – aber du kannst dich davon freikaufen: durch unser Produkt!« Doch sobald wir die Schönheits-OP durchlaufen, das Duschgel gekauft, die Creme ins Gesicht geschmiert haben, stellen wir fest: Wir haben jetzt weniger Geld, aber nicht mehr Glück. Also kaufen wir weiter. Und immer weiter.

»Die astronomischen Werbeetats der Wirtschaft belegen an sich bereits die psychische Manipulierbarkeit der meisten«, erkannte der Psychoanalytiker Horst-Eberhard Richter. »Wenn man schon nicht schön, reich und erfolgreich sein kann wie die Helden der Werbespots, so hat man in der Fantasie doch etwas Gemeinsames mit ihnen, wenn man die von ihnen gepriesenen (selten auch benutzten) Artikel kauft.«[27]

Dabei können Glück und Erlösung nie von außen, nie durch Materielles kommen. Denn mit den käuflichen Gütern verhält es sich so, wie der Philosoph Arthur Schopenhauer es vom Meereswasser sagte: »Je mehr man davon trinkt, desto durstiger wird man.« Denken Sie an den »Ken«-Verschnitt Justin Jedlica, der sich wahrscheinlich von der ersten OP die Erlösung versprach – und nun, 90 OPs später, sicher von der nächsten. Genauso vergeblich.

Wer nach vollkommener Sicherheit strebt, wird zum Neurotiker mit Leibwächter und erdbebensicherem Bunker, weil er zwar die beworbene Lebensversicherung abschließen, aber sein Leben nicht wirklich sichern kann. Wer nach Reichtum strebt, wird bald zum Gierhals mit einem EKG, das nur noch Aktienkurse aufzeichnet, weil er zwar den beworbenen Fond kaufen, aber nie alles Geld dieser Welt besitzen kann. Und wer die beworbene Trendkleidung kauft und nach einem perfekten Äußeren strebt, wird bald zur Modepuppe mit vollem Schrank und leerem Charakter, weil wahre Schönheit von innen kommt.

Die Werbung spielt mit gezinkten Karten. Wir können eine Nase kaufen, aber keine Schönheit. Wir können ein Augenlid kaufen, aber kein Strahlen. Wir können ein Bett kaufen, aber keinen Schlaf. Wir können einen Anzug kaufen, aber keine Persönlichkeit. Wir können ein Haus kaufen, aber keine Heimat. Und Sie können dieses Buch kaufen, aber kein selbstbestimmtes Leben – dafür sind Sie selbst zuständig!

Das Fundament eines erfüllten Lebens sind Ihre ganz persönlichen Ideale und Werte. Was wollen Sie auf dieser Erde erreichen? Was macht Sie glücklich? Wonach streben Sie im Leben: nach Liebe, nach Unabhängigkeit, nach Freundschaft, nach Abenteuer, nach Bildung, nach Zufriedenheit, nach Anerkennung, nach Fitness, nach Natürlichkeit? All das steht in keinem Supermarkt-Regal und lässt sich von keinem Chirurgenmesser zurechtschneiden.

Als britische Autoren ein Buch über die größten Glücksmomente des Lebens schrieben, gab es eine Überraschung: In der Top Ten fand sich nur ein einziger Moment, der Geld kostet, nämlich Urlaub. Alles andere, ob Gesundheit, Liebe oder Lachen, war umsonst.[28]

Wie jeder Mensch dieser Erde ein Gesicht hat, das ihn von Milliarden anderen unterscheidet, so hat jeder Bedürfnisse, die sich von Milliarden anderen unterscheiden. »Es ist schwer, das Glück in uns zu finden«, schrieb der französische Autor Nicolas Chamfort, »und es ist ganz unmöglich, es anderswo zu finden.«

DER KLEINE NEUDENKER

Wer der Werbung folgt, um glücklich zu werden, könnte auch einem Anlagebetrüger folgen, um reich zu werden.

Sie wollen in deinen Kopf!

Jeden Dienstag traf ich einen Millionär. Der Typ war ein Kotzbrocken, aber dennoch wollte ich ihn sehen. Das Anwesen seiner Familie, mit Landhaus im Ranch-Stil, war größer als der Berliner Tiergarten. Seine Frau, eine aparte Schönheit, besaß eine eigene Modelinie. Und sein Freundeskreis bestand fast nur aus anderen Millionären.

Ich gehörte nicht dazu – ich war nur als Fernseh-Zuschauer in »Dallas« zu Gast, zusammen mit 15 Millionen anderen Deutschen in den 1980er Jahren.[29] Der Millionär hieß J. R. Ewing. Und am Mittwoch reiste die Fernsehgemeinde weiter nach »Denver«, zu den nächsten Superreichen. 1982 waren rund die Hälfte der Serienhelden in US-Gesellschaftsdramen Millionäre.[30] Und noch heute werden die Fernsehserien vor allem von Reichen und Schönen bevölkert.

Abend für Abend spazieren diese Mustermenschen durch Ihr Wohnzimmer, fahren die protzigsten Autos, haben den wildesten Sex, kassieren die üppigsten Gehälter. Vor ihren Häusern stehen keine stinkenden Mülltonnen. Ihre Wäsche bügelt sich offenbar von alleine. Und wenn sie morgens zur Arbeit fahren, was sie nur erstaunlich selten tun, quälen sie sich nie durch den Stau. Sie leben auf der Sonnenseite des Lebens.

Und wir, die Zuschauer, fühlen uns im Schatten. Haben keine Affäre mit einem Traumchef. Besitzen keine Modefirma. Erwarten kein Millionenerbe. Wenn es bei uns zu Hause sprudelt, dann ist es keine Ölquelle im Garten (wie bei den Ewings), sondern ein Wasserrohrbruch im Keller. Und wenn wir morgens so perfekt gestylt im Bett aufwachen wollen wie die Helden unserer Vorabend-Serie, natürlich nach einer rauschenden Sexnacht, scheitern wir am Style oder am Sex oder an beidem.

Vor dem Fernseher läuft im Kopf des Zuschauers ein zweiter Film: Wie schneidet im Vergleich mein eigenes Leben ab? Studien weisen nach: Wer Fernsehen geschaut hat, fühlt sich ärmer als zuvor – weil er so viel Reichtum gesehen hat. Er ist unzufriedener mit sich und seinem Partner – weil er so viel (vermeintliche) Schönheit gesehen hat. Und für jede Stunde, die er in der Woche mehr fernsieht, gibt er rund vier Euro mehr aus – weil er sich im Konsumrennen nicht abhängen lassen will.[31]

Genug von Serien? Dann schalten wir in eine Talkshow um. Aber wer strahlt Sie vom Sofa an? Wieder die Gewinner im Lebensrennen: die Spitzenpolitiker, die Spitzensportler, die Spitzenfunktionäre. Sie diskutieren über die Rentenfrage, doch der Zuschauer weiß: Sie selbst haben ausgesorgt. Sie debattieren über das Schulsystem, doch der Zuschauer weiß: Ihre eigenen Kinder besuchen die Privatschule. Und wenn sich mal einer von diesen Reichen und Erfolgreichen einen Fehltritt erlaubt, etwa eine Steuerhinterziehung, dann geht es nicht um poplige 750 Euro wie beim Normalbürger – sondern um 7,5 Millionen. Warum geraten unsere Brötchen immer so klein? Was machen wir bloß verkehrt?

Wer nun erneut das TV-Programm wechselt, könnte einen Werbeblock erwischen. Dort sehen wir, wie sich eine Frau mit Anti-Falten-Creme einreibt, die schon vor dem Einreiben zehn Jahre jünger als ihr Jahrgang aussieht. (Warum hat sich unser Gesicht der Schwerkraft der Jahre eigentlich nicht entziehen können?) Wir sehen die Frühstücksfamilie auf einer Terrasse sitzen, die groß wie ein Gartencafé ist und direkt ans Paradies zu grenzen scheint. (Warum schauen wir von unserem Mini-Balkon eigentlich auf die viel befahrene Stadtstraße?) Und Typen, die cool wie James Dean aussehen – denn sie wissen genau, was sie tun! – schließen noch vor dem 20. Lebensjahr Bausparverträge ab. (Warum haben wir das eigentlich mit 19 versäumt und wären uns spießig dabei vorgekommen?)

Sie wollen in unseren Kopf, die Werber und Trendmacher. Und sie schaffen es. Die Bundesregierung beklagt, dass schon Kinder täglich etwa hundert Werbespots sehen – da kommen bis zur Volljährigkeit über eine halbe Million zusammen. Die Manipulation funktioniert: Durch Werbung essen Kinder laut einer Studie doppelt so viel Süßigkeiten wie ohne.[32]

Nicht nur auf bestimmte Produkte und Marken, sondern auch auf ein bestimmtes Weltbild werden wir konditioniert: auf eine Vorstellung von Schönheit, von Freiheit, von Reichtum, von Familie, von Partnerschaft und von Sex. Das hat fatale Folgen für

56

die Lebensqualität. Zum Beispiel fühlt sich über die Hälfte der Frauen zwischen 15 und 35 zu dick, auch wenn das aus medizinischer Sicht bei Weitem nicht zutrifft.[33]

Wie erschreckend leicht sich ein menschliches Gehirn manipulieren lässt, weisen Studien nach. Wenn Sie einige Minuten lang über die Eigenschaften eines Professors sprechen, können Sie danach mehr Fragen zum Allgemeinwissen beantworten, als wenn Sie über eine Sekretärin gesprochen hätten. Ob Sie einen französischen oder einen deutschen Wein im Supermarkt kaufen, hängt nicht zuletzt davon ab, ob französische oder deutsche Musik im Hintergrund läuft.[34] Und hätten Sie gedacht, dass Frauen Dessous allein deshalb für hochwertiger halten und mehr Geld dafür ausgeben, weil sie beim Kauf mit klassischer Musik berieselt werden?[35]

Es gibt tausend Möglichkeiten, wie Sie die Welt sehen können – Glotze und Werbung treiben uns alle in denselben Tunnel. Das ist riskant, denn jede Wahrnehmung ist begrenzt und daher manipulierbar.

Auf diese Erkenntnis baute der Psychiater Fritz Perls in den 1940er Jahren seine Gestalt-Therapie auf. Danach gibt es keine objektive, sondern nur eine konstruierte Wirklichkeit. Wahr ist, was Sie (für) wahr nehmen. Jeder bastelt seine eigene Wirklichkeit, durch den Blickwinkel, den er einnimmt, und die Einflüsse, denen er folgt. Ob Sie sich für reich oder arm halten, schön oder hässlich, erfolgreich oder gescheitert, hat wenig mit Fakten zu tun, aber umso mehr mit Ihrem Denken.

Doch Sie können Ihre Wirklichkeit verändern, sagt Fritz Perls – indem Sie selbst die Verantwortung übernehmen für Ihre Sicht der Welt und das daraus resultierende Leben. Wenn Sie Ihre Sicht verändern, verändern Sie Ihr Leben – und indirekt auch das Verhalten und das Leben anderer.[36]

Prüfen Sie immer wieder, wie Sie auf die Welt blicken, ob mit eigenen oder fremden Augen:

- ▶ Wie definieren Sie Reichtum?
- ▶ Was ist für Sie eine glückliche Partnerschaft?
- ▶ Welche Erwartungen haben Sie an Sex?
- ▶ Was verbinden Sie mit dem Altern?
- ▶ Worin besteht für Sie Schönheit?
- ▶ Was macht für Sie Sicherheit aus?
- ▶ Wodurch erkennen Sie, dass Sie zu einer Gruppe gehören?
- ▶ Was ist für Sie Erfolg bei der Arbeit?
- ▶ Wie muss eine Wohnung aussehen, damit Sie sich darin wohl-fühlen?

Achten Sie zunächst darauf, welche Bilder und Standpunkte sich einstellen. Dann können Sie sich fragen: Wie bin ich eigentlich zu dieser Überzeugung gelangt? Kommt sie aus meinem tiefsten Inneren? Fühlt sie sich stimmig an? Passt sie zu mir? Oder hat sie sich in meinen Kopf geschmuggelt?

Im nächsten Schritt suchen Sie *nicht* nach Gründen, warum Ihr Standpunkt zutrifft (das haben Sie bereits ausführlich getan) – Sie tun das Gegenteil, Sie »falsifizieren«, wie das der Philosoph und Wissenschaftstheoretiker Karl Popper nennt. Gemeint ist, dass Sie hinterfragen, ob Ihre Annahme überhaupt stimmt.[37] Indem Sie versuchen, Ihrer Meinung als neutraler Prüfer gegen-überzutreten, schärfen Sie Ihren Blick für die Wahrheit.

Könnte Ihre Annahme, ja schon Ihre Definition – zum Beispiel von Reichtum – falsch sein? Was spricht für einen solchen Irrtum? Unter welchen Voraussetzungen trifft er zu? Inwieweit könnte sogar das Gegenteil Ihrer Annahme wahr sein? Hat Aristoteles Onassis, der Krösus seiner Zeit, nicht erkannt: »Ein reicher Mann ist oft nur ein armer Mann mit sehr viel Geld«? War Mahatma Gandhi nicht der Meinung: »Reich wird man erst durch Dinge, die man nicht begehrt«? Welche Indizien für solche Standpunkte abseits der Norm gibt es?

Sammeln Sie Gegenbeweise wie ein Anwalt vor Gericht. Und urteilen Sie erst dann, wenn Sie über den Tellerrand Ihres ursprünglichen Denkens geschaut und möglichst viele Sichtweisen geprüft haben.

Vielleicht sind Sie viel reicher, als Sie es je gedacht hätten – wenn Sie Reichtum nicht nur über Geld, sondern auch über Freundschaften und Gesundheit definieren. Oder wenn Sie sich nicht mit Millionären, sondern mit Empfängern von Hartz IV vergleichen. Oder mit den Menschen in der Dritten Welt. Oder mit sich selbst, als sie noch ein Kind, ein Auszubildender oder ein Student waren.

Warum sollten Sie sich eine Wirklichkeit einreden lassen, die Sie als Mängelexemplar brandmarkt? Eine Wirklichkeit, die Sie hemmt, lähmt und unsicher macht? Greifen Sie zur Fernbedienung – und schalten Sie die eingeimpften Medienbotschaften in Ihrem Kopf aus!

DER KLEINE NEUDENKER

Wer den Menschen im Fernsehen nacheifert, wird selbst zum Schauspieler. Nur dass er damit keinen goldenen Bären gewinnen kann, sondern sich und anderen Bären aufbindet.

Die Marionetten des Marketings

Wie macht man Menschen zu Marionetten? Wie bringt man sie dazu, bestimmte Weine und Grills, Rucksäcke und Spielzeuge zu kaufen, ohne dafür Werbung zu schalten? Dem dänischen Marketing-Guru Martin Lindstrom ist dieses Kunststück der Manipulation gelungen. Seine Versuchskaninchen stürzten sich auf diese Produkte – in unfreiwilliger Freiwilligkeit.

Sein Trick: Er hatte eine beliebte Familie in Laguna Beach (Kalifornien), die Morgensons, mit bestimmten Produkten ausgestattet. Sechzig versteckte Kameras und Mikrophone im Haus zeichneten auf, wie Vater, Mutter und Kinder den Nachbarn wahre Loblieder auf Seifen und Weine, Schuhe und Nahrungsmittel vorsangen. Der Erfolg war ungeheuer. Am Ende hatten die Nachbarn im Schnitt gleich drei der gepriesenen Produkte gekauft.[38]

Die Kunst der Anpassung ist ein Lehrstück, das auf der Bühne der Evolution seit Jahrtausenden gespielt wird. Wenn der Nachbar vor seiner Höhle den Speer spitzte, war es klug, seinem Beispiel zu folgen – offenbar lohnte sich die Jagd gerade. Wenn die Nachbarin mit einem Gefäß in den Wald stapfte, um Beeren zu sammeln, war es klug, ihr zu folgen – offenbar hatte die Erntezeit begonnen. Und wenn die eigenen Artgenossen schreiend durch den Wald flohen, wäre es eine dumme Idee gewesen, in die entgegengesetzte Richtung zu laufen – und das leichte Opfer eines Raubtiers zu werden. Wer mit den anderen lief, lief richtig.

Unser Kopf hat diese Lektion gespeichert: Wenn Sie sich dem Verhalten der Masse anpassen, lösen Sie das Belohnungssystem in Ihrem Gehirn aus. Ein Wohlgefühl flutet Ihren Körper. In der Gruppe wähnen wir uns sicher.

Doch dasselbe Verhalten, das früher unser Überleben sicherte, führt heute zum Untergang der Individualität. Wer nur deshalb ein neues Auto kauft, weil der Nachbar es auch tut, dient höchstens dem Autoverkäufer. Oder jenem Schuldnerberater, bei dem er später neben seinem Nachbarn im Wartezimmer sitzt. Tatsächlich fanden Wissenschaftler in den Niederlanden heraus: Wenn ein Teilnehmer in der Postleitzahlen-Lotterie einen neuen BMW gewonnen hatte, liefen die Nachbarn auffällig oft los, um ebenfalls einen Neuwagen zu kaufen.[39]

Der moderne Mensch geht unter in Informationen. Das Gehirn ist überfordert, diese Flut zu kanalisieren und rationale Entscheidungen abzuleiten. In dieser Verunsicherung spulen wir das alte Notprogramm ab: Wir suchen nach Leithammeln, denen wir folgen können, auf dem Bildschirm genauso wie unter Freunden und Bekannten. Die Frage lautet wie einst: In welche Richtung rennt die Horde durch den Wald? Wie leben die Leute in der Nachbarhöhle? Und welche Meinung vertreten sie am Lagerfeuer? Da macht es gar nichts, dass der Wald heutzutage eine Fußgängerzone und die Nachbarhöhle ein Einfamilienhaus ist. Und das moderne Lagerfeuer kann eine Seite im Internet sein, wo Menschen ihren Daumen heben oder senken und sich dabei nachweislich nicht nur von ihrem Geschmack, sondern vom Herdentrieb leiten lassen.[40]

Dass die Anpassung den Verstand ausknipsen kann, beweist das Konformitätsexperiment des Psychologen Solomon Asch. Stellen Sie sich vor, Sie sitzen mit sechs weiteren Teilnehmern in einem Raum. Ein Versuchsleiter legt Ihnen zwei Karten vor. Die erste Karte zeigt eine einzelne Linie, die zweite zeigt drei Linien. Ihre Aufgabe: »Sagen Sie bitte, welche der drei Linien gleichlang ist wie die Linie auf der ersten Karte?« Eine leichte Übung, denn sofort sehen Sie: Es ist die zweite Linie! Doch Sie dürfen erst als Letzter antworten, zunächst sind die sechs anderen Teilnehmer dran. Alle sagen: »Linie Nummer zwei«. Und Sie sagen es ebenfalls.

So geht das noch ein paar Mal. Ihnen wird schon langweilig, da geschieht etwas Unerwartetes. Sie sehen sofort, diesmal ist Linie drei gleichlang. Doch der erste Teilnehmer antwortet: »Linie eins«. War er unkonzentriert? Auch der Zweite sagt: »Linie eins.« Alle sagen dasselbe, bis Sie an die Reihe kommen. Mittlerweile sind Sie ins Grübeln geraten. Was glauben Sie, wie fällt Ihre Antwort aus?

76 Prozent der Versuchspersonen haben ihre wahre Meinung verleugnet und sich der Sicht der Mehrheit angepasst – natürlich waren die anderen Teilnehmer Komplizen des Studienleiters und haben bewusst falsch geantwortet. In späteren Runden, als die Manipulation durch Wiederholung deutlicher wurde, ließ sich immerhin noch ein Drittel von der Mehrheitsmeinung in die Irre führen.

Und warum? Die Teilnehmer hatten Angst, die Zuneigung der Gruppe zu verlieren, sie wollten nicht als Abweichler dastehen. Dafür haben sie die richtige Erkenntnis, zu der sie selbst gekommen waren, geopfert.[41]

Kommt Ihnen das bekannt vor? Gab es nicht auch in Ihrem Leben schon Situationen, in denen Sie bei einer Sache mitgemacht haben, einem Ratschlag gefolgt sind oder einer Meinung zugestimmt haben, obwohl Sie tief innen spürten: »Mein Weg ist ein anderer!« Und war es am Ende nicht so, dass sich Ihre Zweifel voll und ganz bestätigt haben?

Nehmen Sie meinen Irrweg als Beamtenanwärter. Als ich ihn damals einschlug, war mir tief innen klar: »Du begehst einen Fehler!« Aber ich habe diesen Zweifel nicht zugelassen, sondern mich der Mehrheitsmeinung angepasst: »Eigentlich muss ich froh sein, einen so guten und sicheren Ausbildungsplatz zu bekommen.«

Unser Hang zur Konformität erklärt, warum sich Meinungen, Produkte und Lebensformen im Zeitalter der Massenkommunikation wie Computerviren verbreiten, von einer mentalen Festplatte zur anderen. Am Ende vertreten wir die Meinungen der anderen, kaufen ihre Produkte, üben ihre Berufe aus und leben ihr Leben.

Dabei brauchen Sie für ein stimmiges Leben nur den Mut, Ihren Augen, Ihrem Verstand und Ihrem Herzen mehr zu trauen als den Einflüsterungen der anderen. Denn was gut ist für Sie, weiß niemand außer Ihnen selbst – schon gar nicht die Werbeindustrie!

DER KLEINE NEUDENKER

Zahlen lassen sich teilen; Haltungen nie. Mathematik lebt von Gleichungen – Lebenskunst vom Unterschied.

DIE SELBSTCOACHING-ÜBUNG

Schärfen Sie Ihr Profil!

Führen Sie folgende Sätze schriftlich zu Ende, ehe Sie – bitte erst danach – weiterlesen:

Modische Kleidung ist für mich

_____

Reichtum ist für mich

_____

Politiker sind für mich

_____

Gutes Aussehen ist für mich

_____

Schönheits-OPs sind für mich

_____

Ein attraktiver Partner ist für mich

_____

Ein eigenes Haus ist für mich

_____.

Erfolg im Beruf ist für mich

_____.

Sex ist für mich

_____.

Schauspieler sind für mich

_____.

Nun nehmen Sie ein Blatt Papier und beenden diese Sätze erneut, nur dass die zweite Satzhälfte statt »ist/sind für mich« diesmal heißt: … *ist/sind für die meisten Menschen* …« Schreiben Sie auf, was die Mehrheit Ihrer Meinung nach denkt.

Danach vergleichen Sie beide Fassungen: Ihre Meinung – und die Meinung der Masse. Wie viele Überschneidungen gibt es? Haben Sie sich für diese Meinung individuell entschieden (was möglich ist)? Oder sie unbewusst übernommen, zum Beispiel aus den Medien? Welche anderen Ansichten entsprechen Ihnen mehr? Wie ließen sich die Sätze differenzieren? In welchen Situationen wäre sogar das Gegenteil wahr? Denken Sie die Aussagen unter diesen Gesichtspunkten durch. Dann formulieren und bilden Sie, wo nötig, Ihre Meinung neu.

3 Die Erziehungs-Falle:

»Wenn du brav bist,
hat Mami dich wieder lieb!«

In diesem Kapitel erfahren Sie …

▶ was es mit Ihrer Erziehung zu tun hat,
  falls Sie meinen, nicht singen zu können,

▶ wodurch Kinder fürs Leben lernen, ihre
  eigenen Gefühle unter den Tisch zu kehren,

▶ wie die Schule aus kleinen Individuen
  große Anpasser macht und aus Genies wie
  Thomas Mann und Hermann Hesse Sitzenbleiber

▶ und wie es Ihnen gelingt, als Erwachsener Sie
  selbst und nicht länger »lieb Kind« zu sein.

Als die Nachtigall verstummte

Können Sie gut singen? Oder klingt Ihre Stimme zum Davonlaufen? Sind Sie handwerklich begabt? Oder haben Sie zwei linke Hände? Finden Sie Ihr Gesicht, Ihre Haare und Ihre Beine
schön? Oder ziehen Sie vorm Spiegel eine Grimasse, weil Sie vor
allem Mängel sehen (zum Beispiel eine zu große oder zu kleine
Nase), weil Sie Ihr Haar für sein Eigenleben hassen (zu wider-
spenstig oder zu platt) und weil Sie Ihre Beine für eine krumme
Angelegenheit halten?

Ich wette: Was Sie jetzt antworten, hat wenig mit Ihrer Stimme
zu tun, mit Ihrer handwerklichen Begabung, mit Ihrem Aussse-
hen – und viel mit Ihrer Vergangenheit. Wie Sie sich als erwachsener Mensch sehen, hängt davon ab, wie Sie als Kind gesehen
wurden. Sätze aus der Vergangenheit haben eine Tonspur in Ihr
Gehirn gebrannt, die auch nach Jahrzehnten nicht verstummen
will, ein strenges »Eltern-Ich«, wie es die Transaktionsanalyse
nennt (ein psychologisches Modell, das die Wurzeln der menschlichen Kommunikation mit Blick auf die Kindheit analysiert).[42]

Als Kind waren Sie nicht in der Lage, Urteile über sich infrage zu stellen. Wenn Ihre Mutter Ihnen beim fröhlichen Singen
in die Parade fuhr mit »Deine hohe Stimme klingt schrecklich!«,
dann haben Sie den Fehler nur bei sich gesucht: »Warum kann
ich nicht schöner singen?« Und Sie haben sicher nicht gedacht:
»Mutter hatte gerade Ärger mit der Nachbarin – in dieser schlechten Laune würde sie sogar einer Nachtigall das Singen verbieten!«

Wenn Sie Ihrem Vater beim Bauen der Lego-Türme wieder

einmal viel zu langsam waren und er Ihnen »zwei linke Hände«
attestierte, dann haben Sie nicht gedacht: »Papa ist ein ungedul-
diger Mann – und heute hat er es besonders eilig, denn in zwei
Minuten geht die Sportschau los!« Nein, Sie haben sich als größter Tölpel unter der Sonne gefühlt.

Das Urteil der Eltern ist für ein kleines Kind immer rechts-
kräftig, es gibt kein Plädoyer dagegen, keine zweite Instanz. Die
Eltern *sind* das Gesetz. Und so fangen wir schon als Kinder an,
uns als Mängelexemplare zu betrachten. Wir genügen den Maßstäben nicht. Wir singen zu schlecht, sitzen zu krumm, reden zu
vorlaut. Wir entwickeln große Angst, dem Leben und seinen An-
sprüchen nicht gewachsen zu sein.

Die Urteile der Erziehung lagern sich ab im Gehirn wie Kalk
in einem Wasserkocher: Man bemerkt sie kaum – und sie sind
nur schwer zu entfernen. Der Mann, der von sich sagt: »Ich kann
nicht mal einen Reifen wechseln, ich bin einfach ungeschickt.«;
die Frau, die von sich sagt: »Ich kann keine Röcke tragen, ich habe
hässliche Beine.«; der erwachsene Berufsschüler, der heimlich von
sich denkt: »Ich habe eben nur Stroh im Kopf!« – sie alle spulen
die Tonbänder ihrer Kindheit ab. Sie stecken in erwachsenen Kör-
pern, doch aus ihnen sprechen ihre Kinderseelen.

Das Drama: Solche Sätze können sich bewahrheiten. Wer nie
etwas Handwerkliches anpackt, weil er sich (wie eingebläut) für
ungeschickt hält, lässt seine Geschicklichkeit verkommen. Wer
nie eine Führungsposition ergreift, weil er sich (wie eingebläut)
für einen »Mitläufer« hält, kann keine Führungseigenschaften
aufbauen. Und wenn eine Frau ihrem Partner lange genug erzählt, sie könne wegen ihrer krummen Beine keine kurzen Röcke
tragen, dann sieht der Partner eines Tages tatsächlich krumme
Beine, obwohl sie ihm davor noch gerade erschienen.

68

Solche Selbsteinschränkungen erinnern mich an einen Barsch im Aquarium. Eines Tages wurde in der Mitte eine Glasscheibe eingezogen. Und was tat der Fisch? Anfangs schwamm er mit voller Wucht gegen die unsichtbare Wand. Dann stupste er sie nur noch vorsichtig an. Und schließlich drehte er ab, ehe er die Scheibe erreicht hatte. Er gab sich mit der Hälfte des Aquariums zufrieden.

Dreimal dürfen Sie raten, was geschah, als man die Scheibe entfernte? Der Barsch drehte vor der Scheibe ab, obwohl sie nicht mehr da war. Nur an einem Ort existierte sie weiter – in seinem Kopf!

Wir respektieren die Glaswände, die unsere Erziehung gezogen hat – ohne zu prüfen, ob es diese Wände überhaupt noch gibt. Ohne zu begreifen, dass wir mittlerweile die Macht haben, sie einzureißen. Das geht bei den Maßstäben los: Wer legt eigentlich fest, wie eine Stimme klingen muss, um als schön zu gelten? Solche Urteile sind willkürlich. Wir könnten denken: »Meine Stimme ist gut, weil sie meine Stimme ist!« Jeder von uns hat das Recht, sich so zu mögen, wie er ist – ohne auf die Richtersprüche der frühen Jahre zu hören.

Je besser Sie verstehen, wie die frühkindliche Prägung ablief, desto leichter können Sie zur Selbstbestimmung vorstoßen. Die nächsten Kapitel werfen einen Blick in die frühe Kindheit.

DER KLEINE NEUDENKER

Ich habe noch keinen Menschen getroffen, der mit 30 Jahren dieselbe Kleidung wie mit drei trug – aber zahllose, die noch gleich über sich dachten.

Von Entführern und Erziehern

Der Überfall traf die sechs deutschen Touristen an einem Ort, wo ihre Hilferufe ungehört verhallten: mitten in der algerischen Wüste. 30 Männer mit Kalaschnikows stellten sich der Jeep-Kolonne in den Weg. Schüsse knallten, zehn Kugeln durchlöcherten ein Fahrzeug, eine Frau sackte verletzt zusammen. Die Entführer fuchtelten mit ihren Gewehren, brüllten Kommandos und verschleppten die Touristen an einen geheimen Ort. Lange Zeit schwebten die Entführten zwischen Leben und Tod. Doch das Schicksal meinte es gut: Die Gruppe kam wieder frei. Abgemagert, aber sonst äußerlich unverletzt.

Wie, glauben Sie, haben sich die Entführungsopfer später über ihre Entführer geäußert? Der große Teil der Gruppe attestierte den Gewalttätern Menschlichkeit und sprach von einem »fast freundschaftlichen« Verhältnis. Eine Geisel, die später in derselben Region entführt wurde, sagte sogar: »Es war ein ganz großartiges und sensationelles Erlebnis, das man jedem nur wünschen kann.«[43]

Warum leugnen Entführungsopfer so oft ihre Todesangst und verteidigen die Täter? Psychologen sprechen vom »Stockholm-Syndrom«, benannt nach einem Bankraub in Stockholm, bei dem das Opfer sich mit dem Täter solidarisierte. Unbewusst sieht der Ohnmächtige nur eine Chance, sein Leben zu retten: indem er sich mit dem Mächtigen identifiziert. Sobald das »Ich« der Geisel aufgehoben ist, sobald es mit dem Täter zum »Wir« verschmilzt, ist die Angriffsfläche entzogen, und es schwindet die Angst. Dieser Kunstgriff lagert das eigene Gefühl aus. Das Opfer meint, seinen Entführer zu mögen. Dabei spult es nur ein Notprogramm ab, um sich zu retten.

70

Ähnliche Automatismen laufen in Ihrem Kopf ab, wenn Sie im Alltag »Ja« sagen, obwohl Sie »Nein« fühlen; wenn Sie lächeln, obwohl Ihnen zum Heulen ist; oder wenn Sie Entscheidungen für stimmig erklären, die Ihnen Magenkrämpfe bereiten. Sie unterdrücken Ihre wahren Gefühle, um sich (vermeintlichen) Anforderungen von außen zu unterwerfen – Sie spulen ein Notprogramm ab, das Sie erlernt haben in einer lebensbedrohlichen Situation.

Lebensbedrohlich? Ja! Denn Sie waren klein, Sie waren ohnmächtig, Sie waren ein Baby. Ihre Eltern haben Sie ins Leben gesetzt. Und Ihre Eltern hatten die Macht, Sie am Leben zu halten oder nicht. Die Erziehung hat an Ihnen gezogen. Der Liedermacher Reinhard Mey singt in seinem bezaubernden Stück »Du bist ein Riese, Max«:

»Kinder werden als Riesen geboren,
doch mit jedem Tag, der dann erwacht,
geht ein Stück von ihrer Kraft verloren,
tun wir etwas, das sie kleiner macht.«[44]

Die Kinder schrumpfen laut seinem Lied so lange, »bis sie wie wir erwachs'ne Zwerge, endlich so klein wie wir Großen sind«. Das passiert in jeder Erziehung, auch der bestgemeinten. Als »Riesen« kommen wir zur Welt, ehrlich und unverstellt. Kein Bedürfnis verbergen, kein Gefühl leugnen, keinen Impuls unterdrücken wir. Als Baby haben Sie nicht überlegt, ob es die Nachbarn stören könnte, wenn Sie mitten in der Nacht wie eine Feuersirene losheulen. Sie haben geheult, weil Ihnen zum Heulen war. Als Baby haben Sie nicht abgewägt, ob es dem weißen Teppich im Wohnzimmer schaden könnte, wenn Sie den roten Babybrei darauf spucken. Sie haben gespuckt, weil Ihnen zum Spucken war.

Ein Baby tut, wonach ihm ist. Seine Gefühle sprudeln in ihrer reinsten Form, unverdünnt von Normen und von Rationalität. Die Sprache der Grundgefühle, der Freude und der Trauer, des Zorns und der Angst, war Ihre Lebensversicherung. Sie stellte den Kontakt zu Ihren Ernährern her, transportierte Ihre Bedürfnisse. So haben Sie gelernt, dass es die Kommunikation braucht, um die eigene Hilflosigkeit zu überwinden. So haben Sie die nötige Nahrung für Ihren Körper und Ihre Seele herbeigeschrien und herbeigelächelt: Sie wurden gefüttert und berührt, angeschaut und angesprochen.

Und je liebevoller sich Ihre Ernährer um Sie gekümmert haben, desto mehr wuchs das zarte Pflänzlein Ihres Urvertrauens, jener Gewissheit, dass Sie Ihr Schicksal beeinflussen können und dass die Welt es gut mit Ihnen meint. Noch waren Sie ein Riese. Doch bald begann die Zeit des Schrumpfens – die Zeit, in der Ihr Kopf ähnlich verdrahtet wurde wie bei einem Entführungsopfer.

DER KLEINE NEUDENKER

Junge Eltern sprachen beim Weisen vor. »Sag, was können wir unserem Kind fürs Leben lehren?«
Der Weise antwortete: »Fragt euch besser: Was könnt ihr von eurem Kind fürs Leben lernen?«

»Wir lieben dich, wenn …«

Raten Sie mal, wie oft einem Kind pro Tag das Wort Nein um die Ohren gehauen wird? Eine britische Studie ergab, dass ein Kind täglich 449 Bemerkungen hört, davon nur 37 positive.[45] In über 90 Prozent der Fälle heißt es: »Lass das!«, »Nicht jetzt!«, »Bleib da weg!«, »Hör auf zu quengeln!«, »Gib endlich Ruhe!«, »Rede kein dummes Zeug!«

Während das Neugeborene sich der Liebe seiner Eltern noch sicher ist, merkt das Kleinkind: Die Zuneigung gibt's nur im Tauschgeschäft. Das Kind fühlt sich nicht mehr geliebt, weil es *ist* – sondern geliebt, weil es *so ist,* wie die Eltern es haben wollen. Keine bedingungslose Mutterliebe, wie sie der große Psychoanalytiker Erich Fromm beschreibt, sondern eine an Bedingungen geknüpfte Vaterliebe.[46] Der Leitsatz lautet: »Sei brav, dann haben wir dich lieb!« Jedes Kind spürt den Umkehrschluss, und der lässt seine Seele erzittern: kein Wohlverhalten – keine Liebe!

Wenn Eltern ihre Zuneigung entziehen, wenn nur ein Schatten über ihr Gesicht huscht, fühlt es sich für das Kleinkind wie eine Katastrophe an. Das Wohlwollen der Eltern ist für das Kind eine Naturgewalt, die es versorgt mit Nahrung und Wärme. Ohne diese Zuwendung würde das flackernde Licht eines jungen Lebens erlöschen.

Kleinkinder spüren, wie abhängig sie von den Eltern sind – ähnlich wie Opfer von ihren Entführern, nur dass ihr Verstand sich keinen Reim darauf machen kann. Es bleiben ihnen nur ihre Instinkte. Wie Eingeborene versuchen, durch Tänze den Regengott günstig zu stimmen, so versuchen Kleinkinder, die Naturgewalt namens Eltern für sich zu gewinnen.

Alle ihre Sensoren sind darauf gerichtet, die Bedürfnisse der Ernährer zu erspüren und es ihnen recht zu machen. Die meisten Eltern machen keinen Hehl aus ihren Wünschen: Wenn das Kind tut, was sie *nicht* wollen, etwa vor Zorn brüllen, wird es mit der wirksamsten aller Strafen belegt: Liebesentzug. Das Gesicht der Mutter verfinstert sich, sie murmelt ernste Worte (»Brüll doch nicht so!«), die das Kind noch nicht versteht, aber doch bestens begreift.

Sobald das Kind jedoch seinen Brüllanfall beendet, ein Lächeln aufsetzt, ein Wohlverhalten an den Tag legt, hellt sich das Gesicht der Mutter auf: »Na also, Mäuschen, geht doch!« Hunderte von diesen Lektionen durchläuft ein Kind jeden Tag, bis unbewusst die Lehre hängenbleibt: »Wenn ich zeige, was ich fühle, ist es schlecht!« Und so beginnt ein Kind mit zunehmendem Alter, seine Gefühle an die Kette zu legen. Seine Wut schluckt es runter, seine Ohnmacht überspielt es, seiner Wildheit legt es Zügel an.

Nicht der eigene Hunger bestimmt mehr, ob ein Kind den Teller leer isst, sondern der Wunsch der Eltern. Nicht das eigene Ruhebedürfnis bestimmt, wann ein Kind stillsitzt, sondern der Wunsch der Eltern. Nicht die eigene Traurigkeit bestimmt, wie lang ein Kind weint, sondern der Wunsch der Eltern.

Die Botschaften an das Kind hängen auch vom Geschlecht ab. Der Junge hört oft Sätze wie: »Ein Indianer kennt keinen Schmerz!«, und: »Männer weinen nicht!« Dem Mädchen wird eingebläut: »Ein Mädchen drängelt sich nicht vor!«, oder: »Sei nicht so zornig, sonst bekommst du ein hässliches Gesicht!« Und so zieht der kleine Junge eine Hornhaut über seine Seele, stürzt sich in Raufereien und spielt den starken Mann. Und das Mädchen zügelt sein eigenes Temperament, definiert sich über sein

Äußeres und übt sich in Bescheidenheit.[47] Und jedes Mal, wenn das Kind wie gewünscht handelt, winkt eine Belohnung. Lächeln und Loben, Füttern und Streicheln: Das sind bewährte Münzen der »bedingten Liebe«.

Das eigene Gefühl des Kindes wird, ähnlich wie bei den Geiseln, durch den äußeren Wunsch ersetzt. Der Psychologe Arno Gruen schreibt in seinem blitzgescheiten Essay »Wider den Gehorsam«: »Ein Kind fängt an, seinen Unterdrücker, den Aggressor, zu idealisieren, ihn zum Objekt seiner Identifikation zu machen.«[48] Mit »Unterdrücker« meint er keine Rabeneltern, sondern ganz normale. Jede Erziehung bedeutet Macht auf der einen und Ohnmacht auf der anderen Seite, eine »organisierte Verteidigung der Erwachsenen gegen die Jugend«, wie der US-Autor Mark Twain diese heimliche Schlacht charakterisierte.

Nein, ich will hier nicht für eine antiautoritäre Erziehung plädieren (auch wenn das Wort »Ja« gegenüber Kindern viel öfter fallen sollte!). Vielmehr möchte ich Ihnen bewusst machen, woher unsere Neigung kommt, Ja zur Anpassung und Nein zu den eigenen Träumen zu sagen. Nur wer weiß, welche Verhaltensmuster er als Kind erlernt hat, kann als Erwachsener gegensteuern und sich bewusst gerademachen.

Denn die verdrängten Gefühle des einstigen Kindes sind nicht aus der Welt, sie gären im Inneren vor sich hin: als Wut, als Trauer, als Ohnmacht – ein reich gefüllter Futternapf, der den schwarzen Hund »Depression« Jahrzehnte später nähren kann.

DER KLEINE NEUDENKER

Erziehung heißt, dass ein Mensch in sieben Jahren
verlernt, was er die nächsten 70 Jahre wieder lernen
muss: die Fähigkeit, seinen Bedürfnissen zu folgen.

Die Schule der Anpassung

»Mach uns keine Schande!« – dieser Auftrag der Eltern begleitet uns auf dem Weg in die Welt. Als Kind sollen wir eben *nicht*
auffallen, *nicht* anders sein, *keine* eigenen Wege gehen, sondern
in der Mitte des Schwarmes schwimmen. Eigenarten gelten als
Kinderkrankheiten, die möglichst rasch kuriert sein wollen.

Die Schule gerät zur Schule der Anpassung, zur Austreibung
eines Teufels namens Individualität. Das häufigste Fach steht in
keinem Stundenplan: die Unterdrückung der eigenen Bedürfnisse. Kinder wollen lange schlafen, aber werden im Morgengrau-
en aus dem Bett gekegelt. Kinder wollen springen, toben, rennen, aber werden im Klassenzimmer zum Stillsitzen verdonnert
(nicht mal das Schaukeln mit einem Stuhl ist erlaubt!); Kinder
wollen das, was ihnen auf dem Herzen liegt, sofort loswerden –
aber müssen ihre Zunge im Zaum halten und dem Lehrer so lange lauschen, bis er sie aufruft. Oder auch nicht.

Und wenn ein Schüler es wagt, den schmalen Grat der Fakten zu verlassen, bekommt er zu hören: »Du hast wohl zu viel
Fantasie!« Wie sich die Kreativität von Kindern entwickelt, haben die Forscher George Land und Beth Jarman getestet. Unter
anderem fragten sie, wie sich Büroklammern originell verwen-

den lassen. Sie begannen mit 1600 Kindern von fünf Jahren, die sofort auf Ideen kamen wie: Ohrring, Klebeflaschenverschluss oder Kleiderbügel für Barbie-Blusen. 98 Prozent von ihnen – eine Traumquote! – galten als hoch kreativ. Fünf Jahre später, mit zehn Jahren, fiel nur noch jedes dritte Kind als besonders kreativ auf. Und mit fünfzehn Jahren blieb von zehn Kindern nur ein hoch kreatives übrig. Schule und Erziehung hatten es geschafft, den sprudelnden Fluss der Kreativität zu einem abgestandenen Denkkanal zu begradigen.[49]

Kein Wunder: Nicht die Neigungen der Schüler bestimmen den Unterricht, sondern der Lehrplan. Nicht die Konzentration der Schüler bestimmt die Pausen, sondern der Gong. Jeder Schüler wird hochgezüchtet zu einem kleinen Antwort-Automaten, und bei Funktionsproblemen fährt ein privater Nachhilfelehrer als Stördienst vor, im Auftrag der Eltern. Gerade Erwachsene, die ihre eigenen Zeugnisse sorgsam vor den Kindern verstecken müssen, wollen ihre verpfuschte Schulkarriere durch die Kinder wettmachen lassen – angeblich zum Wohl des Nachwuchses, als entschieden sich die Lebenschancen schon mit dem Grundschul-Zeugnis. Für ein Kind heißt das: Druck durch die Eltern, Druck durch die Lehrer, Druck von allen Seiten.

Wer dem Druck nachgibt, gilt als »Musterschüler«. Wer aber seinem Herzen folgt, wird mit der Notenpeitsche abgestraft und als »schwierig« gebrandmarkt. Das mag der Grund sein, warum viele Genies und Künstler, viele helle Köpfe und zarte Seelen, an der Schule fast zerbrochen sind.[50] Thomas Mann, der spätere Nobelpreisträger, blieb als Realschüler zweimal sitzen. Albert Einstein, der geniale Physiker, verließ nach einem Streit mit seinem Direktor als 15-Jähriger die Schule (und holte das Abitur später nach). Und auch Künstlern wie Harald Schmidt, Otto Waalkes oder Reinhard Mey – dessen Liedtext sicher nicht von ungefähr kommt – blieb die Schmach einer Ehrenrunde nicht erspart.[51]

Der hochsensible Hermann Hesse, ebenfalls Mitglied im Club der sitzen gebliebenen Nobelpreisträger,[52] hat seine Schulzeit als Gewaltakt erlebt – eine Empfindung, die viele von uns teilen würden, hätten wir sie nicht sorgsam verdrängt:

»Und wie ein Urwald gelichtet und gereinigt und gewaltsam eingeschränkt werden muss, so muss die Schule den natürlichen Menschen zerbrechen, besiegen und gewaltsam einschränken; ihre Aufgabe ist es, ihn nach obrigkeitlicherseits gebilligten Grundsätzen zu einem nützlichen Gliede der Gesellschaft zu machen und die Eigenschaften in ihm zu wecken, deren völlige Ausbildung alsdann die sorgfältige Zucht in der Kaserne krönend beendigt.«[53]

Auch wenn der Weg heute nicht mehr zwangsläufig in die Kaserne führt: Als Erwachsene marschieren wir dann im Gleichtakt der gesellschaftlichen Erwartungen. Bloß nicht auffallen! Bloß keine Schande machen! Bloß alle Anforderungen erfüllen! Erst haben wir unsere Gefühle nach den Erwartungen der Eltern und Lehrer geschnitzt – und jetzt richten wir uns aus an Professoren und Ausbildern, an Arbeitgebern und Vorgesetzten, an Kommilitonen und Arbeitskollegen, an Nachbarn und Facebook-Freunden, an Werbetextern und Gurus.

Und so mancher, der in einer Beziehung aus Liebe zu handeln meint, folgt nur seinen in der Kindheit erlernten Mustern und bringt ein Opfer, dessen Preis zu hoch ist: Er gibt seine Identität auf, fügt sich, verbiegt sich, passt sich an. Nur um dem Liebespartner zu gefallen – und nur aus dem erlernten Gefühl heraus, mit seiner wahren (und vermeintlich unzulänglichen) Persönlichkeit nicht bestehen zu können.

Wir waren einzig – und sind nur noch artig.

DER KLEINE NEUDENKER

Wer alles tut, was die Lehrer ihm sagen, bekommt ein gutes Zeugnis. Wer alles tut, was ihm sein Herz sagt, bekommt ein gutes Leben.

Prominent erlebt: »Du schreibst Schund!«

Als der Schüler eines Morgens die Volksschule in Durham betrat – es war im Jahr 1961 –, ahnte noch keiner, was er in seinem Ranzen trug: ein selbst geschriebenes Buch. Es war acht Seiten lang, eigenhändig vervielfältigt und hieß »Das Pendel des Todes«. Für einen Vierteldollar wollte er das Werk verkaufen und hatte sich schon ausgerechnet, was er sich im günstigsten Fall von den Einnahmen würde leisten können: »eine große Tüte Popcorn und eine Cola«.

Der Absatz lief großartig: Bis zum Mittag hatte er zwei Dutzend Exemplare an seine Mitschüler verkauft. Und bis zum Ende der Mittagspause, als sich die spannende Handlung herumgesprochen hatte, stiegen die Verkaufszahlen um ein weiteres Dutzend.

Nach Schulschluss aber gab's keine Cola, sondern eine Rüge. Der Jungautor wurde ins Büro seines Direktors zitiert: Er könne die Schule doch nicht zu einem Marktplatz machen! Und seine Lehrerin Miss Hisler schimpfte: »Was ich nicht verstehe (…), ist, warum du überhaupt so einen Schund schreibst. Du hast Talent. Warum vergeudest du deine Begabung mit so etwas?« Derweil hatte sie ein Exemplar des Buches zusammengerollt und fuchtelte dem Schüler »damit vor der Nase herum, so wie man einem Hund, der auf den Teppich gepieselt hat, mit einer zusammengerollten Zeitung droht«.

Im Rückblick sagt der Gerügte: »Ich schämte mich. Auch danach habe ich mich viele Jahre lang für das geschämt, was ich schreibe. Meiner Meinung nach viel zu lange. (…) Es wird immer jemanden geben, der versucht, einem das Schreiben (…) madig zu machen.«[54]

Heute hat der Ex-Schüler mit seinem »Schund« eine Gesamtauflage von etwa 400 Millionen erreicht, die Vorlage für etliche Hollywood-Verfilmungen geliefert und war schon im Gespräch für den Literatur-Nobelpreis.[55] Wie gut, dass Stephen King sich von seiner Lehrerin nicht entmutigen ließ!

»Was sollen die Kolleginnen denken?«

»Das kann ich meinen Kolleginnen doch nicht antun!«, rief die Verkäuferin Hanna Heigel (31) entsetzt.

»Warum?«, fragte ich in der Beratung. »Sie haben mir doch gerade erzählt, dass Sie Ihre Filiale provisorisch seit einem Vierteljahr leiten. Dann wäre es nur konsequent, dass Sie sich auch offiziell um die Filialleitung bewerben.«

Sie winkte ab, als wollte sie einen ganzen Mückenschwarm verscheuchen. »Das würden mir die Kolleginnen nicht verzeihen. Ich bin eine von ihnen. Als Chefin wäre ich es nicht mehr.«

»Na und.«

»Aber ich will doch ein gutes Verhältnis haben. Gerade das schätze ich an meiner Arbeit.«

Ich ließ eine Pause entstehen. »Jetzt noch mal zum Mitschreiben: Sie machen seit drei Monaten die komplette Arbeit einer

Filialleiterin, verzichten aber auf den Titel, auf das Gehalt und auf die Weisungsbefugnis einer Filialleiterin?«

»Es ist kein Verzicht: Ich will ja gar nicht.«

»Wollen *Sie* es tatsächlich nicht?«, fragte ich und sah sie ernst an. »Oder wollen Sie es nur deshalb nicht, weil Sie meinen, Ihre Kolleginnen wollten es nicht?«

Sie öffnete zweimal den Mund und schloss ihn wieder. Tonlos. Zum ersten Mal im Laufe der Beratung geriet sie ernsthaft ins Grübeln.

Immer wieder stoße ich an einen Punkt, an dem die Rationalität erwachsener Menschen endet und die Erziehung mit langem Arm in ihr Leben greift. Hanna Heigel fragte sich keine Sekunde, was sie selber wollte – obwohl sie die Filiale offenbar gerne leitete. Stattdessen hatte sie ihr eigenes Meinungsgefäß mit den mutmaßlichen Erwartungen ihrer Kolleginnen gefüllt – so wie sie als Kind ihre eigenen Gefühle durch die der Eltern ersetzt hatte.

Sie war bereit, alles zu tun, um von ihren Kolleginnen geschätzt zu werden. Aber was tat sie, um ihre eigene Wertschätzung zu gewinnen? Warum war ihr heilig, was die anderen von ihr wollten, aber egal, was sie selber wollte? Offenbar folgte sie einem Reflex aus ihrer Kindheit: dem Wunsch, mit Haut und Haaren geliebt zu werden. So mancher, der als Kleinkind bereit war, für diese Liebe alles zu tun, ist es als Erwachsener immer noch – und bastelt aus den (vermeintlichen) Erwartungen seiner Mitmenschen ein Gefängnis, an dessen Gitterstäben er nicht zu rütteln wagt. Als müsste er die Liebe *aller* gewinnen, um sein Überleben zu sichern.

Weil die Kollegen wollen, dass wir nicht aus der Reihe tanzen, finden wir den neuen Chef offiziell doof (obwohl wir ihn eigentlich mögen). Weil die Freunde wollen, dass wir »ganz der Alte« bleiben, schlucken wir unsere abweichende Meinung runter und verkneifen uns die extravagante Kleidung. Und weil unser Lebens-partner will, dass wir so attraktiv wie am ersten Tag daherkom-men, drücken wir die schlechte Laune weg und tragen die ganze Woche ein Sonntagsgesicht (auch wenn wir schreien könnten).

Wir wollen uns, wie als Kinder, Zuneigung durch Wohlver-halten erkaufen. Doch der Preis ist hoch, denn eine »kognitive Dissonanz« spaltet uns. Diesen Begriff prägte der amerikanische Sozialpsychologe Leon Festinger für einen schmerzlichen Wider-spruch, der sich zum Beispiel einstellt, wenn Sie etwas anderes sa-gen, als Sie es denken; etwas anderes tun, als Sie es gerne täten.[56]

Vielleicht kennen Sie dieses nagende Gefühl, wenn Sie einen Partybesuch zusagen, aber lieber zu Hause blieben. Wenn Sie dem Monolog eines Kollegen zuhören, aber eigentlich Ihre Ruhe wollen. Oder wenn Sie mal wieder Überstunden machen, von denen Ihnen klar ist, dass sie gut für Ihre Firma sind, aber nicht für Ihre Gesundheit. Jedes Mal stehen Sie im Widerspruch zu Ih-rem Empfinden. Jedes Mal handeln Sie nicht mit der Reife des Erwachsenen, der Sie heute sind, sondern der Unreife des um Liebe buhlenden Kindes, das Sie einmal waren.

Für seelische Reife gilt dasselbe, was Immanuel Kant über die Aufklärung schrieb: Wer sie erlangen will, braucht dazu den Wil-len, aus der »selbstverschuldeten Unmündigkeit« auszubrechen, und den Mut, sich seines Verstandes »ohne Leitung eines ande-ren zu bedienen«.[57]

Auch der Philosoph Theodor W. Adorno beschreibt die Schwierigkeit, im Zeitalter der Fremdbestimmung, in einer »ver-walteten Welt«, autonom zu leben. Die Herausforderung für das Individuum sieht er darin, sich den Mechanismen der Bevor-mundung zu entziehen und durch bewusstes Innehalten immer wieder um das »richtige Leben« zu ringen.[58]

Jede Waage hat zwei Schalen. Meist wiegen wir die Wünsche der anderen, die äußeren Anforderungen, sorgfältig ab. Wie wäre es, mit den eigenen Wünschen dasselbe zu tun? Und sie im Zweifelsfall schwerer zu gewichten? Machen Sie sich bewusst, dass Sie von der Gunst anderer nicht mehr abhängen wie als Kleinkind. Nicht jeder muss Sie lieben. Es ist Ihr gutes Recht, sich mit der Welt »auseinanderzusetzen«. Nehmen Sie's wörtlich: Hier sitzen Sie. Und dort sitzen die anderen. Diese Abgrenzung ist nötig, um eigene Konturen zu gewinnen.

Dass Sie sich abgrenzen können, sogar von geliebten Menschen, haben Sie schon mehrfach bewiesen: in Ihrer Trotzphase als Kind, als Sie sich die Seele aus dem Leib schrien, die Fäuste auf dem Boden wund trommelten und die Eltern zur Verzweiflung trieben; und in Ihrer Pubertät, als Sie alles taten (manches tranken, manches rauchten, manchen küssten), um sich von der bauspar-vertraglich gesicherten Spießigkeit Ihrer Eltern abzugrenzen.

Aber ist es nicht kalter Egoismus, die eigenen Interessen in den Mittelpunkt zu stellen? Heißt es in der Bibel nicht: »Liebe deinen Nächsten«? Nein, es heißt: »Liebe deinen Nächsten *wie dich selbst*«! Die zweite Satzhälfte wird viel zu oft überhört! Wie die Sonne nur jene Helligkeit zur Erde schicken kann, die sie in sich selbst entwickelt, so können Sie nur jene Liebe zu anderen schicken, die Sie in sich selbst und für sich selbst erzeugen. Wer sich selbst nicht *aufrichtig* mag, wird auch keinen anderen *aufrichtig* mögen können. Darum ist es im besten Sinne sozial, dass Sie sich liebevoll behandeln, Ihre Wünsche ernst nehmen und Ihr Leben daran ausrichten.

Erst Ihre eigenen Bedürfnisse, dann fremde Erwartungen – wie befreiend diese Haltung ist, hat der Gestalttherapeut Fritz Perls in seinem »Gebet« formuliert:

Ich bin ich, und du bist du.
Ich bin nicht auf der Welt, um deine Erwartungen zu erfüllen,
und du bist nicht hier, um meine zu erfüllen.
Wenn wir übereinstimmen, ist es wunderbar.
Aber wenn nicht, dann ist da nichts zu machen.[59]

Und wie reagieren Ihre Mitmenschen, wenn Sie Termine absagen, statt immer zur Verfügung zu stehen; oder berechtigte Kritik üben, statt unberechtigtes Kopfnicken zu praktizieren? Sind Sie dann tatsächlich unten durch? Nein, es wächst Ihr Ansehen.

Diese Erfahrung hat auch Hanna Heigel gemacht: Sie rang sich dazu durch, offiziell die Filialleitung zu übernehmen. Einige Kolleginnen reagierten verschnupft. Aber überraschend viele sahen diesen Schritt positiv: »Besser du als eine Chefin von außen.« Ein halbes Jahr später war sie als Filialleiterin von allen Seiten anerkannt und fühlte sich pudelwohl in ihrer Rolle. Ihre ursprünglichen Bedenken waren übertrieben groß gewesen. Wie gut, dass sie nicht mit der Angst eines Kindes, sondern mit dem Mut einer Erwachsenen entschieden hatte!

DER KLEINE NEUDENKER

Eine Frau erzählte dem Weisen stolz: »Ich mach es allen recht. Ich bin beliebt, habe keine Feinde.«
Der Weise zuckte zusammen. »Mein Gott, dann haben deine Feinde dich!«

DIE SELBSTCOACHING-ÜBUNG

Lösen Sie Ihre Bremsen!

Gehen Sie Ihr Selbstbild durch, um Bremssätze aus der Kindheit aufzudecken: Was haben Sie angeblich noch nie gekonnt? Worin waren Sie schon immer ein Versager? Was ist hässlich an Ihnen? Schreiben Sie alles auf, was Ihnen einfällt. Dann gehen Sie die Punkte durch. Wer hat diese Botschaft in Ihren Kopf gehämmert? In welcher Situation? Welche Motive haben ihn geleitet?

_____

_____

_____

Danach schlüpfen Sie in die Rolle eines Anwalts, um ein Plädoyer zur eigenen Verteidigung zu halten. Stellen Sie sich vor, Ihnen säßen Geschworene gegenüber. Springen Sie so emotional wie möglich für sich in die Bresche! Erklären Sie, warum es eben nicht stimmt, dass Sie zum Beispiel *nie* Ausdauer haben, *immer* an die falschen Freunde geraten oder sich selbst zu wichtig nehmen. Welche Gegenbeweise gibt

es? Welche Zeugen? In welchen Punkten haben Sie sich weiterentwickelt?

_____

_____

_____

Achten Sie darauf, was während Ihres Plädoyers geschieht.
Kann es sein, dass Sie immer mehr Distanz zu den Bremssät-
zen gewinnen? Dass sich Ihre Stimmung hebt, die Körpersprache öffnet, die Gesichtszüge entspannen?

Danach streichen Sie die alten Glaubenssätze auf dem
Papier durch und halten Ihre neuen Erkenntnisse fest. Zum
Beispiel kann aus »Ich habe nie Ausdauer« werden: »Ich
entwickle vor allem dann Ausdauer, wenn ich wirklich weiß,
was ich will.«

_____

_____

_____

Hängen Sie sich diese Sätze an einen Ort, wo Sie sie häufig sehen, zum Beispiel an Ihren PC oder an Ihren Badezimmer-Spiegel. Je öfter Sie sie lesen, desto tiefer werden sie in
Ihr Bewusstsein dringen – und die alten Glaubenssätze verdrängen.

4 Der Ego-Shooter:

Ich bin ja so ein Versager!

In diesem Kapitel erfahren Sie ...

► warum es töricht ist, das einmalige Ich als ewige Baustelle zu sehen,

► weshalb Diäten Sie dick und Glücksrezepte Sie unglücklich machen können,

► was es mit Calvin zu tun hat, dass wir Wünsche so häufig aufschieben

► und warum Ansprüche, die Sie sich einreden lassen, Gift für Ihre Individualität sind.

Die Sklaven des Anspruchs

Ich fürchte, Sie könnten an drei einfachen Übungen scheitern: Legen Sie sich *allein* auf Ihr Sofa, um einen gemütlichen Mittagsschlaf zu halten. Genießen Sie *allein* ein Festessen mit vorzüglichem Rotwein. Und gehen Sie *allein* Ihr Bücherregal durch.

Warum scheitern? Weil die meisten Menschen einen ständigen Begleiter haben: ihr schlechtes Gewissen. Auf dem Sofa protestiert es: »Sei nicht so faul am helllichten Tag! Geh besser Joggen!« Vor dem Essen mahnt es: »Achte auf die Kalorien! Und muss es unbedingt Alkohol sein?!« Und vor dem Bücherregal wird es maulen: »Du liest viel zu wenig! Schau dir die ganzen ungelesenen Bücher an!«

Wir haben es verlernt, uns so zu nehmen, wie wir sind. In unserem Kopf dröhnt die Stimme eines inneren Anpeitschers, der pausenlos mehr aus uns herausholen möchte, als gerade im Leben drin ist: mehr Leistung, mehr Sex, mehr Bildung, mehr Entspannung, mehr Spontanität, mehr Erfolg, mehr Ausgeglichenheit, mehr Lebensfreude, mehr Glück, mehr Gesundheit, mehr Geld.

Unser Leben schrumpft zu einem Projekt, dessen Ziel die Optimierung des unvollkommenen Ichs ist. Was die Eltern und die Lehrer angefangen haben, führen wir mit Feuereifer fort, angespornt durch Normen und vermeintliche Zwänge. In allen Fächern des Lebens wollen wir uns die Note eins mit Sternchen verdienen. Drunter machen wir's nicht. Die Liste der Anforderungen, die unser Scheitern heraufbeschwören, ist lang wie ein Telefonbuch:

- ► Ich muss disziplinierter sein!
- ► Ich brauche mehr Ausdauer!
- ► Ich sollte ordentlicher werden!
- ► Ich muss entspannter sein!
- ► Ich darf mich nicht gehen lassen!
- ► Ich sollte weniger Schokolade essen!
- ► Ich darf nicht so viel vorm Computer sitzen!
- ► Ich muss mehr verdienen!
- ► Ich sollte meine Kinder vor Fehlern bewahren!
- ► Ich muss was für meine Fitness tun!

Und wenn wir wieder einmal gescheitert sind, uns aufgeregt haben, statt zu entspannen, uns im Internet rumgetrieben, statt zu joggen, uns im Chaos eingerichtet, statt aufzuräumen – dann steht der Schuldspruch fest. Die Selbstvorwürfe klingen immer ähnlich: Du lässt dich zu sehr treiben! Du gibst zu schnell auf! Du nimmst den bequemsten Weg, nicht den besten! Angeblich sind wir zu wenig bereit, uns für ein gutes Leben am Riemen zu reißen, uns in ein Paradies zu quälen. Wir suchen den Fehler bei uns selbst, in unserem Verhalten – und nie in den (erst gehörten, dann verinnerlichten) Anforderungen.

Dabei fällt uns gar nicht mehr auf, dass wir zwischen die einzelnen Anforderungen gespannt sind wie ein Sklave in der Arena zwischen zwei Pferde: Jedes zieht in eine andere Richtung, es muss uns geradezu zerreißen:

- ► Wenn wir bis 19.00 Uhr an unserem Schreibtisch sitzen, flüstert das schlechte Gewissen: »Und was ist mit deiner Work-Life-Balance?« Wenn wir aber schon um 16.00 Uhr nach Hause gehen, zischt es: »So wird das nie was mit deiner Karriere!«

▶ Wenn wir zur Schokolade greifen, knurrt der innere Mahner: »Finger weg vom Zucker! Das schadet den Zähnen und macht dich fett!« Wenn wir Knäckebrot essen, sagt er: »Sei kein Kostverächter. Du musst dein Leben mehr genießen!«

▶ Wenn wir am Sonntag bis 10 Uhr ausschlafen, empfängt uns das schlechte Gewissen mit: »Wolltest du nicht jeden Morgen joggen gehen? Für die Kondition und den inneren Ausgleich!« Wenn wir aber schon um 6 Uhr durch den Stadtpark sprinten, mosert dieselbe Stimme: »Entspann dich mal! Merkst du nicht, dass du den Leistungsgedanken der Arbeit jetzt schon auf die Freizeit überträgst?«

Wir wollen die Quadratur des Kreises. Hunderttausende junge Frauen mit bester Bildung bleiben ohne Partner, weil sie auf einen Traumprinzen warten, der als Eintrittskarte ins Reich der Liebe mindestens einen Hochschulabschluss, besser noch eine Promotion und einen Führungsjob, vorweisen kann – flankiert von einem Äußeren, das ihn für das Erbe George Clooneys qualifiziert. Und junge Männer suchen nach Vorzeige-Frauen – das Maß aller Dinge ist 90:60:90 –, die direkt vom Laufsteg in ihre Betten hüpfen. Natürlich sollen diese Erfolgsfrauen rund um die Uhr vor Sexappeal und guter Laune sprühen, niemals das Wort »Nein« in den Mund nehmen – das gilt als zickig! – und beim Kochen am heimischen Herd eine ebenso gute Figur wie auf dem geschäftlichen Parkett abgeben.

So gerät der Flirt zum Vorstellungsgespräch (»Wo sehen Sie Ihre persönlichen Stärken? Und wo die Schwächen?«). Und die Personal-Entscheider wundern sich am Ende, dass schon wieder ein Kandidat durchgefallen ist, natürlich in Windeseile, denn heute hat alles mit Speed zu passieren, auch das Dating.

Aber wer sagt eigentlich, dass Liebe eine Frage der Bildung ist? Wer sagt, dass Schönheit eine Frage der Maße ist? Und wer sagt, dass unrealistische Ansprüche, die das Glück verhindern, besser als realistische sind, die es ermöglichen?

Und Hunderttausende Väter leiden, weil es ihnen einfach nicht gelingt, pro Woche 50 Stunden im Büro und gleichzeitig für ihre Familie da zu sein. Sie betrachten Beruf und Familie als Leistungssport. Mit der einen Hand wollen sie den Siegerpokal »Engagiertester Mitarbeiter des Jahres« schwenken, verbunden mit Beförderung, Gehaltserhöhung und Lob vom Chef – weil sie rund um die Uhr für die Firma schuften. Und in der anderen Hand wollen sie den Pokal »Familienvater des Jahres« in die Höhe recken, verbunden mit heißer Liebe durch Frau und Kinder – weil sie rund um die Uhr für die Familie da sind und viel Geld nach Hause bringen.

Und wenn es ihnen nicht gelingt, beide Ziele unter einen Hut zu bringen, verändern sie nicht ihre Ziele – sondern legen noch eine Schippe nach, etwa indem sie ihre Arbeit nach Mitternacht verschieben (wenn die Familie schon schläft) oder den Jahresurlaub wie eine Weltraum-Mission organisieren, um eine Riesenstrecke mit dem Wohnmobil in den USA zurückzulegen und das maximale Abenteuer für die Familie herauszuholen (was dann nur zur maximalen Erschöpfung, zu Anspannung und zu Streit führt).

Zur Besinnung kommen sie erst, wenn sie auf der Intensivstation aufwachen und vom Oberarzt das Wort »Herzinfarkt« buchstabiert bekommen. Oder wenn sie mit Tatütata von ihrem Schreibtisch in die Burnout-Klinik gefahren werden.

Aber wer sagt eigentlich, dass beruflicher Erfolg sich nur über Aufstieg, Gehalt und Arbeitszeit definiert? Wer sagt, dass sich der beste Vater mit einer Stoppuhr ermitteln lässt und der beste Urlaub mit einem Kilometerzähler? Warum gerät mittlerweile alles im Leben zu einem Wettkampf – gegen die Uhr, gegen die anderen, gegen uns selbst?

Wir streben nach dem vollkommenen Glück, statt es dem lebensklugen Schauspieler Peter Ustinov gleichzutun, der gesteht: »Ich bin besonders glücklich, wenn das Glück unvollkommen ist. Vollkommenheit hat keinen Charakter.« Wir haben die Anforderungen der Eltern, die Ansprüche der Leistungsgesellschaft, die Illusionen der Werbeindustrie verinnerlicht. Das Ergebnis dieses Vollkommenheits-Wahns: Sechs von zehn Deutschen sind laut Glücksindex mit ihrem Leben unzufrieden.[60] Obwohl wir mehr Geld in der Tasche haben, mehr Raum zum Wohnen, mehr Zugang zu Bildung als jemals zuvor.

Wir wollen unser Maximal-Glück erzwingen – und verkennen, dass es sich mit ihm wie mit einem scheuen Vögelchen verhält: Je mehr wir nach ihm greifen, desto schneller fliegt es davon.

DER KLEINE NEUDENKER

Es gibt zwei Wege, um Ihr Leben zur Hölle zu machen: Werden Sie Satanist. Oder Selbstoptimierer. Der zweite Weg ist sicherer.

Das Glück am Sankt-Nimmerleins-Tag

Vor mir saß ein Mann mit wallender Mähne, ein Künstlertyp von Anfang 30, der seine Brötchen als Architekt einer bekannten Firma verdiente. Als Beratungsziel nannte Peter Klein: »Ich will zufriedener werden. Im Moment bin ich frustriert und nerve alle mit meiner schlechten Laune.«

Ich fragte: »Angenommen, ich könnte Ihnen einen Wunsch erfüllen: Was müsste ich in Ihrem Leben verändern, damit Sie zufriedener werden?«

»Schenken Sie mir eine Sekretärin! Im Moment ersticke ich in Bürokratie. Ich will wieder mehr Entwürfe machen.«

»Das ist alles, was Sie für Ihre Zufriedenheit brauchen?«

»Nein. Ich möchte unbedingt eine große Ausschreibung gewinnen. Dann hätte ich endlich einen Namen in der Branche.«

»Was wäre anders, wenn Sie bekannter wären?«

»Dann könnte ich mich selbstständig machen und wäre mein eigener Herr.«

»Verstehe, eine Selbstständigkeit würde Sie zufrieden machen.«

Er schüttelte den Kopf. »Nicht allein. Ich müsste natürlich auch mehr Geld als jetzt verdienen.«

»Was gut wäre, weil ...«

»... ich dann ein Haus bauen und meine Verlobte endlich heiraten könnte.«

Ich seufzte. »Und dann würden Sie wahrscheinlich Kinder planen.«

»Genau so ist es!«, strahlte er mich an.

Ich holte tief Luft. »Wann haben Sie eigentlich beschlossen, sich so unglücklich zu machen?«

Peter Klein sah mich mit großen Augen an. Und ich erklärte ihm einen Mechanismus, den wir alle kennen. Statt uns das Glück auf der Stelle zu gestatten, machen wir es abhängig von Bedingungen. Wir hoffen auf ein perfektes Leben, sobald wir die große Liebe gefunden, das Kind bekommen, den Roman geschrieben, die Firma gegründet, die Diät durchgehalten, den Preis gewonnen, die erste Million gemacht oder das Bundesverdienstkreuz vor der Brust baumeln haben. Aber wenn die Bedingungen endlich erfüllt sind, stellen wir fest: Wir bleiben dieselben wie zuvor.

Studien über Lottogewinner belegen, dass ihre Glückskurve kurzfristig nach oben ausschlägt, um sich dann auf dem alten Niveau einzupendeln.[61] Wer ein frustrierter Sack ohne Lottomillion war, ist danach ein frustrierter Sack mit Lottomillion. So einfach ist das.

Zum Beispiel steht eine Weltreise bei Lottospielern an zweiter Stelle auf der Wunschliste. Aber von 14 Lottomillionären, die für eine Studie befragt wurden, hat nicht einer die Koffer gepackt. Die scheinbare Bedingung – erst der Gewinn, dann die Reise – war nur eine Form des Selbstbetrugs.[62]

Vielleicht haben Sie Lust, folgenden Satz, bezogen auf Sie, mehrfach zu Ende zu führen:

»Ich werde glücklich sein, wenn …

1. _____

2. _____

3. _____

4. _____

5. _____

Na, was ist Ihnen eingefallen? Persönliche Entwicklung? Beruflicher Erfolg? Große Liebe? Gesundheit? Lottogewinn, Studienabschluss, Beförderung? Tun Sie mir einen Gefallen: Nehmen Sie jetzt Ihren Stift, und streichen Sie Ihre Worte wieder durch – ganz dick!

In Wahrheit ist das Glück nur an eine einzige Bedingung geknüpft: dass Sie es sich erlauben, und zwar sofort, statt tausend Hürden davor aufzubauen und tausend Jahre darauf zu warten. »Die meisten Menschen sind so glücklich, wie sie es sich selbst vorgenommen haben«, erkannte der US-Präsident Abraham Lincoln. Denn Glück ist kein objektiver Zustand, der sich mit einer Blutdruck-Manschette messen lässt; Glück ist eine subjektive Empfindung, die Sie selbst erzeugen oder verhindern können.

Denken Sie an den antiken Philosophen Diogenes, von dem die Sage geht, dass er in einer Tonne lebte. Eines sonnigen Tages kam Alexander der Große vorbei und fragte, welchen Wunsch er ihm erfüllen könne. »Geh mir aus der Sonne!«, sagte der Philosoph. Er brauchte für sein Glück keine künftigen Reichtümer, sondern nur das Licht des Augenblicks.[63]

»Das Glück gehört denen, die sich selbst genügen«, pflichtet Arthur Schopenhauer bei. »Denn alle äußeren Quellen des Glückes und Genusses sind ihrer Natur nach höchst unsicher, misslich, vergänglich und dem Zufall unterworfen.« Wenn Sie das Glück an äußere Bedingungen knüpfen, kämpfen Sie mit einem unbezwingbaren Drachen: Wenn Sie ihm einen Kopf abgeschlagen haben, wächst sofort ein neuer nach. Zum Beispiel haben Sie die Million im Lotto gewonnen (ein Kopf ist ab) – aber sofort sagen Sie sich: »Richtig glücklich bin ich erst, wenn ich das Geld auch absolut sicher angelegt habe!« (Ein neuer Kopf wächst nach.)

Am Ende der Beratung ging Peter Klein mit einer Aufgabe nach Hause: »Bitte tun Sie jeden Tag eine Stunde lang so, als wären alle Bedingungen für Ihre Zufriedenheit bereits erfüllt. Sie dürfen so denken, so fühlen, so handeln, als wären Sie bereits am Ziel angekommen. Beobachten Sie einfach mal, wonach Ihnen ist, wenn Sie ganz in der Gegenwart leben und all Ihre Bedingungen fallen lassen.«

Vier Monate später flatterte mir ein Briefumschlag auf den Tisch: Peter Klein schickte mir eine selbstgebastelte Karte, geschnitten in der Form eines Landhauses – und lud zu seiner Hochzeit ein. Offenbar war ihm bewusst geworden, dass er dazu nicht erst Architekt des Jahres werden musste. Endlich hatte er sich erlaubt, bedingungslos auf sein Herz zu hören.

DER KLEINE NEUDENKER

Mit dem erfüllten Leben verhält es sich wie mit den Hausaufgaben: Wer zu lange damit wartet, steht am Ende ohne da.

Nur wer schwitzt, kommt in den Himmel

Dass die Gegenwart nur ein Jammertal ist und das Paradies in der Zukunft wartet, dieses Prinzip stammt aus dem Christentum. Jesus ließ sich kreuzigen, um die Menschen zu erlösen und unsterblich zu machen. Fortan wusste jeder, dass er eines Tages an die Himmelspforte klopfen muss. Und Gott, der Türsteher, würde mit kritischem Auge auf das Leben seines Schäfleins blicken: »Warst du auch fleißig, enthaltsam und gut genug? Hast du so viele Entbehrungen hingenommen, dass du jetzt eine große Belohnung verdienst?«

Und so begannen die Menschen, sich ein Leben lang Fleißkärtchen für den Himmel zu verdienen: Sie schufteten und entbehrten, sie knieten sich rein und machten sich krumm, um den Numerus clausus für ein göttliches Leben nach dem Tod zu erfüllen.

Johannes Calvin ging im 16. Jahrhundert noch einen Schritt weiter: Für ihn begann die Allmacht Gottes nicht erst mit dem Tod, sondern schon vor der Geburt. Jeder Mensch sei von Gott bestimmt: die Guten für den Erfolg, die Schlechten fürs Laster. Und so wurde jedes irdische Menschenleben zu einem Spiegel, in dem sich der Wille Gottes zeigte. Wer soff und fraß, fremdging und faulenzte, gehörte offenbar zur Ausschussware der göttlichen Werkstatt – ein klarer Fall für die Hölle. Wer aber fleißig und strebsam, tugendhaft und entbehrungsreich lebte, der war ein Liebling Gottes – ein klarer Fall für den Himmel.[64]

In ihrer Angst taten die Protestanten alles, um die Ausfahrt zur Hölle links liegen zu lassen und schnurstracks in den Himmel zu fahren. Sie verbissen sich in die Arbeit, versteiften sich auf die

Tugend, verboten sich das Vergnügen. Das Leben geriet zu einer Hitparade der Entbehrungen, zu einer Warteschleife, die der eigentlichen Bestimmung voranging.

Diese calvinistische Haltung prägt uns bis heute, wenn wir Wünsche aufschieben und uns (vermeintlichen) Pflichten unterwerfen. Wir sagen: »Ohne Fleiß kein Preis!« Wir denken, dass wir für Erfolge schwitzen müssen. Genüsslich am Fluss schlendern, tagelang in der Sonne liegen, bis 11 Uhr schlafen – nicht mit uns!

Wir kämpfen uns durch Fastenkuren, zwingen uns in den Yogakurs, erdulden Familienfeiern, büffeln Chinesisch und können nicht mal mit der Bahn zur Arbeit fahren, ohne ein Fachbuch durchzuforsten. Wir sammeln Fleißkärtchen für den Chef, den Partner, die Familie, die Gesundheit, die Gesellschaft, wollen als »unbescholten« gelten – wie einst im Mittelalter, als es noch üblich war, dass jeder über den anderen einen »Scheltbrief« verfassen und öffentlich anschlagen konnte. Erst wenn ein ordentliches Gerichtsverfahren die Unschuld ergab, galt der Kritisierte wieder als »unbescholten« (daher das Wort).[65] Heute erheben wir Selbstanklage in vorauseilendem Gehorsam.

Ohnehin verrät die Sprache, dass wir nicht mit uns im Reinen sind. »Eigentlich wollte ich längst zu Hause sein«, sagt die Managerin um 20 Uhr an ihrem Schreibtisch. »Eigentlich wollte ich Kunst studieren«, sagt der Bauingenieur. »Eigentlich wollte ich mit 30 schon Kinder haben«, sagt die verheiratete Karrierefrau.

Wer prüfen will, wie gut sein Leben im Lot ist, kann das auf einfache Weise tun. Lassen Sie sich, zum Beispiel von Ihrem Handy, zu jeder Stunde Ihrer wachen Tageszeit einmal kurz daran erinnern, dass Sie folgenden Satz zu Ende führen:

»Am liebsten würde ich jetzt …«

Und dann fügen Sie hinzu, was Sie gerade am liebsten täten. Zum Beispiel sah die Liste meiner Klientin Sophie Pflügler (42), einer Volkswirtin, wie folgt aus:

7.00 (ich wecke die Kinder für die Schule): Am liebsten würde ich jetzt … mit meinem Mann noch im Bett liegen und kuscheln.

8.00 Uhr (ich werfe die Waschmaschine an und breche zur Arbeit auf): Am liebsten würde ich jetzt … zu meinen Eltern nach Bayern fahren. Ich habe sie schon lange nicht mehr besucht.

9.00 Uhr (ich bin nun im Büro): Am liebsten würde ich jetzt … einen Liebesbrief an meinen Mann schreiben. Wie lange ist es her, dass er Post von mir bekam?

10.00 Uhr (ich sitze in der Morgenkonferenz): Am liebsten würde ich jetzt … meinem Chef sagen, dass ich ihn für einen Wichtigtuer halte.

Es folgten ähnliche Einschätzungen, bis der Arbeitstag vorbei war:

18.00 Uhr (ich bin wieder zu Hause und koche für die Familie): Am liebsten würde ich jetzt … an den Baggersee fahren und dort bis zur Dunkelheit am Ufer liegen.

19.00 Uhr (ich mache mit der Tochter Hausaufgaben): Am liebsten würde ich jetzt … meiner Tochter sagen, wie unwichtig die Schule fürs eigentliche Leben ist.

20.00 Uhr (wir schauen die Tagesschau): Am liebsten würde ich jetzt … mal wieder auf meiner Gitarre spielen, doch sie ist nicht mal gestimmt.

Und so ging die Liste weiter, bis sich Sophie Pflügler um 23.00 Uhr ins Bett legte und noch in einem Erziehungsratgeber las (aber sich lieber, wie sie schrieb, in einen Roman vertieft hätte).

Mich erschüttert bei dieser Übung immer wieder: Nie, zu keiner Zeit des Tages, tun die meisten Menschen das, was sie am liebsten täten – nicht vor der Arbeit, nicht bei der Arbeit, nicht danach. Nachvollziehbar, dass Sophie Pflügler ihren Chef nicht als »Wichtigtuer« beschimpft. Aber warum fährt sie nicht an den Baggersee? Warum greift sie nicht zur Gitarre und zum Roman? Warum sucht sie mit ihrer Tochter nicht das Gespräch über die Bedeutung des Lebens abseits der Schule? Warum nimmt sie sich nicht mehr Raum für ihre Bedürfnisse? Warum schiebt sie ihr Glück auf? Warum lebt sie ein Leben, das sie offenbar (so) am liebsten nicht leben würde?

Führen Sie Ihre Liste ein paar Tage lang. Achten Sie darauf, in welchen Momenten Sie Ihren eigentlichen Wünschen am nächsten sind. Was können Sie unternehmen, um noch größere Schnittflächen herzustellen? Und welche Wünsche, die Sie im Moment zurückstellen, ließen sich zu einem anderen Zeitpunkt verwirklichen (zum Beispiel hätte Sophie Pflügler den Liebesbrief nach der Arbeit schreiben können)?

Je größer die Schnittfläche zwischen Ihren Wünschen und Ihren Handlungen, desto mehr werden Sie Ihr Glück in der Gegenwart genießen können – statt sich auf ein ungewisses »Jenseits«, vor oder nach dem Tod, zu vertrösten.

DER KLEINE NEUDENKER

Ein junger Mann joggte zum Weisen und keuchte:
»Welche Anstrengungen hast du im Leben für dein
Glück unternommen?«
»Keine«, antwortete der Weise. »Je weniger ich für
mein Glück arbeite, desto mehr arbeitet mein Glück
für mich.«

Alles ist möglich, wenn du nur willst!

Die Welt, in der wir leben, wird uns als Welt der unbegrenzten
Möglichkeiten verkauft. Jeder Bettler kann hier zum Millionär
aufsteigen, jedes Mauerblümchen zum Top-Model, jeder Stra-
ßenjunge zum Fußballstar. Diesen Eindruck vermitteln die Medien, die Politiker, die Erzieher der Nation.

Aber wenn es stimmt, dass jeder alles erreichen kann, dann
lautet der Umkehrschluss: Wer den großen Durchbruch nicht
schafft, muss ein großer Versager sein! Und mit der Zahl der
Möglichkeiten, die im Zeitalter der Globalisierung wächst,
nimmt auch die Zahl der Gelegenheiten zu, bei denen wir scheitern können. Wer als Sachbearbeiter in seiner Kleinstadt-Filia-
le hängenbleibt, statt endlich das Weltgeschäft zu übernehmen,
als Pizzabote durch die Straßen kurvt, statt endlich Millionär zu
werden, oder die Pizzas verspeist, statt sich endlich zum Traum-
körper zu hungern – der hat jämmerlich versagt.

Die Beweisführung ist ein Leichtes, denn immerhin hat es der
Sohn einer Putzfrau, Gerhard Schröder, in Deutschland bis zum

101

Bundeskanzler gebracht. Und sind die Fernsehsendungen nicht voll mit pickligen Teenagern, die sich zu Superstars verwandeln, sobald sie den Mund zum Singen öffnen? Kann man dort nicht Totschläger von einst bestaunen, die heute Prediger der Friedfertigkeit sind; Krebskranke, die sich allein mit ihrem Willen geheilt haben; strahlende Ministerinnen, die mit links ihren Führungsjob und die Erziehung von über einem halben Dutzend Kindern auf die Reihe bekommen?

Wo alles möglich scheint, wird die Unmöglichkeit zum Feind des Individuums. Wer es noch nicht geschafft hat, seinen persönlichen Olymp zu besteigen, starrt neidisch auf die Nachbargipfel und hört von dort: »Schau uns an! Es geht doch! Was machst du bloß falsch?«

Die junge Mutter, der es einfach nicht gelingt, beruflichen Erfolg und perfekte Haushaltsführung zu vereinen; der Single, der es einfach nicht schafft, die Richtige zu finden; die Vorgesetzte, die sich überfordert fühlt damit, gleichzeitig als Fach- und Führungskraft zu brillieren, sie alle sagen sich: »Ich habe es nicht fest genug gewollt! Wenn ich es stärker will, dann klappt es auch.«

Ein magisches Denken breitet sich in unserer spät-calvinistischen Gesellschaft aus. Aber stimmt es denn nicht, dass ein starker Wille viel bewegen kann? Absolut. Aber nicht jeder Wille findet seine Möglichkeit. Schon der mathematische Verstand lässt ahnen: Auf den einen Sohn einer Putzfrau, der es zum Kanzler bringt, kommen Hunderttausende Putzfrauen-Söhne, die ihr Leben lang am unteren Ende der Bildungs- und Gehaltsskala feststecken. Auf einen Millionär kommen Dutzende von Nicht-Millionären (sonst müsste ein Vielfaches der Geldmenge im Umlauf sein). Und auf einen Popstar kommen Tausende Hobbymusiker, die ihr größtes Konzert am Lagerfeuer geben.

»Nichts ist unmöglich!«, singt dennoch der Werbe-Chor, »du musst es nur wollen!« Aber dieser Appell führt doppelt in die Irre, denn wenn wir zu sehr wollen, erreichen wir das Gegenteil. Versuchen Sie es selbst, ich wette mit Ihnen:

▶ Wenn Sie unbedingt Ihren Traumpartner kennenlernen wollen, möglichst rasch, dann wird Ihre Ausstrahlung jeden potenziellen Partner in die Flucht treiben wie der jagende Hund das Reh.

▶ Wenn Sie unbedingt Ihr Traumgewicht erreichen wollen, werden Sie fortan aus allen Regalen des Supermarktes die Schokoriegel und Eispackungen Ihren Namen so verlockend rufen hören, wie einst die Sirenen nach Odysseus riefen – nur dass es Ihnen kaum gelingen wird, sich an einen Bootsmast zu binden und diesen Lockrufen zu widerstehen.

▶ Wenn Sie unbedingt Ihren Traumjob ergattern wollen, sind Sie im Vorstellungsgespräch so aufgeregt, dass Sie allenfalls Ihre ausgeprägten Qualitäten im Stottern und im Verschütten von Kaffee unter Beweis stellen.

▶ Und wenn Sie unbedingt Millionär werden wollen, ist es nicht ganz unwahrscheinlich, dass Sie aufgrund riskanter Geschäfte aus dem nächsten Börsencrash als armes Würstchen hervorgehen oder sich in der Kundendatei eines Anlagebetrügers wiederfinden.

Es ist wie in der griechischen Sage: Das Schicksal holt uns ein. Am Ende brachte Ödipus, wie vom Orakel von Delphi vorausgesagt, doch seinen eigenen Vater um und heiratete seine Mutter, obwohl er alles unternommen hatte, diese Taten zu unterlassen.[66] Es gilt das antagonistische Prinzip: Je mehr Sie sich zwingen, in eine bestimmte Richtung zu gehen, desto größer werden die Kräfte, die Sie in die Gegenrichtung ziehen. Wir rebellieren gegen den inneren »Soll-Hund«, wie Fritz Perls das Freudsche Über-Ich treffend nannte, und tricksen uns selber aus.[67] Fordern Sie sich auf, spontaner zu sein – und schon ist Ihr Kopf leer!

Aber keiner von uns fühlt sich gern als Abgehängter im Rennen der Möglichkeiten. Also verschanzen wir uns hinter Ausreden. Die Verantwortung, dass etwas nicht geklappt hat, wird in die Außenwelt verschoben:

- ▶ Ich bin nicht befördert worden – also ist mein Chef doof.
- ▶ Meine Haut wird faltig – also taugt die teure Creme doch nichts.
- ▶ Ich bin mit meiner Diät gescheitert – also bin ich genetisch auf Übergewicht programmiert.
- ▶ Ich bringe es nicht zum Fußballprofi – also haben die Talentspäher Tomaten auf den Augen.

Wir hinterfragen nicht die übertriebenen Ziele und das krampfhafte Wollen, die das Scheitern heraufbeschwören. Und wir gehen wie selbstverständlich davon aus, dass es besser ist, Profisportler als Amateur zu sein (der Fußball-Torwart Robert Enke würde das, könnte er noch, sicher anders sehen); dass es besser ist, Rockstar als Feierabend-Gitarrist zu sein (der Rockmusiker Kurt Cobain würde das, könnte er noch, sicher anders sehen); und dass es zwingend nötig ist, Traumjob, Traumgehalt und Traumpartner zu ergattern – ohne Rücksicht darauf, dass erfüllte Träume auch die menschliche Neigung zur Unersättlichkeit nähren; in einem Gedicht von Wilhelm Busch heißt es: »Ein jeder Wunsch, wenn er erfüllt, kriegt augenblicklich Junge.«

Wir fühlen uns schuldig, kämpfen mit einem schlechten Gewissen und definieren uns als Opfer. Eine erlernte Hilflosigkeit
breitet sich aus, der Frust nimmt zu, und nicht selten klopfen
zwei ungebetene Gäste an unsere Tür: Burnout und Depression.
Dazu im nächsten Kapitel mehr.

DER KLEINE NEUDENKER

Es gibt zwei Möglichkeiten, einen Wunsch zu verlieren: Man gibt ihn auf. Oder er erfüllt sich. Was tragi-
scher ist, hängt von der Art des Wunsches ab.

105

DIE SELBSTCOACHING-ÜBUNG

Prüfen Sie Ihre Selbstansprüche!

Welche Ansprüche haben Sie an sich selbst?
Bitte führen Sie folgende sieben Sätze auf einem Blatt Papier
zu Ende:

▶ 1.) Im Idealfall gelingt es mir jeden Tag, dass ich …

_____

▶ 2.) Im Idealfall erreiche ich, dass mein Äußeres …

_____

▶ 3.) Im Idealfall bewirke ich, dass meine Partnerschaft …

_____

▶ 4.) Im Idealfall gelingt es mir im Beruf, dass ich …

_____

▶ 5.) Im Idealfall erreiche ich, dass meine Kinder …

_____

▶ 6.) Im Idealfall schaffe ich es, dass meine Finanzen …

_____

▶ 7.) Im Idealfall sorge ich dafür, dass meine Gesundheit …

_____

Nun gehen Sie Ihre Ansprüche durch und fragen sich:

▶ Macht dieser Anspruch mein Leben glücklicher oder unglücklicher? Wie wirkt er sich auf mein Wohlbefinden
aus?
▶ Hilft der Anspruch mir, dem Ziel näher zu kommen? Oder
hemmt und überfordert er mich?
▶ Ist der Anspruch überhaupt erfüllbar? Oder entzieht er
sich (teilweise) meinem Einfluss? Schließen sich einzelne
Ansprüche aus?
▶ Ist der Anspruch wirklich meiner? Oder haben ihn mir andere ins Ohr gesetzt?
▶ Was würde sich verändern in meinem Leben, wenn es diesen Anspruch nicht gäbe?
▶ Wie müsste ich meine Ansprüche formulieren, damit ich
sie als Motivation und nicht als Hypothek empfinde?

5 Einfach krank:

Warum Anpassung zu Burnout und Depression führt

In diesem Kapitel erfahren Sie …

► warum Sie sich selbst ans Messer liefern,
   wenn Sie immer nur den anderen dienen,

► weshalb bevorzugt Menschen, die stark scheinen,
   plötzlich zusammenbrechen

► wie es einer Top-Managerin gelang, ihren
   pünktlichen Feierabend durchzusetzen

► und wie Sie der erlernten Hilflosigkeit,
   und damit Burnout und Depression, entgehen.

Die schwarze Spur der Seele

Diese Frau konnte nichts umhauen. Dachten alle. Elli Kleiber (46) galt als Energiebündel, sie betrieb zwei Friseursalons mit je fünf Angestellten, hielt ihrem beruflich erfolgreichen Mann den Rücken frei, erzog zwei Söhne (9, 14) und eine Tochter (16), sang im Kirchenchor, saß parteilos im Gemeinderat und war Elternbeirats-Sprecherin. Und in jeder freien Minute stieg sie auf ihr Fahrrad und strampelte sich fit.

Ihre Frisur saß wie angegossen (»Schließlich ist das mein Beruf!«), ihre dunkelrote Handtasche passte zur Farbe ihrer Bluse, und ihr Gesicht mit dem leichten Rouge-Ton wirkte frisch. Als sie in den Beratungsraum lief, rank, schlank, modisch, schien sie mir als Powerfrau, mit Kraft ohne Ende.

Aber Elli Kleiber, die scheinbar so Starke, fühlte sich kurz vor dem Untergang: »Mein Leben kommt mir vor wie ein Boot mit mehreren Löchern«, sagte sie. »Wenn ich an der einen Stelle Wasser schöpfe, läuft an der anderen Stelle noch mehr nach. Ich kriege das nicht mehr hin.«

»Geben Sie mir doch mal ein Beispiel«, bat ich.

»Jörn, mein Mittlerer, hat Schulprobleme. Früher war er Klassenbester, jetzt ist er nur noch Mittelmaß. Deshalb gehe ich jede Woche zweimal schon um 16.00 Uhr aus dem Salon. Wir lernen dann zusammen.«

»Das ist eines der Löcher, die Sie stopfen?«

»Aber schlecht! Und während wir lernen, ist in den Salons die Hölle los: Da geraten Termine durcheinander. Kunden müssen trotz Reservierung über zehn Minuten warten. Eine einzige Katastrophe!«

»Wie erfahren Sie davon?«

»Meine Freundin aus dem Salon ruft mich an. Wenn ich von diesem Chaos höre, würde ich am liebsten zurück zur Arbeit fahren. Mein Sohn merkt das. Er wird dann noch unkonzentrierter. Und ich denke heimlich: ›Das Lernen hier bringt ohnehin nichts mehr – wärst du besser bei der Arbeit!‹«

»Sind Sie schon mal zurück zur Arbeit gefahren?«, fragte ich.

»Mehrfach. Dann habe ich in den Salons gerettet, was noch zu retten war. Leider nicht mehr viel. Aber während der Arbeit habe ich pausenlos gedacht: ›Was bist du doch für eine Rabenmutter – nimmst die Arbeit wichtiger als die Schulprobleme deines Sohns!‹«

»Und wie hat sich dieser Gedanke auf Ihre Arbeit ausgewirkt?«

»Oft bin ich regelrecht zusammengezuckt, wenn mich jemand angesprochen hat. Geistig war ich zu Hause. Meine Mitarbeiterinnen haben mich nicht als große Hilfe erlebt. Als Chefin müsste ich Vorbild sein.«

In diesem Sinn erzählte Elli Kleiber weiter: Wenn sie sich morgens liebevoll um ihre Familie kümmerte, Pausenbrote machte, Saft presste, den Frühstückstisch dekorierte und mit ihrem Mann über seinen anstehenden Tag sprach – dann kam sie nicht dazu, vor der Arbeit noch eine Runde auf dem Rad zu drehen, »um topfit zu bleiben«, wie sie es am Vorabend geplant hatte. Wenn sie aber die Runde auf dem Rad vorzog, saß auf dem Gepäckträger ihr schlechtes Gewissen und rief: »Jetzt bist du wieder auf dem Ego-Trip! Warum hast du nicht gleich ein Fahrrad geheiratet?«

Wenn sie am späten Abend im Wohnzimmer die Beschlussvorlagen für ihre Gemeinderatssitzungen gründlich las, kam sie sich vor wie eine Diebin, die ihrem Mann gemeinsame Zeit stahl: »Da-

110

bei unterhalten wir uns ohnehin viel zu wenig. Ehepartner sollen sich täglich austauschen!« Wenn sie aber auf diese Lektüre verzichtete, hatte sie bei der nächsten Ratssitzung das Gefühl: »Ich sitze hier als Hochstaplerin. Politiker müssen doch im Detail verstehen, was sie entscheiden.« Außerdem dachte sie während der Sitzungen: »Als Sprecherin des Elternbeirats muss ich abends erreichbar sein. Jetzt lasse ich die anderen Eltern wieder mal im Stich.«

Wenn sie in ihren Salons selbst zur Schere griff, hatte sie das Gefühl: »Nun vernachlässige ich wieder meine Führungsaufgabe.« Aber wenn sie die Schere links liegen ließ, kam sie sich gegenüber ihren Mitarbeiterinnen arrogant vor: »Man darf doch nicht die Chefin raushängen lassen.«

Je länger unser Gespräch ging, desto mehr Schatten legte sich über ihr Gesicht. Sie kniff die Augen zusammen, wie bei Kopfschmerz, zog ihre Stirn in tiefe Falten und zupfte mit den Fingern nervös im Haar. Ihre Augen waren ermattet, traurige Tintenkleckse im rouge-rosigen Gesicht. Ihre Fassade begann zu bröckeln.

»Wie wirkt es sich auf Ihre Lebensqualität aus, dass Ihnen das Wasser allmählich bis zum Hals steht?«, fragte ich.

»Ich werde nachts um drei Uhr wach und kann nicht mehr einschlafen. Ich lese in einem Buch, aber merke dann bald, dass ich mich an die letzten Seiten nicht mehr erinnern kann. Und ich muss mich immer mehr am Riemen reißen, um noch freundlich zu den Kunden zu sein.«

»Was macht Ihnen denn noch Freude im Leben?«

Sie kratzte sich am Kinn. »Im Moment nichts. Manchmal würde ich morgens am liebsten im Bett liegenbleiben. Aber das kann ich meinem Mann und meinen Kindern nicht antun!«

»Wer von den Menschen um Sie herum weiß, wie finster es in Ihnen aussieht?«

»Niemand«, sagte sie. »Ich will meine Familie und meine Freunde nicht damit belasten. Die haben selber genug Sorgen. Meinen Mitarbeiterinnen kann ich die Ohren nicht volljammern. Und die Kunden zahlen dafür, dass ich mir ihre Probleme anhöre – und nicht sie die meinen.«

»Und was würde mir Ihr Mann oder Ihre beste Freundin sagen, wie es um Sie steht?«

»Dass ich stark bin, wie immer. Dass ich mich gut organisieren kann. Dass ich immer alles auf die Reihe bekomme.«

»Das bedeutet: Sie sind eine gute Schauspielerin.«

»Ich kann mich doch nicht gehenlassen!«

»Wer verbietet Ihnen das eigentlich?«

Sie legte den Kopf in den Nacken und blickte zur Decke. Dann sah sie mich an mit Augen, die immer noch leer schienen – aber es nicht waren. Denn jetzt kullerte eine Träne an ihrer Wange hinab. Eine dunkle Spur zog sich vom Augenwinkel zur Nasenwand. Als hätte die Seele abgefärbt.

Aber es war nur Wimperntusche.

DER KLEINE NEUDENKER

Eigene Schwächen sind wie Wasserbälle: Je tiefer man sie unter die Oberfläche drückt, desto heftiger springen sie später nach oben.

Im Würgegriff der Pflicht

Sie tun so, als könnte sie nichts aus der Bahn werfen, dabei schleudern sie schon: Menschen wie Elli Kleiber begegnen mir immer öfter. Über Jahre haben sie sich ihre Realität schöngeredet, die eigenen Kräfte über- und die Anforderungen unterschätzt. Eine solche Idealisierung hält sie davon ab, das Lebenstempo rechtzeitig zu drosseln. Viele wachen erst dann auf, wenn es so richtig kracht: beim Burnout.[68]

Der Druck kommt nicht nur aus der Arbeitswelt, sondern auch von innen. Warum meinte Elli Kleiber, ihr Sohn müsse ein Spitzenschüler sein? Warum gab sie ihm selbst Nachhilfe, statt einen Lehrer zu engagieren? Warum sah sie sich verpflichtet, nicht nur erfolgreiche Geschäftsfrau zu sein, sondern auch als Mutter die Pausenbrot-Fee, die Saft-Auspresserin, die Miss Frühstückszauber zu geben? Warum betrachtete sie als Ehefrau die abendlichen Gespräche mit ihrem Mann als absolutes Muss? Und was hatte sie dazu veranlasst, neben Beruf und Familie ein Mandat im Gemeinderat anzunehmen, als Elternsprecherin zu agieren und im Kirchenchor zu singen?

Ihr Anspruch an sich war enorm: Es reichte nicht aus, dass der Sohn ein mittelguter Schüler war – er sollte an die Spitze der Klasse. Es reichte nicht aus, die Beschlussvorgaben des Gemeinderates zu überfliegen – sie wollte sie im »Detail« kennen. Und es reichte nicht aus, gelegentlich aufs Fahrrad zu steigen – sie wollte »topfit« sein.

Von allen Seiten sah sie sich »in die Pflicht« genommen: von ihrer Familie als Idealfrau und -mutter; von ihren Wählern als Ideal-Lokalpolitikerin; von den Eltern als Ideal-Elternsprecherin; von ihren Mitarbeiterinnen als Ideal-Chefin; und von ihren Kunden als Ideal-Zuhörerin, weil sie ihnen auch noch die Sorgen abnehmen wollte.

Sie tat alles – für die anderen. Aber was tat sie eigentlich für sich? Kein Wunder, dass sie kurz vor einem Burnout stand. Medizinisch gesehen ist der Burnout eine Form der Depression, die so lange Energie rauben kann, bis ein Mensch niemanden mehr sehen, nichts mehr tun, ja nicht mehr leben will. Dass wir bevorzugt von »Burnout« sprechen, hat mit den oberflächlichen Idealen unserer Leistungsgesellschaft zu tun: Wer »schwächelt«, braucht ein Alibi. Und der Begriff »Burnout« bescheinigt dem Betroffenen, dass er für seine Arbeit und für sein Leben gebrannt hat. Seine Gesundheit ging aus vermeintlich gutem Grund verloren. Ein Heldenmythos.

Der Begriff »Burnout« wurde von dem deutschstämmigen Psychoanalytiker Herbert J. Freudenberger Mitte der 1970er Jahre aus der Physik auf die Arbeitswelt übertragen. In sozialen Berufen war ihm aufgefallen: Gerade die engagiertesten Mitarbeiter, die anderen helfen wollten, rutschten ab in eine zynische Haltung, in Frust und Desinteresse. Eine lähmende Erschöpfung packte sie, bis ihnen alles egal war: Freunde, Hobbys, Familie. Sie kapselten sich ab, griffen immer öfter zu Drogen, fielen bodenlos. Einige brachten sich sogar um.[69]

Nicht umsonst gelten soziale Berufe als besonders gefährdet: Wer täglich mit den Bedürfnissen anderer konfrontiert ist, vergisst dabei leicht seine eigenen. Es den anderen recht zu machen, auch privat, heißt oft: Es sich selber schlecht zu machen! So mancher spaltet einen Teil seiner Persönlichkeit ab und verbannt ihn in den inneren Keller. Doch was tut der Gefangene dort? Er randaliert, um auf sich aufmerksam zu machen. »Lass mich raus!«, ruft er, »du hast mich hier unten vergessen!« Der Psychiater Carl

Gustav Jung sprach vom »Schatten«, einem Anteil unseres Charakters, den wir für schlecht halten und verdrängen.[70]

In Elli Kleibers persönlichem Keller saßen seit ihrer Kindheit die schwachen und verletzlichen Anteile (denn ihre Eltern waren extrem streng gewesen, wie sie mir berichtete). Sie verbot sich, im Leben auch mal halbe Sachen zu machen. Dass sie gleich zwei Friseursalons besaß, war kein Zufall. Rund um die Uhr jagte sie der Perfektion hinterher.

Doch sobald sie eines ihrer ambitionierten Ziele verfehlte, sah sie sich als Versagerin aus dem Spiegel schauen, statt stolz zu sich zu sagen: »Ich habe im Leben schon ganz viel geleistet – jetzt ist es okay, dass ich mal einen Gang zurückschalte!«

Nach außen zeigte sie Stärke, wie als Kind gelernt, und wurde in derselben Währung wie damals bezahlt: mit Anerkennung. Die Familie, die Freunde, die Mitarbeiterinnen, die Kunden: Sie alle hielten Elli Kleiber für eine Arbeitskrake mit acht Armen, für unverletzbar. Und weil sie so gesehen wurde, tat sie bis zur letzten Sekunde alles, um dieses Bild zu wahren. Sie kam gar nicht auf die Idee, zur eigenen Schwäche zu stehen und den Perfektionismus aufzugeben.

Erfüllung beruht auf Selbstakzeptanz. Alle Anteile der eigenen Persönlichkeiten, auch den Schatten, in einem »wahren Selbst« zu vereinen, darin sah Carl Gustav Jung die Herausforderung unseres Lebens. Nur wer alles zulässt, was in ihm ist, könne Weisheit erlangen, sich spirituell entwickeln und zur »Selbstverwirklichung« finden – ein Begriff, den Jung selbst geprägt hat.[71]

Ich sagte zu Elli Kleiber: »Mal angenommen, Sie hätten in sich ein kleines, verletzbares Kind sitzen, für das Sie die Verantwortung tragen – so wie für ihre eigenen Kinder, als sie noch kleiner waren. Ein Kind, das Ihr Leben eins zu eins mitleben muss und deshalb in Not ist. Wie würden Sie Ihr eigenes Lebensprogramm verändern, um dieses verletzliche Kind zu schonen?«

Sie grübelte und sagte dann: »Ich würde dem Kind mehr Schlaf gönnen. Kinder müssen viel schlafen, sonst sind sie den ganzen Tag müde und unkonzentriert.«

»Was würden Sie noch unternehmen?«

»Ich würde seine Pflichten reduzieren. Mindestens zwei freie Abende in der Woche müssten sein.«

»Und würden Sie das Kind weiterhin zwingen, alle Gemeinderatssitzungen noch tief in der Nacht vorzubereiten?«

»Ach was. Das tun die Kollegen ja schließlich auch nicht. Vielleicht würde ich dem Kind sogar raten, bei der nächsten Wahl nicht mehr zu kandidieren.«

Auf einmal schob Elli Kleiber einen Teil jener Pflichten zur Seite, von denen sie sich umstellt sah, und schuf neuen Raum für sich selbst. Offenbar fiel es ihr leichter, sich für ein verletzliches Kind (in ihr) starkzumachen, weil dieses Kind schwach sein durfte – als für sich, die erwachsene Frau, weil sie meinte, immer stark sein zu müssen.

Doch im Laufe des Gespräches dämmerte ihr, dass die Verletzlichkeit ihr wertvolle Hinweise auf eigene Bedürfnisse und eigene Grenzen gab. Und wäre es nicht sogar ein Dienst an der Familie gewesen, das Kind endlich mal schreien zu lassen und über seine Nöte zu sprechen? Um Unterstützung zu bekommen, statt sie immer nur anderen zu gewähren?

Elli Kleiber nahm eine Übung mit nach Hause: Sie versprach, in der kommenden Woche jeden Tag eine vermeintliche Pflicht durch ein »seelisches Bonbon«, eine Wohltat sich selbst gegenüber, zu ersetzen. Zum Beispiel wollte sie am kommenden Mittwoch endlich mal wieder einen Morgenspaziergang am Fluss einlegen und ihren Mann bitten, sich ums Frühstück zu kümmern. Ebenso hatte sie sich darauf eingelassen, im Laufe der Woche mit ihrem Mann darüber zu sprechen, wie schlecht es ihr ging und wie er sie unterstützen konnte. »Ich glaube, wenn ich erst mal darüber spreche, nimmt das viel Druck von mir«, sagte sie.

Mittlerweile hatte sie sich die schwarze Tränenspur aus dem Gesicht gewischt. Ihre Seele war wieder etwas heller geworden.

DER KLEINE NEUDENKER

Die vorbildliche Mutter kam zum Weisen und sagte: »Ich will immer 100 Prozent erreichen.«
»Besser nicht«, antwortete der Weise. »Oder willst du erreichen, dass du zu 100 Prozent ausbrennst?«

Arbeit ohne Ende

Kann es sein, dass Ihnen jemand folgt, wenn Sie abends Ihre Firma verlassen? Jemand, der mit Ihnen zum Einkaufen geht, Sie beim Joggen begleitet und später auf Ihrem Nachttisch Platz nimmt? Jemand, der sonntags mit Ihnen am Frühstückstisch sitzt und sogar beim Urlaub am Palmenstrand das Handtuch mit Ihnen teilt?

Dieser Verfolger hat einen Namen: Arbeit. Der Feierabend ist ausgestorben, seit die modernen Medien in unser Leben geschmuggelt wurden wie einst das Holzpferd hinter die Stadtmauern von Troja. Die Arbeit lässt sich nicht mehr abschütteln. Sie blinkt auf dem Handy, lauert im Laptop, ist immer dabei.

Ob Sie durch einen Wald spazieren, im Theater sitzen oder einen Kaffee trinken: Jederzeit kann Ihr Chef Sie über die modernen Medien greifen. Erst klingelt das Handy, dann klingeln Ihnen die Ohren, wenn er fragt: »Ich wollte mal hören, wie der Stand des Projektes ist?« Vorbei die Entspannung! Vor Ihrem inneren Auge breitet sich jenes Horror-Projekt aus, von dem Sie sich eigentlich gerade erholen wollten.

Natürlich hätte Ihr Chef seine Frage auch während der regulären Arbeitszeit stellen können, aber dann ohne den gewünschten Nebeneffekt. Sein Anruf um 20.30 Uhr soll Ihnen die Botschaft vermitteln: »Wer ein Held der Arbeit ist – zum Beispiel ich! – sitzt um diese Zeit noch im Büro.« Schon schlägt Ihr schlechtes Gewissen zu!

Was einmal Freizeit war, ist zur Rufbereitschaft verkommen. Laut einer Umfrage der TU München fühlen sich neun von zehn verantwortlichen Mitarbeitern in ihrer Freizeit gestresst, weil sie rund um die Uhr über ihr Smartphone erreichbar sind. 84 Prozent lassen das Handy sogar in ihrem Urlaub an.[72]

Damit die Wirtschaft rund läuft, erwarten die Firmen, dass rund um die Uhr geschuftet wird. Die Arbeit messen sie immer weniger an den Ergebnissen und immer mehr am Zeiteinsatz. Die Manager gehen mit schlechtem Beispiel voran. Oft erlebe ich bei Seminaren solche Dialoge: »Ich war letzten Mittwoch bis 21.30 Uhr im Büro«, sagt der eine stolz. »Ist ja gar nichts!«, fährt ihm der andere in die Parade. »Ich war für unseren Quartalsabschluss bis kurz nach Mitternacht in der Firma!« Dasselbe Rennen liefern sie sich, wenn es um die Zahl ihrer nächtlichen Schlafstunden geht (je weniger, desto besser!) oder um die Zahl ihrer täglichen E-Mail-Eingänge (je mehr, desto besser!).

Der schlimmste aller Vorwürfe an einen Mitarbeiter: »Sie machen Dienst nach Vorschrift!« Darf es da wundern, dass der pünktliche Feierabend auf dem Rückzug ist und dass die Arbeitnehmer in Deutschland pro Jahr drei Milliarden Überstunden leisten, die Hälfte davon unbezahlt?[73]

Dass diese Ausbeutung in einem sozialen Gewand daherkommt, ist besonders heimtückisch. Chefs preisen »flexible Arbeitszeiten« – gemeint ist: »Arbeite rund um die Uhr!« Sie schwärmen: »Jeder Einzelne darf hier Verantwortung übernehmen« – gemeint ist: »Wenn's schiefgeht, rollt dein Kopf!« Und sie behaupten: »Wir haben die Tischtennisplatte und den Saftspender aufgestellt, damit Sie sich bei uns wohlfühlen« – gemeint ist: »Geh nicht mehr nach Hause, sondern arbeite auch in deiner Freizeit hier!«[74]

Der moderne Mitarbeiter rotiert pausenlos, zumal die Rotstifte in den letzten Jahren gewütet haben. Eine Arbeitslast, die früher auf 20 Schultern lag, wird heute von 15 Schultern getragen. Und ein Projekt, für das früher drei Monate Zeit waren, soll heute nach ein, zwei Monaten erledigt sein. Das ist nicht mehr zu schaffen, nicht einmal mit »Multitasking«, einer Anforderung, die Mitarbeiter in Gewissensnöte bringt. Wer zur selben Zeit mehrere Dinge tut, dessen Arbeitsqualität rauscht in den Keller. Die Fehler häufen sich.

Viele Mitarbeiter sind geknickt, weil sie ihre Selbstansprüche nicht mehr erfüllen können, trotz größter Anstrengung – etwa die Pflegekraft, die ihre Patienten im Schnelldurchlauf abfertigen und nebenbei einen Berg von Bürokratie bewältigen muss, statt sich wirklich um den einzelnen Menschen zu kümmern (um das zu tun, hat sie einst ihren Beruf ergriffen!). Aber wo sucht sie den Fehler, wenn sich die Beschwerden der Patienten häufen? Nicht im System – sondern bei sich. Denn ein Leben lang hat sie ja gehört: »Du kannst alles schaffen, wenn du es nur willst.«

Der erschöpfte Mitarbeiter, der mit seiner Arbeit unzufrieden ist, gönnt sich keine Erholung. Er legt noch mal eine Schippe nach – um mit seinen Ergebnissen zufriedener zu sein. Ein solcher Erfolg wäre Quelle für neue Energie. Aber weil er noch mehr powert, bei geringen Kraftreserven, verliert er noch mehr Energie – und erzielt noch schlechtere Ergebnisse. Also legt er, obwohl seine Kräfte weiter geschwunden sind, eine weitere Schippe nach ... Dieser Teufelskreis währt so lang, bis der Arzt kommt – weil der Mitarbeiter von einem Burnout zur Strecke gebracht wird.

So mancher, der fleißig an seiner Karriere zu arbeiten meint, arbeitet an seinem gesundheitlichen Ruin. Die Burnout-Quote hat sich in sechs Jahren verelffacht, auf 2,7 Millionen.[75] Jeder Dritte, der vorzeitig in Rente geht, wird von psychischen Problemen dazu gezwungen. Das Durchschnittsalter dieser »Rentner«: 48![76]

Aber was können Sie tun, um von Ihrer Arbeit nicht verschlungen zu werden? Nehmen Sie Ihre eigenen Bedürfnisse, Ihre eigene Gesundheit, Ihr eigenes Leben wichtiger als die Interessen Ihrer Firma. Gehen Sie nicht in die Falle, es wieder einmal allen recht machen zu wollen, wie einst als Kind, nur nicht sich selbst!

Denn was bringt es, wenn Sie alle Erwartungen Ihres Chefs erfüllen, aber Ihre Gesundheit eines Tages den Dienst quittiert? Dann werden dieselben Münder, die Sie gerade noch als Vorbild priesen, Sie womöglich »Burnout-Persönlichkeit« und »zu wenig belastbar« nennen – als hinge Ihr Zusammenklappen mit den Genen und nicht mit der Arbeitslast zusammen.

Darum lohnt es sich, dass Sie genau auf Ihren Körper hören: Er sagt Ihnen immer, wann Sie müde werden. Es lohnt sich, auf Ihren Kopf zu hören: Er sagt Ihnen, wann Ihre Konzentration weicht. Und es lohnt sich, auf Ihr Herz zu hören: Denn es weiß genau, dass es abends vorm Einschlafen noch schönere Gedanken als den an die Arbeit gibt.

DER KLEINE NEUDENKER

Wenn ein Einbrecher in unser Haus einsteigt, um Schmuck zu stehlen, schlagen wir Alarm. Aber wenn die Arbeit dasselbe tut, um Freizeit zu stehlen, fällt es uns nicht mal auf – warum eigentlich nicht?

Prominent erlebt: Pünktlich Feierabend im Top-Management

Das ging ja gut los! Sheryl Sandberg, frisch ernannte COO von Facebook, bekam gleich einen Korb. Für 9.00 Uhr hatte sie sich mit einem Mitarbeiter verabredet. Wer nicht kam: der Mitarbeiter. Er war davon ausgegangen, 9.00 Uhr abends sei gemeint gewesen. Bei Facebook mündeten Arbeitstage in Arbeitsnächte: Die meisten Beschäftigten folgten dem Beispiel des Gründers Mark Zuckerberg und arbeiteten zu »nachtschlafenden Informatikerzeiten«.

Sandberg fühlte sich als Top-Managerin verpflichtet, mindestens so lang wie ihre Mitarbeiter auszuharren. In ihrem autobiographischen Buch »Lean in« schreibt sie von ihrer »Angst, wie ein bunter – und alter – Hund aufzufallen, wenn ich zu früh ging. Abend um Abend verpasste ich das Essen mit meinen Kindern«. Zwar war Dave, der Vater, für die Kinder da – aber Sandberg litt unter ihrem schlechten Gewissen. Den Kindern mochte es gut gehen. Ihr aber nicht.

Sie malte sich aus, was passieren würde, wenn sie weiterhin ihr Privatleben so vernachlässigte: Eines Tages würde sie frustriert die Reißleine ziehen und kündigen. War das in ihrem Interesse? Nein. War das im Interesse des Unternehmens? Auch nicht!

Also machte sie einen Schnitt: »Von da an zwang ich mich, um halb sechs das Büro zu verlassen.« Und das fiel ihr verdammt schwer: »Jede wettbewerbsorientierte, ehrgeizige Faser meines Wesens schrie danach zu bleiben.« Doch die Top-Managerin zog ihr Ding durch: Um 17.30 Uhr fuhr sie stets ihren PC runter und machte sich auf den Heimweg.

Was passierte mit ihrer Karriere? Ging es steil abwärts, weil sie im Rennen um die Überstunden kapituliert hatte? Rauschte ihr Ansehen den Bach runter, weil sie die Familie genauso wichtig wie die Arbeit nahm? Nein, sie blieb eine der erfolgreichsten Managerinnen der USA, angesehen und bewundert.

Ihr schlichtes Resümee zum pünktlichen Feierabend: »(...) als ich es ausprobiert hatte, merkte ich: Es geht.«[77]

Wenn das sogar für eine Top-Managerin gilt, dann erst recht für einfache Beschäftigte!

Die Hölle der Hilflosigkeit

Halten Sie es für möglich, dass Höllenlärm auf Ihre Ohren eintrommelt und Sie genauso konzentriert wie bei Stille arbeiten? Dass es Sie nicht stört, wenn Motoren knattern, Tastaturen klappern, Kinder schreien? Dass Ihre Augen dann beim Korrekturlesen noch so viele Fehler wie bei Stille entdecken? Dass Sie komplizierte Rechenaufgaben genauso gut lösen?

Wissenschaftler haben mit Versuchsgruppen herausgefunden: Lärm stört enorm, wenn Sie keine Möglichkeit haben, ihn abzustellen – dann werden sich Flüchtigkeitsfehler in Ihre Arbeit mogeln. Aber Lärm stört kein bisschen, wenn Sie theoretisch die Möglichkeit hätten, ihn abzustellen – selbst wenn Sie es dann nicht tun.[78]

Wer also nur das Fenster zu schließen bräuchte, um den Lärm zu beenden, arbeitet so konzentriert wie in vollkommener Stille – während derselbe Lärm, wenn er durch Ihr geschlossenes Fenster dringt (und nicht zu verhindern ist), Sie massiv bei der Arbeit stört.

Die brisante Erkenntnis: Das eigentliche Störgeräusch kommt von innen: aus Ihrem Kopf. Wann immer wir uns einer Situation ausgeliefert fühlen, neigen wir zum Resignieren. Der US-Psychologe Martin Seligman hat in den 1960er Jahren einen Begriff für dieses Phänomen geprägt: »erlernte Hilflosigkeit«.

Tierversuche machen deutlich, was damit gemeint ist. Zum Beispiel gelingt es einer wilden Ratte, wenn sie ins Wasser fällt, sechzig Stunden lang zu schwimmen, ehe ihre Kräfte versagen. Aber wie lange hält eine Ratte durch, wenn sie zuvor von einem Menschen festgehalten wurde? Nur noch ein 120tel der eigentlichen Zeit: Dreißig Minuten. Die Erfahrung, zuvor hilflos gewesen zu sein, zieht offenbar eine lähmende Hoffnungslosigkeit nach sich. Die Tiere ergeben sich ihrem Schicksal, statt all ihre Kräfte zu mobilisieren.[79]

Das Erlebnis, eine Situation nicht verändern zu können, untergräbt unsere Lebensenergie. Gerade wer als Kind die eigene Ohnmacht besonders intensiv erfahren hat, etwa durch gewalttätige oder lieblose Eltern, wird von diesem Gefühl als Erwachsener oft wieder eingeholt. Dann schrumpft das eigene Leben zu einem sinn- und wertlosen Häuflein Elend zusammen. Dann wächst jede kleine Aufgabe des Alltags zu einer unüberwindlichen Hürde. Dann verabschiedet sich die Lebensfreude, Kontakte werden zur Belastung, und eine lähmende Gleichgültigkeit breitet sich aus. Alle Zeichen stehen auf Depression.

Ob Sie eine schwierige Situation bewältigen oder an ihr zerbrechen, hängt davon ab, ob Sie sich als Herr der Lage fühlen –

oder hilflos ausgeliefert. Dabei spielen die Fakten keine Rolle; es kommt auf Ihre subjektive Einschätzung an. Die Hilflosigkeit (und damit Depressions-Gefahr) ist umso größer, je mehr Sie Ihr Leben von äußeren Umständen abhängig machen. Dann geben Sie die Selbstwirksamkeit auf, die Überzeugung, Ihr Leben aus eigener Kraft gestalten und Probleme überwinden zu können. Stattdessen überlassen Sie Ihr Glück einer Schicksalslotterie, denn die Ereignisse in der modernen Welt sind unberechenbar.

Früher gab es ein einfaches Rezept, den Arbeitsplatz zu sichern: Wer zuverlässig seinen Job machte, wurde von seiner Firma über Jahrzehnte beschäftigt. Heute aber kann es passieren, dass Sie eine Spitzenleistung bringen – und als Dankeschön Ihre Kündigung erhalten. Vielleicht hat der Rotstift des Top-Managements wieder einmal wahllos ein paar Hundert Arbeitsplätze ausradiert, um die Börse zu beeindrucken. Vielleicht hat Ihr Unternehmen eine Fusion beschlossen und dabei erkannt, dass Ihr Arbeitsplatz überflüssig wird. Pech gehabt!

Früher konnte ein Mitarbeiter berechnen, wo er am Ende eines Jahres steht. Heute weiß er nicht einmal, auf welchem Kontinent er sich, durch Versetzung, wiederfindet. Es kann passieren, dass er über Nacht einen neuen Chef bekommt oder andere Aufgaben. Und falls die Marktlage es erfordert, kann seine Arbeit schnell zur Kurzarbeit schrumpfen oder zum Überstunden-Marathon anschwellen. Die Zukunft ist nicht mehr berechenbar. Sie bricht über die Beschäftigten herein wie eine Wetterlage.

Wer sein Lebensglück an den äußeren Arbeitserfolg knüpft, wird immer wieder an seine erlernte Hilflosigkeit erinnert. Zwar können Sie sich Ihre Beförderung als Ziel setzen – aber Sie können sich nicht selbst befördern. Also sind Sie abhängig von Ihrem Chef. Und der ist abhängig von seinem Chef. Und dieser Chef-Chef wiederum ist abhängig von der Marktlage (sagt er). Ein kafkaeskes Szenario, das Sie zum Landvermesser Ihrer eigenen Traurigkeit machen kann.

Ähnlich sieht es bei materiellen Gütern und in der Liebe aus. Was tun Sie, wenn die gekauften Immobilien plötzlich an Wert verlieren, weil irre Spekulanten in den USA eine Immobilienkrise heraufbeschwören? Oder wie gehen Sie damit um, wenn Ihr Liebespartner Ihnen bekannt gibt, dass er jetzt über das Internet die Liebe seines Lebens gefunden habe (womit definitiv nicht mehr Sie gemeint sind)? Solche Erschütterungen sind heute wahrscheinlicher als je zuvor: Unser Leben verläuft kaum noch in festen Bahnen, sondern mäandert immer wilder und unberechenbarer.

Äußere Ereignisse lösen etwa 75 Prozent aller Depressionen aus.[80] Je stärker Sie sich abhängig machen von Umständen, die Sie selbst nicht steuern können, desto hilfloser fühlen Sie sich. Aus gutem Grund riet der römische Kaiser Mark Aurel: »Es wäre dumm, sich über die Welt zu ärgern. Sie kümmert sich nicht darum.«

Noch vor einigen Jahrzehnten konnten die Menschen solche Widrigkeiten besser abfedern. Sie hatten Wurzeln in ihrer Heimat geschlagen. Am Montag sind sie mit Freunden ins Kino gegangen, am Mittwoch war Kartenabend, am Samstag haben sie Fußball im Verein gespielt, und am Sonntag lud Mutter zum Braten ein. Diese Rituale boten ein Korsett, das die Lebenskräfte zusammenhielt.

Heute ist das Leben zu einer Gleichung voller Unbekannter geworden. Wir wirbeln durch die Welt, immer der Arbeit hinterher, von Stadt zu Stadt, von Land zu Land, führen ein Single-Leben oder wechselnde Lebensabschnitts-Partnerschaften, pflegen unsere Freundschaften (wenn überhaupt) digital, sehen die Familie nur noch unterm Weihnachtsbaum und ziehen aus der (neuen) Wohnung wieder aus, ehe wir uns die Postleitzahl endlich gemerkt haben. Der soziale Rückhalt hat abgenommen, die

125

Verletzbarkeit steigt. Kleine Erschütterungen reichen aus, um in die erlernte Hilflosigkeit zu stürzen. Die Zahl der Depressionen hat 2014 einen Rekord erreicht und ist mittlerweile der zweithäufigste Grund, warum Arbeitnehmer ausfallen.[81]

Es gibt nur ein Gegenmittel: Suchen Sie die Quellen des Glücks in sich selbst, in Ihrer Einzigartigkeit. Wie müssten Sie fühlen, denken und handeln, um glücklich zu sein? Wie können Sie durch die Art, in der Sie auf die Welt blicken, eine schöne Welt sehen – ganz unabhängig davon, ob gerade die Sonne scheint oder Hagel prasselt? Haltung macht stark und unabhängig.

Nicht der Staat ist für Ihr Glück zuständig, nicht Ihre Freunde, nicht Ihre Familie, nicht Ihr Partner – Sie sind es selbst! Wenn Sie überzeugt sind, Ihr Glück selbst in der Hand zu haben, dann haben Sie es selbst in der Hand – nichts kann das verhindern. Wie Sie Ihre Gedanken und Emotionen steuern können, davon wird im zweiten Teil des Buches ausführlich die Rede sein.

Aristoteles schrieb, dass der Tüchtige und Besonnene »jedwede Wendung des Lebens in vornehmer Haltung trägt und aus dem jeweils Gegebenen das Beste gestaltet. Er handelt wie etwa der große Feldherr: dieser holt aus dem Heer, das ihm zur Verfügung steht, das Beste heraus (…).«[82] Folgen Sie seinem Rat, und rüsten Sie sich für die Schlacht um ein selbstbestimmtes, einzigartiges Leben.

DER KLEINE NEUDENKER

Leben ist wie Autofahren: Wer am Steuer sitzt, fühlt sich sicherer als der Beifahrer. Steuern Sie Ihr eigenes Leben noch?

DIE SELBSTCOACHING-ÜBUNG

Füllen Sie Ihr Leben in sechs Gläser!

Bitte stellen Sie sechs Gläser auf einen Tisch, und kleben Sie mit Tesafilm jeweils folgende Beschriftungen auf: Beruf, Familie/ Partnerschaft, Hobbys, Freunde, Gesundheit, Mußestunden. Nun brauchen Sie eine Literflasche Orangensaft und verteilen die Flüssigkeit so, wie Sie im Moment Ihre Lebenszeit verwenden. Je mehr Zeit und Konzentration Sie einem Bereich widmen, desto voller wird das entsprechende Glas (zum Beispiel »Arbeit«). Lassen Sie sich Zeit, wägen Sie ab, füllen Sie um – bis Sie Ihre gegenwärtige Situation stimmig abgebildet sehen.

Nun treten Sie einen Schritt zurück. Welches Glas ist am vollsten? Welches ist erstaunlich leer? Wie viel Zeit bleibt Ihnen für Ihre Hobbys, Ihre Gesundheit, Ihre Mußestunden? Hätten Sie dieses Ergebnis erwartet? Was überrascht Sie? Machen Sie ein Foto.

Teil zwei der Aufgabe: Verteilen Sie die Flüssigkeit jetzt so, wie Sie Ihre Zeit gerne einteilen würden. Welche Gläser werden leerer, welche voller, was verändert sich am Bild? Vergleichen Sie es mit dem Foto.

Halten Sie für jeden Lebensbereich auf einer Pappkarte Ihre Antwort auf die folgende Frage fest: Was wollen Sie tun, um Ihre Zeiteinteilung entsprechend zu verändern? Notieren Sie konkrete Schritte. Wenn Sie zu wenig Zeit mit Ihren Freunden verbringen, könnten Sie regelmäßige Grill- oder Kinoabende anstoßen. Oder, falls »Mußestunden« fehlen, gemütliche Spaziergänge in der Mittagspause planen.

Prüfen Sie in einem Monat mit der gleichen Übung, was sich in Ihrer Zeiteinteilung verändert hat.

Teil 2

Einzig leben:
Wie Eigen-Sinn Sie
glücklich macht

6 Der große Life-Check:

Sitzen Sie noch am Steuer?

In diesem Kapitel erfahren Sie …

▶ inwieweit Sie das Steuerrad Ihres Lebens
  noch in der Hand haben,

▶ ob Sie stimmig entscheiden oder Stimmen
  von außen gehorchen,

▶ ob Sie bei der Arbeit Ihre Interessen durchsetzen
  oder nur anderen dienen

▶ und inwieweit Sie Ihr Glück und Ihre Erfüllung
  im Leben schon gefunden haben.

Der große Lebens-Test

Wer bestimmt eigentlich, was in Ihrem Leben passiert? Sie selbst? Oder andere? Gelingt es Ihnen, Ihre Interessen durchzusetzen? Haben Sie Ihre Arbeit im Griff – oder umgekehrt? Und wie glücklich (oder unglücklich) sind Sie mit Ihrem aktuellen Leben?

Dieser Test gibt Ihnen eine Orientierung, was gut läuft und wo Sie Ihre Selbstbestimmung ausbauen können. Die vierzig Aussagen beziehen sich auf Ihr Leben. Jedes Mal können Sie Ihre maximale Zustimmung durch eine 5 ausdrücken oder Ihre maximale Ablehnung durch eine 1. Am Ende zählen Sie die Punkte zusammen.

Der Ankreuzschlüssel

1 = stimmt überhaupt nicht
2 = stimmt so gut wie nicht
3 = stimmt nur teils
4 = stimmt recht gut
5 = stimmt absolut

1. Es fällt mir schwer, Ratschläge von Freunden zurückzuweisen.

2. Bei Gruppenabstimmungen teile ich fast immer die Meinung der Mehrheit.

3. Ich kaufe Produkte oft nur deshalb, weil ich sie in der Werbung gesehen habe oder für Mode halte.

1 2 3 4 5

4. Meinen Lebenspartner finden/fanden die anderen oft besser als ich selbst.

1 2 3 4 5

5. Ich fühle mich oft verpflichtet, an Partys und Ähnlichem teilzunehmen, ohne dass ich Lust hätte.

1 2 3 4 5

6. Zu meinem Freundeskreis gehören auch Menschen, die mir eigentlich auf den Keks gehen.

1 2 3 4 5

7. Öfter schon habe ich mir von Verkäufern oder Vertretern überflüssige Produkte aufschwatzen lassen.

1 2 3 4 5

8. Es ist mir wichtig, dass meine Eltern mein Leben gutheißen.

1 2 3 4 5

9. Ich lege großen Wert darauf, fehlerfrei zu sein und mich nicht zu blamieren.

1 2 3 4 5

10. Die Leitsätze meiner Eltern und Erzieher habe ich nahezu vollständig übernommen.

1 2 3 4 5

11. Wichtige Entscheidungen mache ich auch davon abhängig, wie sie anderen gefallen.

1 2 3 4 5

12. Im Zweifel gehe ich Kompromisse ein, um andere nicht zu vergraulen.

13. In Partnerschaften kommen meine eigenen Wünsche meist kürzer als die des anderen.

14. Ich würde mich kaum mit einem Partner einlassen, den mein ganzer Freundeskreis doof findet.

15. Manchmal bin ich schon in Beziehungen geraten, ohne es wirklich zu wollen.

16. Viele Menschen aus meinem Umfeld würden mich als »nett« charakterisieren.

17. Manchmal habe ich das Gefühl, ich werde nicht richtig ernst genommen.

18. Ich komme anderen meist weiter entgegen als sie mir.

19. Es fällt mir schwer, beim Einkaufen Preise zu verhandeln, sogar auf dem Flohmarkt.

20. Einige Seiten von mir zeige ich nicht mal guten Freunden, weil ich ihnen das nicht zumuten möchte.

21. Bei meiner Berufswahl habe ich mich sehr von anderen leiten lassen, zum Beispiel meinen Eltern.

22. Wenn ich freier entschieden hätte, wäre ich in einen ganz anderen Beruf gegangen.

23. Ich muss ungerecht viel Arbeit verrichten, im Vergleich zu meinen Kollegen.

24. Öft landen Arbeiten auf meinem Tisch, die sonst keiner machen will.

25. Beim Jahresurlaub oder spannenden Dienstreisen lasse ich anderen oft den Vortritt.

26. Mein Chef muss mit Gehaltserhöhungen von alleine auf mich zukommen.

27. Für Überstunden stehe ich ohne Murren zur Verfügung, auch wenn es mich Freizeit kostet.

28. Ich tue alles dafür, dass mein Chef von mir eine hohe Meinung hat.

29. Ich frage mich bei beruflichen Entscheidungen vor allem, wie sie sich auf meinen Lebenslauf auswirken.

30. Manchmal komme ich zur Arbeit, obwohl ich eigentlich krank bin.

31. Wenn ich in einem Jahr sterben
    müsste, würde ich mein Leben
    komplett verändern!

32. Für das, was mir wirklich wichtig ist,
    habe ich meist zu wenig Zeit.

33. Ich schaue im Laufe des Tages oft
    gelangweilt auf die Uhr, zum Beispiel
    bei der Arbeit.

34. Ich wünsche mir zu Beginn der
    Woche oft, es wäre schon wieder
    Wochenende.

35. Mein Urlaub kommt mir manchmal
    wie eine rettende Insel in einem
    Meer aus Stress vor!

36. Meine Freunde sehe ich viel zu selten.

37. Ich wünschte, ich käme viel öfter zu
    meinen Hobbys.

38. Meine Beziehung (oder mein Single-
    Leben) würde ich beenden, wenn
    sich eine bessere Gelegenheit böte.

39. Manchmal fühle ich mich wie vorzei-
    tig gealtert und nicht richtig lebendig.

40. Wenn ich könnte, würde ich mein
    Leben noch mal von vorne anfangen.

Bitte zählen Sie Ihre Punkte in Zehner-Schritten zusammen und tragen Sie sie hier ein:

Fragen	Punktezahl
1–10	
11–20	
21–30	
31–40	
Gesamt-Punktzahl:	

Generelle Auswertung: Ihre allgemeine Selbstbestimmung

40–80 Punkte: Sie führen nicht *ein* Leben, sondern Ihr ganz eigenes – Gratulation! Offenbar haben Sie deutliche Vorstellungen, was Ihnen wichtig ist und wohin die Lebensreise geht. Diese Klarheit schützt Sie davor, auf Appelle und Einflüsterungen zu hören. Ihre Einzigartigkeit muss nicht bedeuten, dass Sie exotisch leben, aber zumindest leisten Sie sich einen eigenen Kopf. »Das Glück besteht darin, zu leben wie alle Welt und doch wie kein anderer zu sein«, schrieb die Frauenrechtlerin Simone de Beauvoir.

81–119 Punkte: Wenn Sie klare Ziele haben, sind Sie in der Lage, sich von fremden Erwartungen zu lösen und Ihr Ding zu machen. Des-

halb führen Sie ein recht individuelles Leben, wobei Sie Ihre Selbstbestimmung in einigen Situationen noch ausbauen können. Achten
Sie bei der Einzelauswertung darauf, auf welchen Feldern diese Entwicklungschancen liegen – und welche Ihrer Stärken Sie hier einsetzen können, um noch authentischer zu leben.

120–135 Punkte: Bestimmt haben Sie einen eigenen Willen – und
gelegentlich setzen Sie ihn auch durch. Doch offenbar passiert es häufig, dass Sie sich von anderen beeinflussen lassen. Dann gehorchen
Sie den Erwartungen oder fügen sich den Mahnungen, ohne dabei
Rücksicht auf Ihre individuellen Bedürfnisse zu nehmen. Machen Sie
sich bewusst, wer der Kapitän auf Ihrem Lebensschiff ist: Sie selbst!
Die Einflüsse der anderen sind wie Strömungen – es kommt darauf an,
dass Sie am Steuerrad gegenhalten und auf den verlässlichen Kompass Ihrer persönlichen Werte schauen.

136–160 Punkte: Vielleicht haben Sie lange gekämpft, um Ihr Leben
in eine gewünschte Richtung zu lenken. Aber wie es aussieht, haben
Sie diesen Kampf aufgegeben und sich den Vorstellungen und Erwartungen anderer gefügt. Vielleicht glauben Sie, Ihnen fehle die Kraft
zum Gegensteuern. Aber überlegen Sie genau: Gab es in Ihrem Leben – zumindest früher – nicht schon Situationen, in denen Sie Ihren
eigenen Kopf durchgesetzt haben? Was hat Sie damals so stark gemacht? Und wie kann es Ihnen gelingen, wieder mehr dieser Energie
in Ihr Leben zu holen?

161–200 Punkte: Positiv gesagt: Sie haben Ihre (zweite) Geburt noch
vor sich. Denn offenbar haben Sie Ihr eigenes Leben an andere verloren: an Erwartungen, an Zwänge, an Vorschriften. Wo ist Ihre Individualität geblieben? Was müsste passieren, damit Sie nicht länger mit

dem Strom schwimmen, sondern Ihre eigene Richtung einschlagen? Tun Sie alles, Ihre inneren Kräfte zu aktivieren – zum Beispiel kann es nützlich für Sie sein, einschränkende Gedanken über Bord zu werfen (siehe ab Seite 230).

Auswertung im Detail: Ihr Leben im Überblick

Diese Auswertung im Detail zeigt Ihnen, in welchen Bereichen Ihres Lebens Sie schon selbstbestimmt handeln – und wo Sie Ihren Einfluss noch ausbauen können.

Haben Sie Einfluss – oder lassen Sie sich beeinflussen?

Ihr Ergebnis: Frage 1–10 = _____

10–20 Punkte: Offenbar sind Sie ein Mensch, der sich die Meinung anderer anhört, ohne unbedingt *auf* sie zu hören. Es gelingt Ihnen, eigene Wege zu gehen und sich dem Sog der Masse zu entziehen. Das gilt im direkten Umgang mit anderen Menschen, aber auch, was Moden oder Massenmeinungen angeht. Gratulation zu Ihrem Eigen-Sinn!

21–29 Punkte: Was auf Ihrem Hals sitzt, darf durchaus als »eigener Kopf« gelten. Und Sie nehmen sich das Recht heraus, den Kopf zu schütteln, wenn Ihnen etwas nicht passt. Nur passiert es Ihnen gelegentlich, dass Sie bei Entscheidungen Ihren eigentlichen Willen aus dem Auge verlieren. Hier kann Ihnen noch mehr Achtsamkeit zu stimmigerem Handeln verhelfen (siehe ab Seite 255).

30–37 Punkte: Vielleicht haben Sie das Gefühl, am Steuerrad Ihres Lebens zu drehen. Und in einigen Fällen trifft das auch zu. Doch oft fällt Ihnen im Rückblick auf, dass Sie Entscheidungen gefällt haben, die nicht gut für Ihr Leben waren. Offenbar wurden Sie ferngesteuert durch nahe Menschen oder durch Medien. Indem Sie Ihren Willen noch klarer herausarbeiten, bekunden und gegen Widerstand vertreten, können Sie Ihr Leben individueller gestalten.

Ab 38 Punkte: Positiv gesagt: Weil bislang in Ihrem Leben fast alles von außen bestimmt wird, kann es Ihnen schon mit kleinen Veränderungen gelingen, ein deutlich selbstbestimmteres Leben zu führen. Hinterfragen Sie den Fertigbausatz für Ihr Leben, den andere für Sie entworfen haben. Sagen Sie öfter Nein, entdecken Sie Ihre eigenen Werte, entwickeln Sie ein individuelles Lebensmodell!

Überlebt Ihre Individualität in Beziehungen – oder ziehen Sie den Kürzeren?

Ihr Ergebnis: Frage 11–20 = _____

10–20 Punkte: Es gelingt Ihnen, sich in Beziehungen und Kontakten zu verwirklichen. Statt Ihre Kompassnadel an anderen auszurichten, schlagen Sie eigene Wege ein. Offenbar gibt es klare Werte, an denen Sie sich orientieren. Wenn Sie dabei mit sozialer Intelligenz ans Werk gehen, also andere respektieren (und nicht übergehen), sind Sie ein gefragter Freund und Lebenspartner – denn Sie begegnen Menschen unverstellt und auf Augenhöhe.

21–29 Punkte: Sie lassen sich auf andere ein, ohne dabei Ihre eigenen Ziele und Werte aus dem Blick zu verlieren. Offenbar sind Sie zu

Kompromissen fähig. Jedoch kann es sein, dass Sie dabei gelegentlich einen Schritt zu weit gehen. Dann machen Sie es den anderen recht, aber auf Ihre Kosten. Deshalb sollten Sie überlegen, wie Sie in Ihren Entscheidungen noch mehr Unabhängigkeit erlangen können.

30–37 Punkte: Wahrscheinlich gelten Sie unter Ihren Freunden und Bekannten als »nett«, weil Sie stets so entgegenkommend sind. Aber »entgegenkommen« bedeutet in vielen Fällen: Sie entfernen sich von Ihrem eigenen Willen, werden zum Spielball der anderen. Es wäre hilfreich für Sie, durch ein Nein deutliche Grenzen zu setzen und Ihre Positionen beherzter zu vertreten (siehe ab Seite 329).

Ab 38 Punkte: Positiv gesagt: Sie sind enorm anpassungsfähig, fügen sich stets fremden Vorstellungen. Das bedeutet jedoch, dass Sie sich selbst verlieren, möglicherweise nicht für voll genommen werden und sich die Zuneigung der Mitmenschen nur durch Ihr Wohlverhalten erkaufen (wollen). Tanzen Sie nicht länger nach der fremden Pfeife – sondern entwickeln Sie eine eigene Melodie für Ihr Leben.

Haben Sie Ihre Arbeit im Griff – oder umgekehrt?

Ihr Ergebnis: Frage 21–30 = _____

10–20 Punkte: Auch wenn die Arbeit großen Appetit hätte: Es gelänge ihr nicht, Sie aufzufressen! Denn Sie schaffen es, sich gegen überzogene Forderungen abzugrenzen und Ihre eigenen Vorstellungen durchzusetzen – nicht nur der Firma, sondern auch den Kollegen gegenüber. Diese selbstbewusste Haltung verleiht Ihnen Autorität und gibt Ihnen die Chance, erfüllt zu arbeiten – auch in Führungspositionen.

21–29 Punkte: In den meisten Fällen sind Sie Herr Ihrer Arbeit. Dann gelingt es Ihnen, Ihre Wünsche zu verwirklichen. Nur manchmal passiert es, dass Sie sich selbst untreu werden, weil Sie zu sehr auf die Erwartungen der anderen schielen. Darin lauert die Gefahr, dass Sie die eigenen Grenzen überschreiten, zum Beispiel bei den Arbeitszeiten oder der Arbeitslast. Bleiben Sie wachsam!

30–37 Punkte: Ihr Beruf ist für Sie offenbar keine Berufung – dazu geben Sie zu viele Ihrer eigenen Interessen auf und fügen sich in die Vorstellungen anderer. Vielleicht ist das Umfeld schwierig, vielleicht wird Druck auf Sie ausgeübt. Dennoch sollten Sie darauf achten, das Land Ihres Willens besser zu verteidigen. Machen Sie deutlich, wo Ihre Grenzen liegen. Dann werden sie (und Sie) auch besser respektiert.

Ab 38 Punkte: Positiv gesagt: Sie sind der Inbegriff eines »flexiblen Arbeitnehmers«. Jedoch geht diese Flexibilität auf Ihre Kosten: Sie richten sich nach der Firma, den Kollegen, dem Arbeitsbedarf – und sind dabei so weit unter die Räder gekommen, dass man Sie kaum noch als Individuum erkennt. Es liegt an Ihnen, sich selbst mehr zu behaupten und wieder ein wichtiges Wort zu lernen: Nein!

Sind Sie glücklich mit Ihrem Leben?

Ihr Ergebnis: Frage 21–30 = _____

10–20 Punkte: Das Motto Ihres Lebens könnte lauten: »Ich bereue nichts!« Offenbar haben Sie stimmige Entscheidungen gefällt und sich ein individuelles Leben gebastelt, in dem Sie sich wohlfühlen. Sie verlegen Ihre Träume und Wünsche nicht in die Zukunft, sondern leben sie schon jetzt. Wahrscheinlich wollten Sie, auch wenn Sie es könnten, mit keinem anderen Menschen tauschen – ein sehr gutes Zeichen!

21–29 Punkte: Wenn Sie auf Ihr Leben blicken, werden Sie vieles entdecken, was Sie zufrieden macht und Ihren Fingerabdruck trägt. Nur weniges läuft Ihren Wünschen zuwider. Hier kommt es darauf an, dass Sie die Dinge in Ihrem Sinne beeinflussen. Hilfreich kann die Frage sein, was Sie auf der Stelle verändern würden, wenn Sie nur noch ein Jahr zu leben hätten. Ansätze davon lassen sich in die Realität übertragen.

30–37 Punkte: Zwar mag es kleine Bereiche geben, in denen Sie selbstbestimmt und glücklich leben. Doch insgesamt fühlt sich Ihr Leben fremd an. Es gibt zu viele Wünsche, die Sie in die Zukunft verlegt haben, und zu viel Wichtiges, das im Alltag nicht genug Raum findet. Beginnen Sie Schritt für Schritt, mehr nach Ihren Werten und Prioritäten zu handeln. Was Ihnen viel bedeutet, sollte in Ihrem Leben und Handeln auch viel Raum finden.

Ab 38 Punkte: Positiv gesagt: Sie gehören zu den Testteilnehmern, die das größte Steigerungspotenzial in Sachen Glück besitzen. Denn im Moment fühlt sich Ihr Leben wie ein falscher Film an, in den Sie zufällig gestolpert sind. Gerne würden Sie die Dreharbeiten neu beginnen. Überlegen Sie, ob ein Neustart möglich ist. Oder wie Sie Tag für Tag mehr von dem tun können, was Ihnen wirklich am Herzen liegt.

7 Ich verlange Respekt:

Warum es gut ist, wenn nicht jeder Sie liebt

In diesem Kapitel erfahren Sie …

- ▶ warum Sie alarmiert sein sollten, wenn alle Sie für »nett« halten,

- ▶ weshalb jemand, der unecht auftritt, auch nur unechte Freunde findet,

- ▶ warum Dumme auf die Zahl, Kluge auf die Qualität ihrer Freunde achten

- ▶ und wie es Ihnen mit Selbstrespekt gelingt, mehr Respekt anderer zu gewinnen.

Ich verbiege mich für keinen!

Mal angenommen, Sie gewinnen im Lotto 15 Millionen Euro und beschließen, Ihren Reichtum zu teilen. Sie schmeißen Lokalrunden, stecken Bettlern große Scheine zu, und die beliebte Straßenfete geht ab sofort auf Ihre Privatrechnung. Wer seine Kreditraten nicht mehr bezahlen kann, das Ticket für den Bus oder die Reparaturrechnung für sein Auto, der klingelt an Ihrer Tür – und bekommt ein paar Scheine zugesteckt.

Ich wette: Zahllose Menschen werden sich als Ihre Freunde bezeichnen und bei der Nachbarschafts-Party um den Stuhl neben Ihnen kämpfen. Die Stadtzeitung wird Ihnen Schlagzeilen widmen (»Millionär als Samariter«). Die Lokalpolitiker werden sich an Ihrer Haustür die Klinke in die Hand geben (um Parteispenden einzuheimsen). Der örtliche Lions Club wird Sie bitten, seinen Vorsitz zu übernehmen. Und sobald sich Ihre Hilfsbereitschaft weiter herumgesprochen hat, wird Ihr Postbote Säcke voller Briefe zu Ihnen schleppen. Überall werden Sie in dicken Lettern lesen, was für ein Prachtexemplar von einem Menschen Sie doch sind.

Aber was, wenn Ihre Großzügigkeit eines Tages dazu führt, dass die Millionen weg sind und die Bittsteller mit leeren Taschen nach Hause gehen? Etliche verarmte Lottogewinner bezeugen: Als sie kein Geld mehr hatten, setzte ihre Beliebtheit zum Sturzflug an.

Dieses Gedankenspiel macht klar: Gekaufte Freunde sind keine – auch dann nicht, wenn sie mit Wohlverhalten erkauft wurden. Die emotionale Rechnung geht zu Ihren Lasten, mit der Zeit verarmen Sie seelisch.

Natürlich sind Sie bei Ihrem Chef beliebt, solange Sie mit der Währung Ihrer Arbeitskraft um sich werfen und sich auf jede Überstunde, jedes Sonderprojekt und jede kurzfristige Urlaubsstreichung einlassen – ohne dass Sie Gegenleistungen verlangen, zum Beispiel Gehaltserhöhungen oder Beförderungen.

Natürlich sind Sie bei Ihren Freunden beliebt, solange Sie die Währung Ihrer emotionalen Unterstützung bedingungslos fließen lassen und jeden, der mal wieder eigenhändig seine Beziehung zerdeppert hat, darin bestärken, dass der eigentlich Schuldige sein böser Ex-Partner sei – ohne dass Sie von den anderen erwarten, selbst in schwierigen Situationen emotionale Rückendeckung zu bekommen.

Und natürlich sind Sie in einer Partnerschaft begehrt, solange Sie die Währung Ihrer Liebe sprudeln lassen, um jene Rolle des Traumpartners auszufüllen, die sich der andere als Regisseur für Sie erdacht hat – im Alltag, beim Sex und bei gesellschaftlichen Ereignissen.

Der Alltag wird zur Bühne, Menschen werden zu Schauspielern, denn »sie versuchen nicht, das zu tun, was in ihnen steckt, sondern das, was sie meinen, für andere tun zu müssen, um von diesen anerkannt zu werden. Das heißt, sie demonstrieren mehr, als sie wirklich handeln!«, beobachtet der Psychologe und Flow-Forscher Mihaly Csikszentmihalyi.[83]

Aber was, wenn Ihr Emotionskonto eines Tages leer ist? Wenn Sie sich ausgebrannt fühlen und nicht mehr in der gewünschten Währung zahlen können? Für viele Menschen ist das ein bitterer Moment, weil sie begreifen, dass die Zuneigung nur ihrem Verhalten galt, nicht ihnen selbst:

- Da ist die Ehefrau, die ihr ganzes Leben dem Gatten gewidmet und auf jede Berufstätigkeit verzichtet hat, bis er sich dann mit einer jungen Erfolgsfrau aus dem Staub macht, Kommentar: »Ich brauche eine Partnerin auf Augenhöhe!«

- Da ist der Projektmanager, der sich durch Überstunden in den gesundheitlichen Ruin gearbeitet hat, um nun von seinem Chef zu hören: »Ich kann keinen stressanfälligen Projektmanager gebrauchen!«

- Und da sind die Eltern, die ihr Kind bis zum 42. Lebensjahr verwöhnt und mit dicken Finanzspritzen unterstützt haben, um dann im hohen Alter, bei beginnender Gebrechlichkeit, von eben diesem Kind zu hören: »Ich bin doch nicht euer Krankenpfleger!«

Es ist ein großes Paradoxon: Je mehr Sie dafür tun, von anderen geliebt zu werden, je mehr Sie sich selbst aufgeben, desto weniger erreichen Sie Ihr Ziel. Im Gegenteil, wie der allzu großzügige Lottogewinner als nützlicher Idiot gesehen wird, so wird auch der emotional allzu Großzügige eher verachtet als geschätzt. Seine Zuneigung sprudelt immer, man muss nichts dafür tun. Er wird ausgenutzt, nicht respektiert.

Anders verhält es sich, wenn Sie mit sich selbst im Einklang leben. Dann werden Sie Ecken und Kanten zeigen. Dann werden Sie die Erwartungen der anderen mal erfüllen, weil sie sich mit Ihren Überzeugungen decken; und mal dagegen verstoßen, weil Sie sich dafür verbiegen müssten. Dann sind Sie kein bequemer Zeitgenosse mehr, aber ein ehrlicher.

Dass Sie aus Ihrem Herzen keine Mördergrube machen, wird nicht allen gefallen. »Um Feinde zu bekommen, ist es nicht nötig, den Krieg zu erklären. Es reicht, wenn man einfach sagt, was man denkt!«, bemerkte der Bürgerrechtler Martin Luther King – und behielt auf bittere Weise recht, als er am 4. April 1968 von einem Rassisten erschossen wurde.

Aber mit derselben Methode – indem Sie sagen, was Sie denken – finden Sie auch Freunde! Wer Ihnen seine Zuneigung auch dann noch schenkt, wenn Sie aufrichtig sind, der meint aufrichtig Sie – und nicht Ihre Fassade. Eine solche Zuneigung erfrischt Ihr Herz. Und weil Sie sein können, wie Sie wirklich sind, glänzt Ihr Charakter wie ein polierter Diamant: Sie werden Ihre wahren Stärken zeigen, glaubwürdiger und attraktiver sein – und nicht nur eine blutleere Marionette.

Wahre Zuneigung gilt nicht vollen Taschen (wie beim Lottogewinner), sondern demjenigen, der die Hosen trägt.

DER KLEINE NEUDENKER

Wer sich verstellt, um Respekt zu erlangen, macht Respekt unmöglich: Sogar wenn er ihn bekäme, wäre damit ein anderer gemeint!

Raus aus der Nettigkeits-Falle!

Die technische Zeichnerin Natalie Körner (27) war eine Seele von einem Mensch. Zum Geburtstag ihrer Kollegen brachte sie selbstgebackenen Kuchen mit, dekorierte den Tisch und zündete Kerzen an. Wenn jemand den Kopf hängen ließ, schenkte sie ihm ein offenes Ohr. Sie kochte Kaffee fürs ganze Team, nahm

148

Telefongespräche für Kollegen an und ließ anderen den Vortritt beim Urlaub.

Niemand hatte sie je in schlechter Laune erlebt. Sie war ein Sonnenschein, lächelte immer. Bis eines Tages ein wichtiges Konstruktions-Projekt von ihrem Chef vergeben wurde. Sie hätte es so gern betreut. Doch eine fachlich weniger fitte Kollegin bekam den Vorzug. Die Begründung ihres Chefs: »Das ist ein schwieriges Projekt – dafür sind Sie viel zu nett!«

In der Beratung fragte sie ungläubig: »Kann man denn zu nett sein?« Und ob! Zwischen Nett-sein und Zu-nett-sein, zwischen Gutmütigkeit und Harmlosigkeit, zwischen Kompromissbereitschaft und Selbstverleugnung verläuft nur ein schmaler Grat. Der Kommunikationspsychologe Friedemann Schulz von Thun weist mit seinem Wertequadrat darauf hin: Jeder positive Wert schlägt in eine entwertende Übertreibung um, wenn man zu viel des Guten tut.[84] Wer die Durchsetzungsfähigkeit (einen an sich positiven Wert) zu weit treibt, rutscht ab in die Rücksichtslosigkeit. Und wer die Nettigkeit (einen an sich positiven Wert) zu weit treibt, landet in der Unterwürfigkeit. Der Versuch, die Sympathie der anderen zu gewinnen, führt dann zu einem Verlust an Respekt.

Fraglos profitierte Nathalie Körners Vorgesetzter von ihrer Nettigkeit, solange sie in ihrem Team für gute Laune sorgte, Konflikte abfederte und die lästige Diskussion verhinderte, wer heute Kaffee kocht. Aber sobald es um verantwortungsvolle Aufgaben ging, deutete er dieses soziale Engagement gegen sie. »Zu nett für dieses Projekt« hieß offenbar: »Wir trauen dir nicht zu, dass du dich durchsetzt!«

Und war diese Sorge nicht berechtigt? Wie sollte eine Mitarbeiterin, die bei ihren eigenen Interessen stets zurücksteckte, die Projektinteressen gegen Widerstände vertreten? Stand nicht

zu befürchten, dass ihre Projektmitarbeiter keine Befehle angenommen, jeden Termin missachtet und einen Tanz auf ihrer Nase
aufgeführt hätten?

Wer allzu nett ist, sendet die Botschaft, nicht allzu wichtig zu
sein. Er erweckt den Eindruck, sich die Gunst der anderen mit
Unterwürfigkeit erkaufen zu müssen. Das Dauerlächeln ist ein
Symbol dafür. Einige Affenarten zeigen in zwei Situationen die
Zähne: wenn sie einem Konkurrenten drohen und wenn sie sich
unterwerfen, also die Waffen strecken. Bei Natalie Körner kam
das Lächeln als Geste der Unterwerfung an: »Entschuldigt bitte,
dass es mich gibt!«

Nettigkeit als Schutz zu nutzen, dieser Reflex steckt in uns
allen. Sicher haben Sie auf Kränkungen, etwa schlechte Witze
auf Ihre Kosten, auch schon mit einem Lächeln reagiert, statt
Ihre Wut oder Ihre Traurigkeit zu zeigen. Diese Reaktion aus der
Kindheit soll den mächtigen Angreifer für uns einnehmen. Natürlich erreichen wir das Gegenteil. Wir strecken die Waffen –
und werden noch weniger ernst genommen.

Dass Natalie Körner Kaffee kochte, Geschenke kaufte, Ur-
laubstage abtrat und Seelenschrott entsorgte, wurde als ständige
Unterwerfung gedeutet. Sie gab, aber sie versäumte es, selbst zu
fordern (ihr eigener Geburtstag war sogar einmal komplett vergessen worden).

Dass die allzu Netten vergeblich um Liebe buhlen, können Sie
schon auf dem Schulhof beobachten. Mal ehrlich, welchen Jungen oder welches Mädchen haben Sie in der Pubertät attraktiv
gefunden: Jemanden, der immer gelächelt hat, voller Verständnis war und zu allem Ja und Amen sagte? Oder einen Jungen,
der sein Mofa frisierte, mit vielen Mädchen flirtete und sich mit
Heavy Metal besser als mit höherer Mathematik auskannte? Ein

Mädchen, das viele Jungen abblitzen ließ, Dates wichtiger als Hausaufgaben nahm und nachts nicht nur unter Mamis frisch aufgeschüttelter Bettdecke, sondern auch mal in einem verbotenen Club zu finden war?

Ich wette: Die Netten waren Ihnen gerade recht, um die Hausaufgaben bei ihnen abzuschreiben. Und sie waren gut als Kumpels, bei denen man sich ausheulen konnte mit Liebeskummer. Nur eines waren sie nicht: attraktiv. Aber genau das wollten sie durch ihre Nettigkeit erreichen! Der Plan ging schief.

Und dieses Spiel läuft ein Leben lang weiter. Der allzu nette Verkäufer wird von seinen Kunden mit Rabattforderungen in die Enge getrieben. Die allzu nette Lehrerin wird von ihren Schülern vorgeführt. Und der allzu nette Politiker steht ein Leben lang unter einem Parteischirm in der Kleinstadt-Fußgängerzone, um Wahlkampf zu machen – für andere, die ihn dann schließlich aus dem Bundestag grüßen.

Nun könnten Sie einwenden: Fehlt es in unserer Gesellschaft nicht genau an solchen Menschen, die ihre eigenen Interessen zurückstellen und dem Gemeinwohl dienen? Das kann schon sein, aber was bringt es, wenn dieser Dienst mit der eigenen Gesundheit und Zufriedenheit bezahlt wird? Wenn er zu Burnout, Depression und Unglück führt?

Nett sein ist in Ordnung, es kommt aber auf ein gesundes Gleichgewicht an: Kochen Sie den Kaffee für andere – aber lassen Sie sich auch Kaffee kochen. Unterstützen Sie die Karriere anderer – aber fordern Sie auch Unterstützung ein. Geben Sie nach bei den Urlaubstagen – aber pochen Sie beim nächsten Mal auf das Nachgeben der anderen. Denn nur, wer seine Interessen wahrt, wird als Partner auf Augenhöhe wahrgenommen.

In jeder Gesprächssituation werden zwei Positionen vergeben:

Hochstatus und Tiefstatus. Wer zum Beispiel nach dem Weg fragt, ist im Tiefstatus – wer ihm den Weg weist, im Hochstatus. In gesunden Beziehungen wechseln diese Positionen ständig. Wer aber nur im Tiefstatus agiert, wird nicht für voll genommen.[85] Was ist das Lächeln von jemandem wert, der immer lächelt; das Kompliment von jemandem, der immer Komplimente macht; das Geschenk von jemandem, der am laufenden Band schenkt?

Nettigkeit unterliegt dem Gesetz der Inflation: Wer sie dosiert verschenkt, ist begehrt. Aber wer die anderen damit überschüttet? Entwertet sich selbst!

DER KLEINE NEUDENKER

Im Leben müssen Sie sich entscheiden, ob Sie immer nett sein wollen – oder doch lieber Sie selbst.

Das Märchen von tausend und einem Freund

Wie eine Pflanze Sonne braucht, um zu wachsen, so brauchen wir die Zuneigung anderer Menschen. Die Gewissheit, getragen zu sein, in guten wie in schlechten Zeiten, macht Sie stark gegen Launen des Schicksals. Aber wessen Zuneigung brauchen Sie, um ein erfülltes Leben zu führen? Und wie können Sie diese Zuneigung erlangen?

Hier breitet sich in Zeiten der zwanghaften Maximierung das Missverständnis aus, Sie müssten die Gunst möglichst vieler Menschen gewinnen. Wahre Beliebtheits-Wettbewerbe brechen los, bei Facebook und in der analogen Welt. Man sammelt Freunde, wie man früher Platten oder Briefmarken gesammelt hat, nach dem Motto: »Die Menge macht's!«

Wer von allen geliebt werden will, führt sein Leben bald wie einen Wahlkampf – nicht ehrlich, sondern mehrheitstauglich. Vor der Wahl reden viele Politiker den Wählern nach dem Mund. Je nachdem, wie hoch die Atomkraft gerade im Kurs steht, sprechen sie vom Einschalten oder Ausschalten der Meiler. Wer ein Maximum an Zustimmung gewinnen will, rutscht leicht in ein Maximum an Opportunismus ab.

Das gilt auch für die Jagd auf Freunde: Wer die Freundschaft anderer durch ein Verhalten erobern will, das nur dem Zweck dient, ihre Sympathie zu erhalten, der baut seine Freundschaften auf Sand, der gibt seine Individualität auf, der fügt sich den fremden Erwartungen, meist dem Massengeschmack.

Nehmen Sie die virtuelle Welt: Je öfter sich Ihr Facebook-Daumen bei Nachrichten, Produkten und Promis hebt, die auch andere »liken«, desto schneller wird Ihr Freundeszähler nach oben ticken. Wer dagegen Bücher mag, die sonst keiner kennt, und Marken kauft, die sonst keiner trägt, steht im Abseits.

Aber Freundschaften, die auf Schein bauen, können nur Scheinfreundschaften sein. Die Zuneigung meint nicht einen Menschen als Individuum, sondern das Bild, das er von sich zeichnet. Die meisten betreiben Hofmalerei. Wer jedes Jahr einmal außerhalb Europas urlaubt, gibt sich bei Facebook als neuer Marco Polo aus. Wer gelegentlich mal ein Buch liest, kommt als Marcel Reich-Ranicki daher. Und wer im Job gerade die Trainee-Phase hinter sich hat, stellt sich als geistiger Bruder des legendären US-Managers Jack Welch dar. Die Vorstellung der eigenen Person gerät zur Verstellung.

Aber wie sollen oberflächliche Selbstbeschreibungen zu tiefen Beziehungen führen? Besteht der Kern einer Freundschaft nicht darin, auch mit seinen Schwächen akzeptiert zu werden? Und liegt es nicht in der Natur der Sache, dass sich im Leben nur wenige solcher Freundschaften aufbauen lassen, vielleicht zwei, drei, vier? Dass es auf die Qualität solcher Beziehungen ankommt und nicht auf die Zahl?

Wer behauptet, Dutzende von Freunden zu haben, hat im Zweifel keine. Schon Aristoteles erklärte: »Freundschaft mit vielen ist im Sinne vollkommener Freundschaft nicht möglich (…) – und dass viele zur gleichen Zeit demselben Menschen ausnehmend sympathisch sind, kann man sich nur schwer vorstellen, schwer wohl auch, dass diese (viele lauter) wertvolle Menschen sind.« Sympathie allein könne keine Freundschaft tragen, denn »was man sich gegenseitig zu bieten hat«, sei dann »rasch erledigt«.[86]

Zumal die Grundlage einer Freundschaft nie beim anderen, sondern immer bei uns selbst liegt: Nur wer mit sich selbst befreundet ist, kann mit anderen befreundet sein. Nur wer sich selbst kennt und akzeptiert, kann von anderen erkannt und akzeptiert werden – so wie ein Reisender die eigenen Koordinaten kennen muss, um in der Lage zu sein, ein äußeres Ziel auf der Landkarte anzupeilen.

Der Zuspruch anderer Menschen ist kein Ersatz für Selbstakzeptanz. Narzisstische Kränkungen lassen sich nicht durch oberflächliche Anerkennung heilen. Und wer es doch versucht, wird panisch nach immer neuen Freunden und neuen Sexualpartnern greifen, wie nach Rettungsringen, während er dennoch in Selbstzweifeln versinkt. Zumal das Selbstbild (»Ich verdiene die Zuneigung nicht!«) den Genuss der Zuneigung (»Andere mögen mich!«) verdirbt, denn es stellt sich der schale Geschmack der Hochstapelei ein: »Wenn die anderen wüssten, wie ich wirklich bin, würden sie mich nicht mehr mögen!« Deshalb ja die Maskerade.

Der Amerikaner Carl Rogers, Gründer der humanistischen Psychologie, wies auf die Bedeutung der »bedingungslosen Zuwendung« hin.[87] Wer seinen Wert nur über sein erwünschtes Handeln definiert, degradiert sich zu einem Kellner, der fremde Erwartungen bedient. Entwicklung aber setzt voraus, dass Sie sich selbst ohne Bedingung akzeptieren – nicht für Ihr Tun, sondern für Ihr Sein. Jeder Mensch ist eine wunderbare Schöpfung, hat im wahrsten Sinne einen Selbstwert.

Erst eine solche Akzeptanz befreit Sie aus dem Zwang, dauernd etwas erreichen, etwas haben oder jemanden beeindrucken zu müssen. Wer seine Ohren nicht ständig spitzt, um das Lob der anderen zu hören, wird die Stimme seiner eigenen Gefühle wieder wahrnehmen – und stimmig entscheiden. Wer seine Augen nicht ständig aufreißt, um das Kopfnicken der anderen einzufangen, wird seine Möglichkeiten zur Entwicklung sehen – und kann Schranken heben, die ihm seinen Weg in die Individualität versperren.

Nur wer Frieden schließt mit den inneren Dämonen, die ihm flüstern, er sei nicht gut genug; nur wer die Wunden aus seiner Kindheit als Teil seiner Persönlichkeit akzeptiert und mit ihnen lebt, statt gegen sie; nur wer den Menschen kennt, der er selber ist, und ihn trotz aller Schmerzen mit Wohlwollen sieht – nur der schafft sich die Basis, aufrichtige Zuneigung zu geben. Und aufrichtige Zuneigung zu empfangen.

Gerade das zeichnet alte Freundschaften aus: Der andere kennt Sie ähnlich gut, wie Sie sich selber kennen, er hat Sie nicht nur triumphieren, sondern auch verlieren, nicht nur vor Gesundheit strotzend, sondern auch krank gesehen. Er nimmt Sie so, wie Sie sind. Seine Zuneigung ist nicht an Bedingungen geknüpft. »Der

Freund ist einer, der alles von dir weiß, und der dich trotzdem liebt«, brachte es der US-Autor Elbert Hubbard auf den Punkt.

Dagegen macht es krank, nach der Zuneigung aller zu streben und sich zu verleugnen. Denn das Leben ist kein Wahlkampf. Und Freunde sind keine Wechselwähler.

DER KLEINE NEUDENKER

»Wie viele Freunde hast du?«, fragte der Weise einen geselligen Mann.

»Sechs, sieben – vielleicht acht.«

»Wie viele Kinder hast du?«

»Zwei.«

»Du kennst die Zahl deiner Kinder, weil du sie tatsächlich hast«, meinte der Weise. »Und jetzt überlege, warum du die Zahl deiner Freunde nicht kennst.«

Prominent erlebt: Der Weltstar als Penner

Morgens, auf einer Parkbank in Verona, wurde der deutschsprachige Weltstar von einer Schulklasse entdeckt. Benommen lag er dort, vom Rausch der letzten Nacht niedergestreckt. Zwanzig Mädchen kreischten und rüttelten an ihm, bis er aufwachte, Autogramme gab und für Erinnerungsfotos posierte. Seine Karriere hatte mit einem Riesenhit begonnen, der in 27 Ländern in die Charts gestürmt und als Single zehn Millionen Mal verkauft worden war.

Doch sein Leben und seine Kunst entglitten ihm. Sein Manager hatte ihn vor die Wahl gestellt: »Du hast zwei Möglichkeiten: Du kannst kleine Brötchen backen, dafür darfst du die Musik machen und veröffentlichen, die dir gefällt, oder du schluckst die Kröten und veröffentlichst, was alle anderen von dir hören wollen.«[88] Zu Beginn seiner Karriere hatte er alle Liedtexte selbst geschrieben, später noch die Hälfte, und am Ende legten ihm andere seine Worte in den Mund – was im krassen Gegensatz zu seinem Anspruch stand. Er wollte die Liebe seiner Fans, den Erfolg, um jeden Preis. Und er zahlte mit Selbstrespekt.

In Exzessen, in Drogen und Alkohol, suchte er Trost. Er fuhr mit dem Auto durch die gläserne Schiebetür eines Hotels, bekam ein Kuckuckskind untergejubelt, saß berauscht in einer Talkshow und wurde von seinen Produzenten aus dem Studio geworfen, nachdem er randaliert und sie beleidigt hatte. Platten, die er ablieferte, waren so schlecht, dass sie nicht erschienen. Hallen, in denen er spielte, blieben fast leer. Schließlich zog er sich in die Dominikanische Republik zurück. Dort nahm er im Drogenrausch einem zu schnell fahrenden Bus die Vorfahrt, der Unfall verlief tödlich.

Wie der Star hieß? Hans Hölzel, besser bekannt als: Falco. Vielleicht wäre er noch am Leben, hätte er seinen Selbstrespekt bewahrt und eine Zeile seines Liedes »America« beherzigt: »Ihr werdet mich nehmen müssen, wie ich bin.«

Liebe dich selbst – sonst liebst du keinen

»Ich könnte mir in den Hintern beißen!«, »Warum habe ich dummes Ding bloß nicht …«, »Ich bin ja so blöd!«: Eine Flut von Selbstanklagen sprudelt aus unserem Kopf, wenn wir unseren Gedanken lauschen. Innere Monologe, Silent Speech genannt, sind die Grundmelodie unseres Lebens. Von der Art, wie wir über uns selbst denken, hängt es ab, wie andere über uns denken. Auch wenn die inneren Stimmen stumm sind, erzeugen sie ein Echo in der Welt. Je weniger Selbstrespekt wir uns entgegenbringen, desto weniger respektieren uns andere.

Nehmen Sie den Ehemann, der bitter beklagt, dass ihn seine Frau nur noch mit Gleichgültigkeit straft. Aber wie sehr liebt er sich selbst? Wie viel Aufmerksamkeit schenkt er seinen Herzenswünschen? Grollt er nicht pausenlos mit sich selbst, warum er dieses getan und jenes gelassen hat? Tut er nicht immer wieder Dinge, während er denkt: »Warum machst du das bloß?!« Und wie kann er, der lieblos mit sich umgeht und seine Bedürfnisse ignoriert, von seiner Frau das Gegenteil erwarten?

Nehmen Sie den Manager, der bitter beklagt, dass seine Mitarbeiter »einfach Weicheier sind, die bei jeder Überstunde losheulen und nach der Gewerkschaft rufen«. Aber wie behandelt er das »Weichei«, den Verletzlichen, in sich selbst? Kann es sein, dass er dessen Hilferufe unterdrückt und sie dafür in der Außenwelt hört? Dass er mit seinem Vorwurf an die Mitarbeiter letztlich sich selbst meint, weil er sich die Grenzen seiner eigenen Kraft nicht eingesteht? Und wie kann er, der sich selbst für schwach hält, die Schwäche seiner Mitarbeiter kritisieren – ohne deren Respekt zu verwirken?

Oder nehmen Sie das Elternpaar, das sich bitterlich über den »chaotischen Sohn« beklagt, der schon das zweite Studium anfängt und »einfach nicht weiß, was er im Leben will«. Aber wissen die Eltern selbst eigentlich, wofür sie auf der Welt sind und was sie beglückt? Oder kann es sein, dass sie ihre wahren Sehnsüchte geknebelt haben und durch die Suche ihres Sohnes schmerzlich an ihr ungelebtes Leben erinnert werden? Und wie können sie, die

158

sich nicht gefunden haben, von ihrem Sohn eine Selbstfindung im Schnelldurchlauf erwarten – ohne seinen Respekt zu verlieren?

An der Oberfläche des Bewusstseins-Sees spiegelt sich ein anderer Mensch – und sein Bild gefällt uns nicht! Aber jeder Stein der Kritik, den wir nach ihm werfen, sinkt in die Tiefe, auf unseren eigenen Grund. Es gilt das Resonanz-Prinzip: Wir schauen in die Welt, aber wir sehen uns selbst. Und je nachdem, wie wir uns sehen und behandeln, werden wir gesehen und behandelt.

Wer sich selbst für wertlos hält, wie der Ehemann, zieht Entwertungen durch andere an. Wer seine eigene Schwäche leugnet, wie der Manager, wird genau an diese Schwäche erinnert – zum Beispiel durch Vorgesetzte, die ihn mit Arbeit überhäufen. Und je intensiver Menschen, wie das Elternpaar, ihre Selbstsuche verdrängen, desto mehr rücken sie ihre Unvollkommenheit ins Scheinwerferlicht.

Einzigartigkeit basiert auf Selbstrespekt. Und Selbstrespekt fängt an mit einem Blick nach innen, mit Bewusstheit. Jeder Gedanke, den Sie fassen, jedes Wort, das Sie sagen, hat seine Wurzeln in Ihnen selbst. Wenn Sie nach innen schauen, statt sich an anderen abzuarbeiten, können Sie Ihren Selbstrespekt erhöhen und die Basis für gelebte Einzigartigkeit schaffen. Folgende Fragen helfen dabei:

▶ Wann kritisiere ich an anderen, was mir heimlich an mir selbst missfällt, zum Beispiel Lieblosigkeit, Unordnung, Geiz, Faulheit, Egoismus oder mangelnde Charakterstärke?

▶ Wann werfe ich meinen Mitmenschen Sätze in der Du-Form an den Kopf, die ich sonst heimlich über mich selbst denke: »Ich halte einfach zu wenig aus!«, »Ich muss mehr schaffen!« oder: »Ich bin eine Heulsuse!«?

▶ Kann es sein, dass ich meinen inneren Krieg nach außen verlege, um selbst nicht verletzt zu werden? Wenn ja: Wer hat mir diesen Krieg erklärt? Wann – etwa in der Erziehung – fing es an, dass ich mich nicht mehr mögen konnte, wie ich bin?

▶ Angenommen, ich könnte Frieden schließen mit mir selbst und liebevoll über mich denken, auch über meine (kleinen und größeren) Schwächen – kann es sein, dass dieser Selbstrespekt als Echo mehr Respekt von außen brächte?

Natürlich können Sie die Welt verändern, es ist ganz einfach: Verändern Sie sich selbst! Wenn Sie anders (über sich) denken, anders sprechen und anders auftreten, werden Sie auch andere Reaktionen erzeugen – so wie jeder Zug, den Sie auf einem Schachbrett machen, einen anderen Gegenzug erzeugt. Sobald der Ehemann ausstrahlt, dass er sich selbst annimmt und wertschätzt, erhöht er die Chance, von seiner Frau Achtung und Wertschätzung zu erhalten – oder festzustellen, dass es für ihn die falsche Frau ist.

Diese Versöhnung mit dem eigenen Ich gelingt umso leichter, je mehr Sie sich eingestehen, dass jedes Gefühl in Ihnen ein nützliches Gefühl ist, auch Hass, auch Traurigkeit, auch Ohnmacht. Wie es die Nacht braucht, damit wir die Helligkeit des Tages erkennen, so braucht es den Hass, um die Liebe zu erkennen; die Traurigkeit, um die Fröhlichkeit zu erkennen; die Ohnmacht, um die Macht zu erkennen. Das eine bedingt das andere. Kein Pol ist gut, kein Pol ist schlecht; jeder Pol ist notwendig.

Angenommen, Sie hätten die Chance, sich an eine »Glücksmaschine« anschließen zu lassen, die Sie rund um die Uhr mit Glück erfüllt, bis an Ihr Lebensende. Würden Sie sich darauf einlassen? Als der amerikanische Philosoph Robert Nozick diese Chance in einem Gedankenexperiment anbot, winkten die meisten Menschen ab.[89] Offenbar hat das willkürliche Glück für uns keinen Wert. Wir wollen unser Glück verdienen, sprich Phasen mit weniger Glück überwinden. Wir ahnen die Bedeutung der Polarität.

Geben Sie allen Anteilen Ihrer Persönlichkeit Raum, auch den oft verdrängten, den Schatten. Dann fühlen sie sich ernst genommen, agieren nicht mehr als Heckenschütze und schalten sich konstruktiv in den inneren Dialog ein. Denn es gibt viele Situationen, in denen zum Beispiel die Wut ein höchst nützliches Gefühl ist, etwa um Angriffe abzuwehren. Und Ihr inneres Weichei kann Sie davor bewahren, sich in eine Hybris zu steigern und eines Tages überlastet umzukippen.

Auf dieser Basis entwickeln sich aus der Anklage »Ich könnte mir in den Hintern beißen!« Fragen zur Selbstklärung: »Ich spüre, dass ich unzufrieden mit mir selbst bin. Woher kommt das, welchen inneren Anteil habe ich verletzt? Welchen Anspruch stellt er? Stammt diese Forderung aus der fernen Vergangenheit, oder entspricht sie meiner jetzigen Persönlichkeit? Was davon kann ich akzeptieren? Wozu sage ich Nein? Und welche Handlungen leite ich daraus ab?«

Indem Sie alles, was in Ihnen ist, mit Respekt betrachten, werden Sie Frieden mit sich selbst schließen – und mehr Respekt von außen ernten.

DER KLEINE NEUDENKER

Für Menschen gilt dasselbe wie für Billardkugeln: Wer die Position eines anderen verändern will, muss sich selbst von der Stelle bewegen.

DIE SELBSTCOACHING-ÜBUNG

Verschaffen Sie sich mehr Respekt!

Bitte beenden Sie diese Sätze auf einem gesonderten Blatt:

»Ich bin bei meinem Chef beliebt, weil …«

_____

»Ich bin bei meinen Kollegen beliebt, weil …«

_____

»Ich bin bei meinem Lebenspartner beliebt, weil …«

_____

»Ich bin bei meinen Freunden beliebt, weil …«

_____

»Ich bin bei meinen Nachbarn beliebt, weil …«

_____

»Ich bin bei meiner Familie beliebt, weil …«

_____

»Ich bin bei neuen Bekanntschaften beliebt, weil …«

_____

Nun lassen Sie Ihre Ergänzung auf dem Papier stehen, aber ersetzen Sie den Satzanfang durch: »Mein(e)

_____

haben wenig Respekt vor mir, weil …« Dann kann aus »Ich bin bei meinen Kollegen beliebt, weil ich sie immer bei ihrer Arbeit unterstütze« werden: »Meine Kollegen haben wenig Respekt vor mir, weil ich sie immer bei der Arbeit unterstütze.«

Lassen Sie alle neuen Sätze auf sich wirken, und fragen Sie sich: Inwieweit trifft dieser Gedanke zu? Hat er einen Zipfel der Wahrheit erwischt? In welchen Situationen mehr, in welchen weniger?

Fragen Sie sich am Ende: Wann wäre weniger Beliebtheit mehr? Tun die anderen auch für mich, was ich für sie tun soll? Ist das Verhältnis zwischen Geben und Nehmen gesund? Und wie werde ich mein Verhalten verändern, um mehr Respekt zu erhalten?

8 Der Preis ist heiß:

Was kostet Sie die Veränderung?

In diesem Kapitel erfahren Sie ...

▶ warum Sie bei Entscheidungen besser andere enttäuschen als sich selbst,

▶ wie Sie innere Konflikte auflösen, die Sie in Ihrer Entwicklung behindern,

▶ warum es sich lohnt, die heimlichen Vorteile eines Problems zu sehen

▶ und wie ein Manager mitten im Wald entdeckt, dass er sich in ein falsches Leben verlaufen hat.

Enttäuschen Sie andere – aber nicht sich selbst!

Mein Lebenszug verharrte nicht lange auf dem Bahnhof des Beamtentums. Direkt nach der Ausbildung ließ ich die staubigen Amtsstuben hinter mir, besuchte ein Gymnasium und strebte in den Journalismus. Mein Mentor war ein ganz besonderer Mann: Frederic W. Nielsen, ein Hitler-Emigrant, der Deutschland schon 1933 verlassen und aus Prag gegen die Nazis angeschrieben hatte – so erfolgreich, dass er beim Einmarsch der deutschen Truppen auf Platz 7 der Gestapo-Suchliste stand.[90]

Nielsen hatte den Nazis seine Gedichte und Bücher wie Speere entgegengeschleudert. Und nun, 1988, als ich ihn kennenlernte, hämmerte er mit Mitte 80 noch immer auf seiner mechanischen Schreibmaschine gegen die politische Dummheit an. Unser Kontakt war entstanden, weil ihm ein Leserbrief von mir, ein Plädoyer für Michail Gorbatschow, so gut gefallen hatte.

Und so wurde Frederic W. Nielsen mein großväterlicher Freund. Er ermutigte mich, in den Journalismus zu gehen: »Sie müssen Politik-Redakteur bei einer großen Tageszeitung werden!« Dieselbe Regieanweisung hatte mir mein Deutschlehrer gegeben, der meine (stets politischen) Aufsätze immer wieder besonders gelobt hatte.

Fällt Ihnen die Parallele auf? Wie damals, als ich Beamter geworden war, saßen wieder andere Menschen in der Lok meines Lebenszuges und wollten die Weichen stellen – diesmal jedoch in eine Richtung, die mir wesentlich besser gefiel. Aber war es wirklich mein tiefster Wunsch, in einer Politikredaktion zu arbeiten? Schätzte ich nicht gerade die Unabhängigkeit, mich politisch keiner redaktionellen Linie unterordnen zu müssen? Und gab es nicht ein Thema, das mich noch mehr als die Politik faszinierte?

Seit meiner frühesten Kindheit war ich begeisterter Angler. Ich liebte es, an einem stillen See zu sitzen, auf den dampfenden Morgennebel zu blicken und Fischen nachzustellen. Seit einigen Jahren schrieb ich als freier Mitarbeiter für den »Blinker«, die größte Angelzeitschrift Deutschlands. Meine beiden Hobbys, das Schreiben und das Angeln, hatte ich zum Nebenberuf gemacht. Diese Arbeit fühlte sich wie Freizeit an.

Und so reifte ein Gedanke: Wie wäre es, wenn ich hauptberuflicher Angelredakteur würde? Die Aussicht, mich den ganzen Tag mit dem Angeln zu beschäftigen, auch noch schreibend, war mehr als verlockend. Und eines Tages kam das Angebot: Der »Blinker« lud mich ein, bei ihm zu volontieren und später Redakteur zu werden.

Frederic W. Niesen, der lebenserfahrene Emigrant, redete mir ins Gewissen: »Bei einer Angelzeitschrift verschwenden Sie Ihr Talent! Über Fische können andere schreiben. Gehen Sie in eine Politik-Redaktion.«

»Aber ich kann doch weiterhin politische Leserbriefe schreiben«, entgegnete ich.

»Warum sollten Sie sich mit Leserbriefen begnügen, wenn Sie das Zeug zum Leitartikler haben? Denken Sie daran: Wenn Sie erst mal Angelredakteur sind, will Sie als politischer Redakteur niemand mehr haben.«

»Warum eigentlich nicht?«

»Weil das Angeln nicht seriös genug ist. Schreiben Sie besser nebenberuflich darüber.«

Und so verbrachte ich schlaflose Nächte. Mein Herz rief: »Mach es unbedingt!« Mein Verstand antwortete: »Lass es bleiben, du enttäuschst deinen Mentor!« Und war Frederic W. Nielsen nicht tausendmal klüger als ich? War er nicht der weitsichtigste Mensch, der mir je begegnet war? Hatte er nicht bereits 1938 nach dem Münchner Abkommen in offenen Briefen an Chamberlain, Roosevelt und Daladier die Folgen des Münchner Abkommens bis in die blutigen Details vorhergesagt und damit in Zentraleuropa für erhebliches Aufsehen gesorgt? Wollte ich, der junge, völlig unerfahrene Abiturient, es ernsthaft wagen, den Ratschlag dieses Intellektuellen in den Wind zu schlagen?

Wie gerne wäre ich mit dem guten Gefühl in den Journalismus aufgebrochen, es dem wichtigsten Menschen in meinem jungen Autorenleben recht zu machen. Doch mein Irrweg ins Beamtentum hatte mich gelehrt, bei wichtigen Entscheidungen nur noch auf einen Menschen zu hören: mich selbst. Also nahm ich ein kurzes, aber großes Wort in den Mund: Ich sagte Nein zu dem Wunsch Nielsens – und Ja zu einer Laufbahn als Angelredakteur.

Glauben Sie mir, ich hatte große Skrupel. Und tatsächlich musste Nielsen schlucken, als ich ihm meine Entscheidung mitteilte. Sein Blick, den ich immer als so warmherzig empfunden hatte, schien mir an diesem Tag auf einmal ein paar Grad kühler. Um meinen Traum zu verwirklichen, musste ich meinen Gönner enttäuschen. Aber was wäre die Alternative gewesen? Ich hätte mich selbst enttäuschen und gegen meine Überzeugung handeln müssen.

Können Sie anderen einen großen Schritt entgegenkommen bei einer Lebensentscheidung, ohne dass Sie sich einen großen Schritt von sich selbst entfernen? Unmöglich! Können Sie etwas Neues im Leben gewinnen, ohne etwas Altes aufzugeben? Unmöglich! Auf jeder Entscheidung klebt ein Preisschild, und Sie müssen gut überlegen: »Bin ich bereit, diesen Preis zu bezahlen?« Ein paar Beispiele:

▶ Sie können auf der Stelle Ihre Arbeit kündigen. Vielleicht wollen Sie das sogar, weil Sie Ihr Job anödet oder Ihr Chef eine Nervensäge ist. Der Preis dafür: Sie schütteln nicht nur die frustrierende Situation ab (wie erwünscht), sondern auch die tägliche Plauderei mit Ihren besten Arbeitskollegen, Ihr festes Einkommen und Ihre Planungssicherheit (wie nicht erwünscht).

▶ Sie können auf der Stelle Ihre Koffer packen und auswandern. Vielleicht wollten Sie das schon immer, weil Sie die deutsche Mentalität zu spießig, die Strände zu kurz und den Winter zu lang finden. Der Preis: Sie lassen nicht nur Spießigkeit, Mini-Strände und Maxi-Winter zurück (wie erwünscht), sondern auch Ihre Heimat, Ihre Freunde, Ihren Zahnarzt und das wunderbare Vollkornbrot (wie nicht erwünscht).

▶ Sie können auf der Stelle Ihre langjährige Beziehung beenden. Vielleicht fühlt sie sich inzwischen nur noch wie »verbrühte Milch und Langeweile« an (um es mit Kurt Tucholsky zu sagen). Der Preis: Sie lassen nicht nur die Langeweile zurück (wie gewünscht), sondern Sie verletzen Ihren Partner fürchterlich, stehen erst mal alleine da und laufen Gefahr, sich auf dem Beziehungs-Marktplatz Körbe oder noch langweiligere Partner einzufangen (wie nicht gewünscht).

▶ Sie können auf der Stelle beschließen, dass Sie Ihre blöde Mietwohnung überwinden und sich ein Traumhaus bauen. Der Preis: Sie bekommen nicht nur das Haus (wie erwünscht), sondern höchstwahrscheinlich auch einen Berg an Schulden, der Sie die nächsten Jahrzehnte davon abhalten könnte, im Leben wirklich etwas zu riskieren (wie nicht gewünscht).

Weil sie den Preis der Veränderung nicht bezahlen wollen, lassen so viele Menschen bleiben, was sie als richtig erkannt haben. Zum

Beispiel gehen sie an ihrem miesen Arbeitsplatz zugrunde, nur weil sie die vermeintliche Sicherheit nicht als Preis bezahlen wollen. Aber wer nichts verlieren will, kann auch nichts gewinnen.

Meine Entscheidung brachte mir Glück: Beim »Blinker« erlebte ich wunderbare Jahre und lernte mein Schreibhandwerk so gut, dass ich bald den Reportagepreis der Akademie für Publizistik gewann. Nun strahlte mein Mentor Nielsen, denn der preisgekrönte Text war eine politische Reportage gegen Rechtsradikale. Sein Blick wurde wieder milder. Vielleicht sah er ein, dass mein Weg der richtige gewesen war. Für mich.

DER KLEINE NEUDENKER

Als der Fuchs in eine Grube gestürzt war, zwitscherte der Vogel: »An deiner Stelle würde ich fliegen!« Die meisten Ratschläge, die Sie erhalten, passen zum Absender, nicht zu Ihnen.

Der Weg vom Zaudern zum Handeln

Der Besucher wollte rein in den Palast, unbedingt. Schließlich war er eingeladen, um die wichtigsten Fragen seines Lebens zu klären. Aber vor der Tür stand ihm ein Angestellter im Weg. Und der Kerl, offenbar Wächter, ging keinen Schritt zur Seite. Was nun?

Der Besucher ließ sich nicht abwimmeln. Er wartete mit einer sagenhaften Ausdauer: Tage, Jahre, Jahrzehnte. Als sein Le-

ben sich dem Ende neigte, fragte er den Türhüter: »Wie kommt
es, dass in den vielen Jahren niemand außer mir Einlass verlangt
hat?« Und der Türhüter brüllte: »Hier konnte niemand sonst Einlass erhalten, denn dieser Eingang war nur für dich bestimmt.«

Statt Antworten auf seine Fragen zu finden, statt den Raum
seines Lebens zu betreten, hatte Josef K. – Hauptfigur in Kafkas
Roman »Der Prozess« – zaudernd vor der Tür verharrt.[91] Und warum? Weil seine inneren Kräfte ein Tauziehen veranstalteten: Die
eine Kraft, seine Neugier, zog ihn nach drinnen. Und die andere Kraft, seine Scheu vor einem Konflikt mit dem Wächter, hielt
ihn draußen. Die Kräfte waren gleich stark und hoben sich auf.

Wann immer Sie bei wichtigen Entscheidungen zaudern oder
Ihre Wünsche nur mit halber Kraft verfolgen, tobt in Ihnen ein
innerer Konflikt. Vielleicht bekommen Sie gar nicht mit, wer
sich da bekämpft. Aber Sie bemerken, dass Sie auf der Stelle treten und immer frustrierter werden. Je besser Sie verstehen, wie
ein innerer Konflikt entsteht, desto leichter können Sie ihn lösen.

Die Psychologie unterscheidet drei Arten von inneren Konflikten, wobei die anziehenden Kräfte als »Appetenz« und die absto-
ßenden als »Aversion« bezeichnet werden.[92]

▶ Beim Appetenz-Aversions-Konflikt wollen Sie das eine erreichen, aber das andere vermeiden (wie Josef K.) – und stellen
fest, dass beides zusammen nicht geht. Beispiel: Sie wollen in
die Führungsetage Ihres Unternehmens aufsteigen. Aber Sie
wollen keinesfalls ein »Maulheld« werden und einen großen
Teil Ihrer Zeit in Meetings vergeuden. Heimlich ist Ihnen klar:
Als Führungskraft werden Sie sich dem Meeting-Wahn nicht
entziehen können. Also stehen Sie vor der Tür Ihres Beförde-
rungswunsches, so wie Josef K. vor dem Palast, ohne entschie-

den vorzupreschen. Der Türhüter, Ihr Chef, spürt Ihr Zögern und hält Sie, wenn Sie Pech haben, bis zum Sankt-Nimmerleins-Tag hin.

▶ Der Appetenz-Appetenz-Konflikt wird vom Volksmund »Luxusproblem« genannt, was seine Dramatik verkennt. Hier stehen Sie zwischen zwei Möglichkeiten, die Sie gleichermaßen anziehen. Zum Beispiel leben Sie in einer festen Partnerschaft, die Sie fortführen wollen, lernen jedoch einen anderen Menschen kennen, mit dem Sie gern eine Beziehung anfingen. Was jetzt passiert, ist gewiss kein »Luxus«: Wie der Esel zwischen zwei Heuhaufen gehen Sie mal einen Schritt in die eine, mal einen in die andere Richtung, ohne wirklich vom Fleck zu kommen. Diese Unentschiedenheit bereitet Ihnen schlaflose Nächte und quält alle Beteiligten: Gut möglich, dass Sie Ihren alten Partner durch Ihre Unentschlossenheit vertreiben und den neuen Partner nicht ausreichend anziehen. Dann stehen Sie am Ende mit leeren Händen da.

▶ Beim Aversions-Aversions-Konflikt erkennen Sie zwei Möglichkeiten, die Sie gleichermaßen abstoßen. Zum Beispiel unterläuft Ihnen in Ihrer Beziehung ein Seitensprung und Sie wissen genau: »Wenn ich das gestehe, ist mein Partner tödlich gekränkt.« Aber Sie wissen auch: »Wenn ich es nicht gestehe, quält mich mein schlechtes Gewissen.« Hier die Pest, dort die Cholera, dazwischen Sie. In solchen Situationen sind wir so sehr mit uns selbst befasst, mit der eigenen Unstimmigkeit, dass kaum mehr Energie fürs Handeln bleibt.

Wenn Sie mit sich im Reinen sein wollen, ist es wichtig, dass Sie innere Konflikte erkennen und lösen. Gehen Sie Ihr Leben einmal durch:

▸ Vor welchen Türen meiner Wünsche stehe ich schon lange, ohne die Türhüter beiseitezustoßen?

▸ Welche Dialoge laufen derweil in meinem Kopf ab? Was zieht mich an? Was stößt mich ab?

▸ Um welche Art eines inneren Konfliktes handelt es sich?

▸ Wenn ich wüsste, dass ich nicht scheitern könnte, was täte ich dann?

▸ Wie habe ich ähnliche Konflikte in der Vergangenheit gelöst? Welche meiner Erfolgsrezepte lassen sich wieder anwenden?

▸ Was müsste ich unternehmen, um entschiedener handeln zu können? Welche Gedanken, welche Perspektiven wären günstig dafür?

Eine meiner liebsten Fragen in der Beratung: »Mal angenommen, Sie könnten in ein paar Jahrzehnten, älter und sehr weise, auf die jetzige Situation zurückschauen. Was würden Sie dem jungen Menschen, der Sie heute noch sind, zurufen? Zu welcher Entscheidung würden Sie ihm raten?«

Probieren Sie diese Fragen aus! Die Annahme des zeitlichen Abstands sorgt für eine Dissoziation, also dafür, dass Sie das Schlachtfeld Ihres inneren Konflikts verlassen und vom Feldherrenhügel auf die Situation blicken.[93] Und auf einmal kann Ihnen Ihr Verhalten kontraproduktiv oder gar lächerlich erscheinen. Aus dieser Perspektive wäre Josef K. bewusst geworden: Wenn ich mit dem Türhüter kämpfe, kann ich verlieren. Aber wenn ich nicht kämpfe, habe ich schon verloren. Also tu ich's!

Das Zauberwort ist »Entschiedenheit«. Der amerikanische Psychologe Thomas Gilovich erforscht die Psychologie des Bedauerns und bittet Menschen, im Rückblick ihr größtes Leidwesen zu benennen. Drei Viertel der Befragten bedauern, etwas

172

nicht getan zu haben – sie trauern verpassten Gelegenheiten nach. Nur ein Viertel bereut, etwas getan zu haben, zum Beispiel eine Entscheidung im Beruf. Unterlassenes schmerzt mehr als Unternommenes.[94]

Wie wollen Sie herausfinden, was aus einer Liebesbeziehung geworden wäre, wenn Ihnen schon der Mut zum Flirten fehlt? Wie wollen Sie wissen, ob Sie als Chef eine gute Figur abgegeben hätten, wenn Sie Ihre Beförderung nie ernsthaft verfolgt haben? Und wer weiß, ob Sie das Zeug zum Buchautor gehabt hätten, wenn Sie nicht den Mut hatten, Ihr Manuskript an einen Verlag zu schicken?

Die falscheste Entscheidung, die Sie fällen können, ist die von Josef K.: gar nicht zu entscheiden. Das Leben funktioniert nicht nach dem Multiple-Choice-Verfahren. Die meisten Entscheidungen zaubern Ihnen kein fertiges Glücksmenü auf den Tisch. Vielmehr haben Sie es selbst in der Hand, was Sie nach der Entscheidung aus den Zutaten machen. Egal, für welchen Lebenspartner, für welchen Beruf oder welche Freundschaften Sie sich entscheiden: Wenn Sie Ihrer Entscheidung konsequent folgen, steigt die Wahrscheinlichkeit, dass Sie damit glücklich werden.

DER KLEINE NEUDENKER

Wer nicht entscheidet, um Fehler zu vermeiden, der könnte auch mit dem Atmen aufhören, um seinen Tod zu vermeiden.

173

So nutzen Sie die Entscheidungs-Ökologie

Was war bloß in die 750 Mitarbeiter einer Bank in Münster gefahren? Über Jahre hatten sie friedlich und konzentriert gearbeitet, doch nun gingen sie sich nur noch auf den Geist, waren nervös und unkonzentriert. Dabei hatte die Geschäftsleitung gerade erst das Gebäude modernisiert und eine neue Klimaanlage spendiert, um den störenden Lärm des steinalten Vorgänger-Modells abzustellen.

Doch was die Konzentration hatte verbessern sollen, erwies sich als Störquelle: Weil es jetzt so still war, schnappten die Ohren der Mitarbeiter im Großraum jeden Mucks auf. Die ungewohnte Stille im Hintergrund sorgte dafür, dass die gewohnten Geräusche herausgefiltert wurden und auf einmal in den Ohren schmerzten. Das Betriebsklima war empfindlich gestört.

Schließlich schritt die Geschäftsleitung zu einer kreativen Rettungstat, wie der Pressesprecher der Bank berichtete: »Es wurde ein Tonbandgerät eingebaut, das nun über ein Lautsprechernetz die Büroetagen fortgesetzt mit dem vertrauten unterschwelligen Rauschen berieselt.« Seitdem sei das Betriebsklima wieder im Lot.[95]

Gar nicht so einfach, ein Leben zu verbessern! Denn woher sollen Sie wissen, ob das vermeintlich Störende nicht eine wichtige Funktion erfüllt, ob Sie es schmerzlich vermissen werden? Wie in einem Garten jede noch so kleine Pflanze einen Zweck erfüllt, auch das vermeintliche »Unkraut«, so dienen auch die Störungen, die Schwächen, die irrationalen Verhaltensweisen in unserem Leben einem Zweck. Wer das scheinbare »Unkraut« aus seinem Leben rupft, riskiert, dass die schönen Pflanzen daneben eingehen.

174

Die Psychologie spricht von »systemischen Zusammenhängen«, von einem persönlichen Ökosystem: Alles ist miteinander verwoben und wirkt sich aufeinander aus.

Stellen Sie sich folgenden Fall vor: Ein Liedermacher lebt in einer Diktatur, wo er keine Platten veröffentlichen, keine Konzerte geben darf. Zum Beweis, dass es ihn überhaupt gibt, benennt er eine (im Nachbarland veröffentlichte) Platte nach seiner Straßenadresse. Er gilt als Staatsfeind, wird rund um die Uhr bespitzelt. Nun könnte man meinen: Wenn dieser Liedermacher endlich in einem freien Land ankommt, wird er eines ganz bestimmt nicht vermissen – seine Unterdrücker.

Doch Wolf Biermann, von dem hier die Rede ist, hat nach seiner Ausbürgerung aus der DDR im Jahr 1976 immer wieder betont, er vermisse nicht nur seine »treuen Freunde«, sondern auch seine »treuen Feinde«.[96] Denn ihm dämmerte: Ein Regimekritiker ohne Regime ist keiner mehr – er verliert ein Stück seiner Identität.

Wer entschieden handeln will, muss vorher die Folgen für sein Leben absehen. Sonst kann er »vom Regen in die Jauche« geraten (wie Biermann seinen Wechsel in die BRD bezeichnete). Ich kenne Eheleute, die sich zutiefst wünschten, endlich weniger miteinander zu streiten – um nach einer erfolgreichen Paartherapie festzustellen, dass die ständigen Auseinandersetzungen der Kitt für ihre Beziehung waren. Ich kenne Belegschaften, die unbedingt ihren umstrittenen Chef kippen wollten – aber als das gelungen war und ihr gemeinsames Lästerritual entfiel, hatten sie sich nur noch in den Haaren. Und ich kenne einen Glückspilz, der mit Mitte 40 durch eine große Erbschaft seiner Geldnot entrissen wurde und seinen Job kündigte, um bald festzustellen, dass sein Leben nun leer und sinnlos war.

Jedes vermeintliche »Unkraut«, das im Garten Ihres Lebens wächst, hat Wurzeln geschlagen, die Ihre Existenz festigen. Stimmige Entscheidungen zeichnen sich durch ihre »Ökologie« aus, durch einen 360-Grad-Blick auf die möglichen Folgen. Nützliche Fragen im Vorfeld können sein:

- ▸ Was soll nach der Entscheidung besser sein als zuvor?
- ▸ Welchen (heimlichen) Vorteil des jetzigen Zustands raube ich mir dadurch?
- ▸ Wie sehen die möglichen Nachteile der Entscheidung aus?
- ▸ Wer außer mir ist von der Entscheidung betroffen?
- ▸ Welche Vorteile ergeben sich für diese(n) Menschen?
- ▸ Und welche Nachteile?
- ▸ Wie wirkt sich das auf meine Beziehung zu diesen(m) Menschen aus?
- ▸ Wer wird mich folglich unterstützen?
- ▸ Und wer wird sich mir in den Weg stellen?
- ▸ Lohnt sich die Entscheidung unterm Strich?
- ▸ Wenn ja: Wann und wie handle ich?
- ▸ Wenn nein: Wie verändere ich die Entscheidung? Oder wie entscheide ich mich dagegen?

Eine solche Reflexion sorgt einerseits dafür, dass Ihre unbewussten Bedenken Sie nicht länger am Handeln hindern – und andererseits, dass Sie nicht durch die rosarote Brille schauen, um dann grandios zu scheitern. Wer beherzt entscheiden will, muss nicht nur wissen, was er tut – sondern auch, was das, was er tut, mit ihm tut.

Aber warum sollen Sie die Auswirkungen auf andere berücksichtigen? Aus einem einfachen Grund: Jeder Widerstand, den

Sie einkalkulieren, ist überwindbar. Anders verhält es sich mit unbemerkten Bremsklötzen. Zum Beispiel habe ich einen Geschäftsführer (58) beraten, der finanziell ausgesorgt und eigentlich keine Lust mehr auf die tägliche Büroarbeit hatte. Aber aus rätselhaften Gründen brachte er es nicht fertig, seine Vorsätze umzusetzen: mehr Arbeit zu delegieren und sich allmählich aus dem Tagesgeschäft zurückzuziehen. Eine heimliche Macht schien ihn jeden Morgen um 7.30 Uhr ins Büro zu ziehen.

Ein Licht ging mir auf, als er von der Beziehung zu seiner Frau erzählte: »Wir haben uns nicht mehr viel zu sagen. Manchmal bin ich froh, wenn ich unterwegs sein kann.« Eigentlich verließ er das Haus morgens nicht, um zur Arbeit zu gehen, sondern um vor der Sprachlosigkeit in seiner Beziehung zu fliehen. Hätte er seine Arbeit aufgegeben (wie gewünscht), wäre er zu einer Inspektion seiner Beziehung gezwungen gewesen (wie unerwünscht) – ein heimlicher Appetenz-Aversions-Konflikt, der ihn vom Handeln abhielt. Erst als er diesen Zusammenhang erkannt hatte, war er in der Lage, das Problem an der Wurzel zu behandeln und sich damit entscheidungsfähig zu machen.

DER KLEINE NEUDENKER

Der Drachentöter sollte, ehe er zusticht, die Folge bedenken: Er macht sich arbeitslos. Ein Erfolg ist nur dann ein Erfolg, wenn die unerwünschten Nebenwirkungen einkalkuliert waren und akzeptabel sind.

Ein Manager steht im Walde

Henry Steiger (44) war ein Mann, der einfach nicht stillsitzen konnte. Sein Körper wippte in der Beratung hin und her, als zögen unsichtbare Kräfte an ihm. Seine Sätze stieß er im Tempo eines Maschinengewehrs hervor. Und jedes Mal, wenn ich ihn verabschiedete, sorgte er in der Fußgängerzone für Chaos: Mit Riesenschritten eilte er davon, schaute dabei aber nicht auf den Weg, nur auf das Display seines Handys.

Als Manager leitete er ein großes Callcenter, und diese Aufgabe hatte ihn verändert. Mehrfach hatte er sich am heimischen Telefon mit dem Namen der Firma gemeldet. Mehrfach war er nachts aus dem Bett gesprungen, um noch mal rasch zur Arbeit zu fahren. Und seinen Familienurlaub verbrachte er vorwiegend am Handy, um in der Firma »nichts anbrennen zu lassen« (wie er sagte).

Die knappe Zeit neben der Arbeit widmete er seinen Aktiengeschäften. Jeden Tag schloss er Wetten darauf ab, welche Kurse in den nächsten 24 Stunden steigen oder fallen würden. Im Minutentakt schaute er nach, ob sein Depot gerade Gewinn oder Verlust machte.

In einen Golfklub war er eingetreten, »weil ich dort die richtigen Kontakte knüpfen kann«. Seinen verhassten Geschäftsführer lud er regelmäßig nach Hause ein, »weil er der Key Account für meine Karriere ist«. Sein großes Auto parkte er gerne vor seiner Garage, »um den Nachbarn zu zeigen, dass wir in einer Liga spielen«. Und seine kleine Tochter hatte er so lange in Klavierstunden kommandiert, bis sie Gäste mit Beethoven unterhalten konnte.

Alarmiert hatte ihn eine Aussage seiner Frau: »Ich habe das Gefühl, ich bin mit einem Schauspieler verheiratet.«

»Wie meist du das?«, hatte er nachgefragt.

»Du bist nicht mehr der Mann, den ich einmal gekannt habe. Früher hattest du Hobbys, bist zweimal pro Woche zum Tischtennis gegangen und oft ins Kino – heute lebst du nur noch für die Arbeit. Früher waren dir Geld und Status egal, du hast in einer WG gewohnt und hattest das älteste Fahrrad – heute hängt deine Laune nur noch vom Stand deines Depots ab. Du steckst unser ganzes Geld in das Haus, die Einrichtung, das Auto, die Anzüge ...«

Irritiert fragte Henry Steiger zurück: »Aber was ist verkehrt daran? Ich sorge dafür, dass es uns gut geht.«

Sie schüttelte den Kopf: »Du sorgst nicht dafür, dass es uns gut geht – du sorgst dafür, dass andere es meinen. Wie lange hatten wir es schon nicht mehr schön miteinander?«

Etliches sprach dafür, dass Steiger ein »Fassadenbauer« war: Im Internet bestellte er sich Zusammenfassungen aktueller Wirtschaftsbücher, um sich bei der Arbeit mit ihrer kompletten Lektüre zu schmücken. Seine Maßanzüge zog er – früher Jeans-Träger – nicht mal mehr nach dem Abendessen aus, um vor unerwarteten Besuchern eine gute Figur zu machen. Und wenn er anderen von seiner Tochter erzählte, prahlte er mit ihren Noten, ihrem Klavierspiel, ihrem vermeintlichen Genie – während er sonst kaum Zeit mit ihr verbrachte.

Ich fragte Henry Steiger: »Angenommen, Sie wären noch einmal Student und könnten sich selbst über die Schulter schauen – wie zufrieden mit Ihrem Leben wären Sie?«

»Sehr zufrieden!«, sagte er schnell, »das Haus, das Auto, die Karriere, die finanziellen Möglichkeiten – das hätte ich nie zu träumen gewagt!«

»Materiell ist alles im Lot«, sagte ich und sah ihn durchdringend an: »Aber wovon haben Sie als Student wirklich geträumt?«

Er zuckte mit den Schultern. Ich bat ihn, die Augen zu schließen und seine Gedanken in die Vergangenheit treiben zu lassen. Nach einer halben Minute blickte er wieder auf und sagte: »Ich wollte immer mein Ding machen. Mit dem Rucksack durch Australien reisen, auf ein Springsteen-Konzert in den USA gehen, lange Spaziergänge an der Küste genießen. Ich wollte mich für Greenpeace engagieren und die Welt verbessern. Ich habe davon geträumt, mit meiner Frau eine große Familie zu gründen und vielleicht auf einem Bauernhof zu wohnen. Außerdem wollte ich meine alten Freunde ein Leben lang behalten …«

Und was davon hatte er verwirklicht? Er war nicht in Australien gewesen, hörte keine Konzerte in den USA, ging nicht an der Küste spazieren und wohnte nicht auf dem Bauernhof. Kein Engagement bei Greenpeace, nur im Lions-Club. Keine große Familie, nur ein Kind. Keine Kontakte zu alten Freunden, nur zu alten Geschäftspartnern.

Seine Träume waren geplatzt wie ungedeckte Schecks. Sein Hobby, sein Haus, seine Kleidung, sein Umgang, seine Geldanlage – all das entsprach dem Klischee eines Managers, aber nicht seinen eigenen Wünschen. Nicht er lebte sein Leben, sein Leben lebte ihn. All das Geld hatte ihn nicht reich gemacht, all der Erfolg nicht wirklich zufrieden.

Vielen modernen Menschen geht es wie Henry Steiger: Das Leben verformt sie so sehr, dass sie den, als der sie einst geboren wurden, nicht wiedererkennen. Aus dem Spiegel schaut sie, verbogen und verlogen, ein sogenanntes Ich an.

Was können Sie tun, um Ihr eigenes Leben festzuhalten? Widerstehen Sie dem Lockruf fremder Erwartungen. Gehen Sie Ihren eigenen Weg, auch gegen Widerstand. Darin, dass Sie von der Hauptstraße abweichen, wittern die anderen eine Kritik an sich und ihrem Lebensmodell. Und weil sie zu feige sind, ihr eigenes Leben infrage zu stellen, projizieren sie ihre Zweifel auf Sie:

▶ Wenn Sie beschließen, fortan nur noch vier Stunden pro Tag zu arbeiten, werden gerade die heißen Burnout-Kandidaten als ihre schärfsten Kritiker auftreten: »Als Halbtagskraft wirst du nicht mehr für voll, sondern nur noch für halb genommen«, spotten sie.

▶ Wenn Sie sich weigern, bei Facebook die Bilder Ihres frisch geborenen Kindes zur Schau zu stellen, werden Ihnen die am Computer festgewachsenen Internet-Junkies zurufen: »Du hast dich wohl im Jahrhundert geirrt – sei doch nicht so altmodisch!«

▶ Und wenn Sie sich dafür entscheiden, Ihr Auto zu verkaufen und nur noch Fahrrad zu fahren, werden Ihnen die Autonarren in schrecklichen Farben ausmalen, wie Sie Ihren gesellschaftlichen Rang verlieren und bei der Fahrt zur Arbeit grundsätzlich in den Platzregen geraten.

Wer mit dem Virus der Anpassung infiziert ist, den erinnert der Anblick eines freien Menschen an seine eigenen Ketten! Aber wie schaffen Sie es, trotz der Bremsrufe Ihren Weg zu gehen? Gewinnen Sie Abstand zur Außenwelt und Nähe zu sich selbst. Ziehen Sie sich immer wieder in die Natur zurück. Zum Beispiel können Sie im Wald spazieren gehen, ohne Handy und ohne Ablenkung. Oder Sie buchen einen Urlaub in einem idyllischen Kloster. Oder Sie wandern auf dem Jakobsweg. Wichtig ist, dass Sie ganz zu sich kommen und das Flüstern Ihrer inneren Stimme laut genug vernehmen.

Welche Erkenntnisse kommen Ihnen, wenn Sie aus einem stillen Wald auf die Hektik Ihres Alltags blicken? Wie glücklich sind Sie mit Ihrem Leben, wenn Sie einmal alle äußere Anerkennung – Ruhm, Geld, Eigentum – abziehen? Was bleibt von Ihrem Leben wirklich übrig? Und welche Sehnsüchte, die im Alltag schweigen, melden sich hier in der Stille zu Wort?

Wenn Sie aus diesem Abstand ein Drehbuch für Ihr ideales Leben schreiben könnten: Was liefe dann anders? Wie sähe die Kulisse Ihres Lebens aus? Womit würden Sie Ihre Zeit verbringen? Wen würden Sie auf Ihrer Lebensbühne weiter nach vorne rücken, wen hinter den Vorhang stoßen? Welche Rollen würden Sie gerne aufnehmen? Und welche ablegen, weil sie nicht zu Ihnen passen?

In einer Stadt, wo alles künstlich ist, die Häuser, die Autos, das Lächeln der Menschen, ist es ein Leichtes, sich selbst zu belügen. Aber nicht in einem Wald, wo jeder Baum tief in der Erde wurzelt, wo jede Pflanze ihren Zweck in einem ökologischen Gefüge erfüllt. Hier, in dieser vollkommenen Stimmigkeit, klingen die Missklänge Ihres eigenen Lebens deutlicher – und Sie bekommen die Chance, diese zu korrigieren.

Henry Steiger schaute verwirrt, als ich ihm »Walden« von Henry David Thoreau als Lektüre empfahl, den Klassiker zur Selbstsuche in der Natur.[97] Fürs nächste Coaching bestellte ich ihn auf einen Waldparkplatz. Von dort liefen wir plaudernd los, begleitet von Vogelgezwitscher. Schritt für Schritt merkte ich, wie die Hektik von ihm abfiel. Die Ruhe der Natur schien sich auf ihn zu übertragen. Er ging immer langsamer, wippte nicht mehr hin und her und drosselte sein Sprechtempo.

Offenbar machte es ihm der räumliche und seelische Abstand leichter, eine ehrliche Bilanz zu ziehen. Nach einigen Spaziergängen räumte er ein, dass er seine Ideale verraten, seine Ehe gefährdet, seine Stimmigkeit verloren hatte. Unbemerkt war er sich selbst fremd geworden, eine Marionette vermeintlicher Erwartungen.

Nun dachte er darüber nach, seine Mitgliedschaft im Golfklub zu kündigen, sein Vermögen in Festgeld anzulegen, den alten Kontakt zu seinen Freunden aufzufrischen und eine gemeinsame Rucksacktour mit Frau und Tochter durch Australien zu unternehmen. Und wäre es auf mittlere Sicht nicht eine gute Idee, seine Manager-Fähigkeiten einer Non-Profit-Organisation wie Greenpeace anzubieten? Er nahm sich vor, seine Fühler in diese Richtung auszustrecken – zumal er keine Lust mehr hatte, sich bei seinem ungeliebten Geschäftsführer anzubiedern. Erst im Wald sah er vor lauter Bäumen sein eigenes Leben wieder.

Als ich Henry Steiger am Wanderparkplatz verabschiedete, schaute er noch eine ganze Weile in die Landschaft, ehe er in sein Auto stieg. Langsam rollte er davon. Sein Handy hatte er dabei nicht angerührt.

DER KLEINE NEUDENKER

Wer tausend Träume verwirklicht, hat noch nichts erreicht – wenn es fremde Träume sind. Wer einen Traum verwirklicht, hat alles erreicht – wenn es sein eigener Traum ist.

DIE SELBSTCOACHING-ÜBUNG

Erkennen Sie innere Konflikte!

Von welchem Ihrer wichtigen Ziele könnten Sie sagen: »Eigentlich will ich es konsequenter verfolgen!«? Ganz egal, ob Sie das Rauchen aufgeben, mehr Gelassenheit entwickeln oder Ihren Arbeitsplatz wechseln wollen. Schreiben Sie dieses Ziel in kurzen Worten auf. Mein Ziel:

_____

_____

_____

_____

Notieren Sie zusätzlich, seit welchem Jahr (oder Datum) Sie das Ziel schon verfolgen:

_____

Und nun stellen Sie sich bitte folgende Fragen:

► Wie lange bräuchte oder wie weit wäre jemand, der dieses Ziel *wirklich* erreichen *will?*

184

▶ Wie sehr will ich es auf einer Skala von eins (für gar nicht) bis zehn (für sehr)?

▶ Warum will ich es nicht noch intensiver?

▶ Was müsste ich an meiner Haltung oder am Ziel verändern, um meinen Antrieb zu verstärken?

Führen Sie nun bitte folgenden Satz zu Ende: »Ich hätte mein Ziel schon erreicht, wenn ich sicher wäre, dass ich *nicht* …

▶ … erstens:

_____

▶ … zweitens:

_____

▶ … drittens:

_____«

Analysieren Sie, welchen heimlichen Nutzen Ihnen das Zögern bietet. Wer zum Beispiel handeln würde, wenn er sicher wäre, nicht zu scheitern, schützt sich vor möglichen Enttäuschungen. Suchen Sie nach Wegen, diese Hindernisse zu verkleinern, etwa durch realistische Etappenziele oder neue Glaubenssätze. Ein Scheitern ließe sich auch als wertvolle Erfahrung für einen zweiten Anlauf werten.

9 Wunsch-Konzert:

Was Ihre Sehnsüchte Ihnen flüstern

In diesem Kapitel erfahren Sie …

- ▶ warum es nie darauf ankommt, was Sie gerade haben, aber immer, wer Sie gerade sind,

- ▶ wie die Logotherapie Sie dabei unterstützen kann, Ihr Leben mit Sinn zu füllen,

- ▶ warum Wissenschaftler Ihnen raten, öfter auf Ihre Intuition zu hören

- ▶ und wie die Mafia Ihnen helfen kann, Ihre Herzenswünsche zu entdecken.

Warum ein zweiter Blick auf Ihre Wünsche lohnt

Warum bleiben so viele Sehnsüchte unerfüllt? Weil sie hinter banalen Tageswünschen verschwinden. Die Verlockungen des Alltags haben eine starke Lobby, sie trommeln mit der Werbung auf unsere Ohren ein, spazieren in Gestalt unserer Nachbarn vorbei, sind so lange präsent, bis wir sie mit unseren wahren Sehnsüchten verwechseln.

Wir wollen *haben,* was wir kriegen oder auch nicht kriegen können: das neueste Designer-Kleid, ein großes Auto, eine Villa im Grünen, einen Traumjob und das neueste Smartphone. Und jeder Tropfen Energie, den wir an solche Wünsche verschwenden, fehlt auf dem Weg zu unseren Sehnsüchten – wir verlieren sie aus den Augen.

Aber wie können Sie Herzenswünsche von Tageswünschen unterscheiden? Indem Sie zwei Rubriken eröffnen, die der Psychoanalytiker Erich Fromm eingeführt hat: das Haben und das Sein. »In der Existenzweise des Habens ist die Beziehung zur Welt die des Besitzergreifens und Besitzens, eine Beziehung, in der ich jedermann und alles, mich selbst mit eingeschlossen, zu meinem Besitz machen will«, schreibt Fromm.[98]

Ein großes Auto können Sie *haben,* aber nicht sein. Ein Designer-Kleid können Sie *haben,* aber nicht sein. Eine Chefposition können Sie *haben,* aber nicht sein. Die Haltung des Habens betrachtet das Glück als einen Besitzgegenstand, den Sie erwerben und zum Beispiel in eine Garage stellen können. Aber wer dann im schicken Mercedes sitzt, wird bald von der Sehnsucht nach einem noch schickeren Jaguar gepackt. Und wie soll jemand, der eine Meinung *hat,* offen in eine Diskussion mit einem Menschen gehen, der ebenfalls eine Meinung *hat.* Jeder fürchtet sich, etwas an den anderen zu verlieren. Ein offener und lebendiger Dialog würde eine Selbstdefinition voraussetzen, die sich an Werten orientiert, statt an einer Position.

Haben-Wünsche hängen von der Außenwelt ab und schüren Verlustängste. Was zu haben ist, ist auch zu verlieren. Autos können geklaut oder zu Schrott gefahren, Arbeitsverhältnisse gekündigt werden, und der schönste Körper zerfällt eines Tages. Und Haben-Wünsche machen Menschen zu Konkurrenten: Nur einer kann den obersten Chefsessel in einer Firma *haben.* Oder das Gemälde, das gerade versteigert wird.

Wer das Ersehnte endlich hat, fürchtet sofort, es wieder zu verlieren. Und ihn beschleicht das schale Gefühl, dass er seinen Wunsch befriedigt, aber nicht wirklich erfüllt hat – eine emotionale Onanie, deren Wirkung schnell verpufft. Im dicken Auto sitzt dann ein dünnes Ego. Und die Reichtümer gehören einer armen Wurst.

Es kommt nicht darauf an, was Sie haben – es kommt darauf an, was Sie sind! Ein Mensch kann schön *sein,* ohne den gängigen Normen zu entsprechen, schön *mit* Falten im Gesicht und 95 Kerzen auf der Geburtstagstorte. Ein Mensch kann reich *sein,* ohne ein volles Bankkonto zu besitzen, reich an Energie oder Fantasie, reich an Glück oder Liebe. Jedes Sein kommt von innen heraus, es ist keine Leihgabe des Schicksals, wie Gegenstände des Habens – es ist Teil Ihrer Persönlichkeit. Wer selbst Quelle ist, muss nie ums Wasser bangen.

Nun könnten Sie einwenden: Aber ist es denn verwerflich, dass ich ein großes Haus *haben* möchte? Dass ich das Geld für eine Weltreise *haben* will, ein elegantes Kleid oder eine gut bezahlte Position? Nein, verwerflich ist das nicht. Nur sollten Sie Ihre Tageswünsche unter die Lupe nehmen, um sie im größeren Zusammenhang zu sehen.

Die meisten Wünsche sind wie eiförmige, geschachtelte Matrjoschka-Puppen aus Russland – wenn Sie die oberste öffnen, kommt eine weitere zum Vorschein. Und noch eine. Und noch eine. Das geht so lange, bis Sie zum Kern Ihrer Sehnsüchte vorgedrungen sind. Für Wünsche gilt, was der Forscher Alexander von Humboldt über Naturgesetze schrieb: »Jedes (...), das sich dem Beobachter offenbart, lässt auf ein höheres, noch unerkanntes schließen.«

Stellen Sie sich vor, Sie sind auf dem Weg zum Flughafen später dran, Ihr Urlaubsflieger geht in 45 Minuten. Und Sie wissen: Das Parkdeck ist um diese Zeit fast immer voll! Schweißperlen kullern über Ihre Stirn, Ihr Puls trommelt. Was wünschen Sie jetzt am sehnlichsten? Einen Parkplatz! In Wirklichkeit geht es Ihnen aber nicht um den Parkplatz (weg mit der ersten Puppenhülle!), sondern darum, den Flieger zu bekommen. Aber in Wirklichkeit geht es Ihnen auch nicht um den Flieger (weg mit der zweiten Puppenhülle!), sondern um den ersehnten Urlaub. Aber in Wirklichkeit geht es Ihnen auch nicht um den Urlaub (weg mit der dritten Puppenhülle!), sondern um Ihre tiefe Sehnsucht, autonom über Ihr Leben zu bestimmen und Zwänge abzuschütteln. Endlich, in der letzten Puppe, haben Sie die wahre Sehnsucht entdeckt – die sich auf unterschiedlichen Wegen stillen lässt.

Es geht nicht darum, ein Designer-Kleid zu *haben,* sondern mit dem eigenen Aussehen im Reinen zu *sein.* Und wer die Villa anstrebt, sucht in Wirklichkeit nach einem Zuhause oder nach Anerkennung. Doch der Angepasste gibt sich mit der obersten Puppenhülle zufrieden, statt tiefer zu dringen.

Nehmen Sie Ihre Wünsche genau unter die Lupe: Was wollen Sie unbedingt *haben*? Kann es sein, dass viele andere Menschen exakt nach dem Gleichen streben? Handelt es sich um einen Massenwunsch, der nicht aus Ihnen heraus, sondern in Sie hineingekommen ist? Und ist es möglich, dass Ihr Wunsch, sobald er erfüllt wäre, neue Begierden nach sich zieht? Dass Ihr Erfolg andere zu Verlierern macht? Oder dass die Furcht, die Sie vor dem Verlust des Erlangten hätten, Ihre Freude am Besitz aufwiegt?

Dann handelt es sich um Wünsche, die aufs Haben zielen. Es gibt eine Methode, wie Sie Ihren Sehnsüchten auf die Spur kommen. Schreiben Sie Ihre Wünsche ungefiltert auf, auch die banalen. Und dann stellen Sie mehrfach die Frage: Was wäre gewährleistet, wenn sich der Wunsch erfüllt? Zum Beispiel lief der Dialog einer unfreiwilligen Single-Frau so ab:

Mein Wunsch:
»Ich wünsche mir endlich einen Partner!«

Wenn ich einen Partner hätte, dann wäre gewährleistet:
»Ich könnte mit meinen Freundinnen, die alle in Beziehungen leben, wieder mithalten!«

Wenn ich mit meinen Freundinnen mithalten könnte, wäre gewährleistet:
»Ich würde mehr Anerkennung bekommen – vom Partner und auch für den Partner.«

Wenn ich mehr Anerkennung bekäme, wäre gewährleistet:
»Ich würde wieder richtig dazugehören.«

Wenn ich wieder richtig dazugehörte, wäre gewährleistet:
»Ich würde mich sicherer und geborgener fühlen – wäre mehr mit mir im Reinen.«

Typisch an diesem Dialog: In der obersten Matrjoschka stecken Gedanken an Äußerlichkeiten. Wie denken die anderen über mich, weil ich keinen Partner habe? Doch in den tieferen Puppenschichten führt die Fährte zum Kern der Existenz, zu Sicherheit und Geborgenheit, zu einem stimmigen Leben. Dabei kann eine Partnerschaft hilfreich, aber keine pauschale (Er-)Lösung sein.

Einen Partner können Sie *haben,* aber das Gefühl, geborgen zu *sein,* wird immer aus Ihnen herauskommen. Erst das Bewusstsein, dass Sie selbst die Quelle sind, macht Sie unabhängig – und lenkt Ihre Sehnsucht vom Haben aufs Sein.

DER KLEINE NEUDENKER

Eine Frau kam zum Weisen und sagte: »Ich suche nach einem Partner!«
»Nein«, sagte der Weise und lächelte, »du suchst einen, der die Liebe in dir weckt.«

Das Lebensglas mit Sinn füllen

Der Scheinwerfer bohrt ein Loch in die ausklingende Winternacht und trifft eine Gruppe Häftlinge. Eine Stimme brüllt: »Im Gleichschritt – marsch!« In Fünferreihen marschieren die Gefangenen zum Arbeitseinsatz, erst durch meterlange Pfützen, dann durch Eis und Schnee. Eisiger Wind pfeift ihnen um die Ohren. Wer einen Schritt zur Seite taumelt, bekommt einen Gewehrkolben ins Genick geschlagen.

Da sagt ein Häftling zu Viktor, der neben ihm läuft: »Du – wenn unsere Frauen uns jetzt sähen …« Und während Viktor weitergeht, während er kilometerweit durch den Schnee watet, auf dem Eis ausgleitet und sich wieder hochrappelt, ist er auf einmal glücklich; denn er führt ein inneres Gespräch mit seiner Frau: »Ich höre sie antworten, ich sehe sie lächeln (…) Ihr Blick leuchtet jetzt mehr als die Sonne, die soeben aufgeht.« Und ihm kommt die Erkenntnis, dass ein Mensch, »wenn ihm nichts mehr bleibt auf dieser Welt, selig werden kann« – wenn er sich hingibt »an das Bild des geliebten Menschen«. Er ist Gefangener, aber sein Geist ist frei: »Ich frage – sie antwortet; sie fragt – ich antworte.«[99]

Der Psychologe Viktor Frankl, Überlebender mehrerer Konzentrationslager, hat in der Nachbarschaft des Todes wertvolle Erkenntnisse fürs Leben gewonnen und sie durch seine Logotherapie verbreitet. Danach besteht unser Sein aus drei Dimensionen: einer leiblichen, einer psychischen und einer geistigen. Leib und Psyche sind eng miteinander verknüpft und leicht durch Reiz und Reaktion zu steuern.[100] Zum Beispiel ist der Durst ein leibliches Bedürfnis, aber wenn wir trinken, stellt sich ebenfalls ein

192

psychisches Wohlgefühl ein – unabhängig davon, ob wir unsere Gesundheit mit selbst gepresstem Orangensaft fördern oder uns mit Whiskey zu Tode saufen.

Der Geist, so Viktor Frankl, kann sich über diese leiblich-seelische Begrenztheit erheben. Denn unser Verstand vollbringt ein Wunder, zu dem kein Tier fähig ist: Wir können uns selbst aus der Distanz betrachten. Während Sie sich in einer Situation befinden, etwa Ihren Durst stillen, können Sie wie von einer Tribüne auf sich blicken und sich fragen: »Gefällt mir das, was ich da tue? Verhalte ich mich so, wie ich es mir wünsche?«

»Wer andere kennt, ist klug. Wer sich selbst kennt, ist weise«, schrieb Laotse. Eine solche Selbsttranszendenz befreit uns aus den Fesseln der Reiz-Reaktions-Muster und verleiht uns die Verantwortung für unser Tun. Zwar können wir nicht alle Lebensumstände bestimmen, aber wie wir mit ihnen umgehen. Unsere Aufgabe besteht laut Frankl darin, dem eigenen Leben einen Sinn zu geben, seine Herausforderungen anzunehmen, uns keinem Diktat zu unterwerfen. Innere Freiheit löst von äußeren Zwängen.

Frankl selbst hat die Hölle der Konzentrationslager nicht nur durch Glück überlebt, sondern auch, indem er an seine geliebte Frau dachte und sich sein künftiges Leben in allen Farben ausmalte: »Plötzlich sehe ich mich selber in einem hell erleuchteten, schönen und warmen, großen Vortragssaal am Rednerpult stehen, vor mir ein interessiert lauschendes Publikum in gemütlichen Polstersitzen – und ich (...) halte einen Vortrag über die Psychologie des Konzentrationslagers!«[101]

Wie glücklich Sie im Leben werden, hängt im hohen Maße davon ab, welchen Sinn Sie Ihrem Leben geben und welchen Werten Sie folgen. Nur eine Methode macht Sie stark genug, vermeintlichen Zwängen mit einem Nein zu trotzen: Sie müssen Ja zu etwas noch Größerem sagen, Ja zu Ihren Werten und Visionen. Ein solches Ja macht Sie stark, falschen Verlockungen zu widerstehen und wahren Sehnsüchten zu folgen. Viktor Frankl konnte Nein zur Unterdrückung sagen, weil es ihm gelang, (trotzdem) Ja zum Leben zu sagen – nach diesem Motto hat er sein bekanntestes Buch benannt.

Wozu sagen Sie Ja im Leben? Wofür schlägt Ihr Herz? An welchen Menschen, an welche Erlebnisse müssen Sie denken, um sogar in dunklen Stunden noch Licht zu sehen? Und was verleiht Ihnen Kraft, auch bei heftigem Gegenwind Kurs zu halten?

Die Spur zu Ihren Werten finden Sie, indem Sie an Situationen denken, in denen diese Werte verwirklicht waren – Situationen, in denen Sie erfüllt, versunken und vollkommen lebendig waren. Welche Ereignisse fallen Ihnen ein? Machen Sie sich Notizen, lassen Sie fünf Situationen vor Ihrem inneren Auge lebendig werden. Denken Sie dabei über die wichtigsten Felder Ihres Lebens nach: die Familie, die Arbeit, die Liebe, die Hobbys, die Gesundheit, die Finanzen.

Zum Beispiel erinnerte sich meine Klientin Marion Jasper (29), eine Anwältin, wie sie als Trainerin beim Übungsspiel ihrer C-Jugend-Handballmädchen mitmachte: »Je länger das Spiel dauerte, desto mehr vergaß ich, dass ich eine Erwachsene war. Ich rief nach dem Ball, ich kreischte über Tore, jubelte, tanzte – ich war eines von den Mädchen. Der Handball war der Globus, alles drehte sich um ihn. Ich war ganz im Augenblick und schreckte richtig hoch, als die ersten Eltern in der Halle standen: Wir hatten das Ende des Trainings verpasst.«

Sammeln Sie fünf solcher Erlebnisse (mit Stichwörtern), in denen Sie vollkommen lebendig waren:

194

Erlebnis 1: _____

Erlebnis 2: _____

Erlebnis 3: _____

Erlebnis 4: _____

Erlebnis 5: _____

Und nun stellen Sie sich die Frage: Welche Werte konnte ich in diesen Momenten verwirklichen? So notierte Marion Jasper für das Handball-Erlebnis: »Spontaneität, Sportlichkeit, Teamgeist, Wildheit, Ungezwungenheit, Bewegung, Begeisterungsfähigkeit, Siegeswillen, Freiheitsliebe, Konzentration, Familiensinn, Kindlichkeit, Loslassen, Zusammengehörigkeitsgefühl, Eigenverantwortung.«

Schreiben Sie alle Werte auf, die Ihnen einfallen, für jedes Erlebnis gesondert:

Werte, Erlebnis 1: _____

Werte, Erlebnis 2: _____

Werte, Erlebnis 3: _____

Werte, Erlebnis 4: _____

Werte, Erlebnis 5: _____

Und nun nehmen Sie einen Rotstift, und streichen Sie so lange Begriffe durch, bis nur noch die drei wichtigsten Werte Ihres Lebens stehen bleiben. Diesen Fixsternen können Sie bei jeder Entscheidung folgen.

Bei Marion Jasper blieben stehen: »Familiensinn, Begeisterungsfähigkeit, Freiheitsliebe.« Diese Werte kamen mehrfach vor, auch in ihren glücklichsten Momenten bei der Arbeit. So erinnerte sie sich an ein Projekt bei einem Kunden in Süddeutschland, für das sie mit einer Kollegin zwei Wochen vor Ort perfekt als Duo harmonierte (»Familien-/Gemeinschaftssinn«), regelmäßig die Zeit vergaß (»Begeisterungsfähigkeit«) und fern der Hauptniederlassung keinem direkten Vorgesetzten unterworfen war (»Freiheitsliebe und Eigenverantwortung«).

Seit längerer Zeit grübelte Marion Jasper über zwei Fragen: Sollte sie sich als Anwältin selbstständig machen? Und wollte sie eigene Kinder haben? Nachdem sie die wichtigsten Werte in ihrem Leben kannte, sah sie klarer. In einer Selbstständigkeit würde sie Eigenverantwortung übernehmen und ihre Freiheitsliebe und ihre Begeisterungsfähigkeit ausleben können. Nur eines hatte sie bislang (heimlich) gebremst: ihre Sorge, als Einzelkämpferin unglücklich zu werden. Wollte sie wirklich als Solistin agieren, obwohl ihr Gemeinschaftssinn so ausgeprägt war? Als ihr die Bedeutung dieses Wertes bewusst geworden war, beschloss sie, eine Freundin ins Boot zu holen und eine Gemeinschaftskanzlei zu gründen.

Ebenso wurde ihr klar, wie sehr eigene Kinder sie beglücken würden – damit konnte sie ihren Familiensinn verwirklichen, Eigenverantwortung übernehmen und sich für die Kinder und mit ihnen begeistern (wie einst mit ihren jungen Handballerinnen). Nur beschloss sie, sich hier noch zwei, drei Jahre Zeit zu geben – zunächst wollte sie verantwortungsvoll in ihre Selbstständigkeit starten.

196

DER KLEINE NEUDENKER

Ein Zug entgleist, wenn die Schienen verschüttet sind.
Ein Leben entgleist, wenn die Werte verschüttet sind.

Weg mit Algebra – her mit Intuition!

Was sollte Harry bloß tun? Sein Kopf platzte fast vor lauter Grübeln, die Frage aller Fragen lautete: Welche meiner beiden Freundinnen ist die richtige? Mal zog es ihn zu der einen, mal zu der anderen; er kam einfach zu keiner Entscheidung. Beide zogen ihn an, beide waren charmant, beide ließen sein Herz höher schlagen. Und doch wollte er raus aus dieser Dreiecksbeziehung, raus aus seiner Unentschiedenheit.

Und so wandte er sich an einen Ratgeber, der über jeden Zweifel erhaben war: Benjamin Franklin, den legendären amerikanischen Staatsmann. Hatte der nicht eine berühmte Entscheidungsmathematik erfunden, die »moralische Algebra«? Harry lief zum Regal, blätterte nach und bekam von Franklin folgende Anweisung: Er sollte zwei Spalten auf einem Blatt Papier bilden, pro und contra, und jeweils alle Gründe für beide Möglichkeiten notieren. »Und wenn du alle Gleichwertigkeiten auf beiden Seiten gestrichen hast, kannst du sehen, wo noch ein Rest bleibt.«

Mit der Akribie eines Buchhalters legte Harry zwei Listen an, erfasste Vor- und Nachteile und wog die Ergebnisse ab. Und siehe da, die Waage der Logik neigte sich zu einer der Freundinnen. Endlich Klarheit! Harry hätte sich freuen müssen – aber er zuckte zusammen, denn er spürte: Es war die falsche Frau! Der

Verstand hatte ihn in die Irre geführt, sein Herz hingegen den für ihn richtigen Weg gekannt.[102]

Diese wahre Geschichte, die der Psychologe Gerd Gigerenzer in seinem Buch »Bauchentscheidungen« erzählt, weist auf die Macht der Intuition hin: Wann immer Sie gegen Ihr Herz entscheiden, wann immer Sie Ihre Werte brechen, wann immer Sie sich mit zweifelhaften Menschen einlassen – Ihre Intuition merkt es! Wie eine Alarmanlage schlägt sie an, um den Einbruch in Ihr Wertesystem zu verhindern. Nur erzeugt die Intuition keinen Höllenlärm wie eine Sirene, sondern ein leises Warngeräusch, das in der Hektik des Alltags schnell von Rationalisierungen überdröhnt wird.

Wir sind Meister darin, unsere Intuition zu überhören und die Wirklichkeit mit dem Verstand so zurechtzubiegen, wie wir sie gerne hätten. Der Preis dafür ist hoch, denn falsche Entscheidungen werfen uns aus der Bahn unserer Sehnsüchte und drängen uns ins Unglück ab.

Gehen Sie die Fehlentscheidungen Ihres Lebens einmal durch. Wann sind Sie so richtig auf den Bauch gefallen? Wann haben Sie gegen Ihre Werte und Sehnsüchte gehandelt? Wann sich mit den falschen Menschen eingelassen? Welche Entscheidung haben Sie später bitter bereut?

Nehmen Sie Bruchlandungen mit Menschen. Gab es einen Freund oder Partner, bei dem sich später herausstellte, dass er es schlecht mit Ihnen meinte? Einen Liebespartner, der fremdging? Einen Freund, der Sie kleinmachte oder für seine Zwecke benutzte? Eine vermeintlich gute Kollegin, die hinter Ihrem Rücken über Sie lästerte?

Rufen Sie sich das Bild dieses Menschen vor Ihr inneres Auge. Und nun fragen Sie sich:

198

▶ Welches war mein allererster Eindruck von ihm?

▶ Welche leisen Zweifel regten sich schon früh?

▶ Welches Unbehagen wuchs mit der Zeit?

▶ Welche kleinen Beobachtungen haben mich misstrauisch gemacht?

▶ Und wie oft war die Alarmanlage meiner Intuition schon angesprungen, bis ich endlich Konsequenzen zog?

▶ Welcher Schaden hätte sich verhindern lassen, wenn ich meiner Intuition früher gefolgt wäre?

Wer seine Intuition überhört, gerät auf Abwege, auch in der Arbeitswelt. Viele Menschen sitzen in ihren Firmen wie in Käfigen. Weil die Aufgabe nicht zu ihnen passt. Weil der Chef eine emotionale Blindschleiche ist. Weil sie ihre Werte verraten. Ihre Frage in der Beratung lautet dann: »Wie komme ich raus aus diesem Irrenhaus?« Doch ich frage zurück: »Wie sind Sie eigentlich reingekommen?« Denn erst, wenn einer die Ursache seines Problems erkennt, kann er sie beim nächsten Anlauf ausschalten – und seinen Sehnsüchten folgen.

Viele Geschichten klingen wie das Erlebnis des Sachbearbeiters Jürgen Wenders (24), der bei einer privaten Bahngesellschaft anheuerte: »Schon im Vorstellungsgespräch beschlich mich so ein merkwürdiges Gefühl! Die Chefin hatte mich 15 Minuten auf dem Flur warten lassen. Ich habe mir gesagt: ›Kann ja mal passieren, dass ein anderes Gespräch länger dauert!‹ Dann war mir aufgefallen, dass über die Flure nur traurige Gestalten liefen, Typen mit hängenden Köpfen. Aber das musste ja nichts mit der Firma zu tun haben! Und schließlich hatte die Chefin im Vorstellungsgespräch den intensiven Blickkontakt gesucht – aber nicht mit mir, sondern mit dem Lebenslauf vor ihr auf dem

Tisch. Offenbar hatte sie ihn vor dem Gespräch nicht mal überflogen. Ich ging mit einem schlechten Gefühl nach Hause – hatte es aber längst wieder verdrängt, als dann nach ein paar Wochen die Zusage kam!«

Später, im Job, kam für Jürgen Wenders das böse Erwachen: Die Firma war genau so chaotisch, wie es sich beim Bewerben angedeutet hatte. Und dass alle Mitarbeiter die Köpfe hängen ließen, lag an einer Geschäftsleitung, die unmenschlichen Druck aufbaute. All das hatte seine Intuition in wenigen Sekunden erfasst, aber sein Verstand verdrängte es. Hätte Wenders auf seine innere Stimme gehört: Viel Unglück wäre ihm erspart und viel Glück ermöglicht worden – durch eine stimmigere Firmenwahl.

Wie wählen Sie Ihre Firmen aus? Sind Sie nur damit beschäftigt, einen guten Eindruck zu hinterlassen? Oder schalten Sie Ihre Intuition auf Empfang? Nehmen Sie im Vorstellungsgespräch wahr, wie die Gesprächsführer miteinander umgehen, ob die Chemie zwischen Ihnen und dem künftigen Chef passt, wie die Wertschätzung ausfällt? Fragen Sie sich im Nachgang, ob es Momente gab, in denen Sie kurz irritiert waren; Beobachtungen, die Ihnen nicht gefallen haben?

Eine Selbsttranszendenz, wie Viktor Frankl sie vorschlägt, bezieht nicht nur den Verstand, sondern auch die Intuition ein. Doch die westliche Gesellschaft erzieht uns zu Buchhaltern der Logik, als wäre die Stimme unserer Intuition nur ein Störgeräusch. Das Gegenteil ist wahr.

Aber kommt es nicht vor, dass Ihre Intuition in die falsche Richtung läuft und vom Verstand zurückgepfiffen werden muss? Führt die ausgereifte Überlegung nicht zu wesentlich ausgewogeneren Entscheidungen? Dieser Frage gingen Wissenschaftler nach, als sie 85 geübte Handballspieler einzeln vor einen Bildschirm baten und ihnen Szenen aus hochklassigen Spielen vorführten. Die Spieler bekamen eine Frequenz von zehn Sekunden zu sehen, die mit einem Standbild endete. Derweil trugen sie ihr Trikot und hielten einen Ball in der Hand. Die Frage lautete: Wie würden Sie jetzt weiterspielen? An welchen Mitspieler den Ball abgeben, nach links oder rechts, vorne oder hinten?

Im ersten Durchgang kam es aufs Tempo an: Die Spieler mussten die beste Möglichkeit so rasch wie möglich benennen. Im zweiten Durchgang blieb Zeit: Sie konnten das Standbild in Ruhe betrachten und alle Abspielmöglichkeiten studieren. Auf einmal entdeckten sie Mitspieler am Bildrand, die sie vorher übersehen hatten. In vier von zehn Fällen revidierten sie ihre Entscheidungen.

Am Ende verglichen Profitrainer die spontane mit der überlegten Wahl. Der Verstand schnitt schlecht ab: Meist waren die intuitiven Abspiel-Entscheidungen besser.[103]

Was können Sie aus diesem Experiment lernen? Sie erkennen, dass die Intuition nicht so spontan ist, wie sie scheint, sondern einen breiten Erfahrungsschatz besitzt, der sie leitet; dass sie Informationen blitzschnell verarbeitet und Ihnen diese Erkenntnisse zuspielt – vor allem dann, wenn Sie in einem Bereich Ihres Lebens, etwa der Menschenkenntnis, so geübt sind, wie die trainierten Handballer es in ihrem Spiel waren.

Wenige Menschen hören zu oft auf ihre Intuition – und viele deutlich zu selten. Der französische Moralist Joseph Joubert schrieb: »Der Verstand kann uns sagen, was wir unterlassen sollen. Aber das Herz kann uns sagen, was wir tun müssen.«

DER KLEINE NEUDENKER

Die Intuition ist ein Genie: Sie arbeitet schneller, als wir denken, und denkt schneller, als wir arbeiten. Genies muss man nicht verstehen – nur auf sie hören!

Prominent erlebt: Ein Schüler vor Gericht

Eine Szene wie aus einem Roman von Kafka: Ein Abiturient bekommt Post vom örtlichen Polizeirevier, eine Vorladung. Aber warum? Er hat nichts verbrochen. Meint er. Mit einem flauen Gefühl betritt er das Revier. Die Beamten mustern ihn wie einen Schwerverbrecher. Dann zückt einer von ihnen einen Zeitungsausschnitt: »Darum geht es!«

Der junge Mann erkennt einen Leserbrief, mit dem er gegen die Abschiebung einer jugoslawischen Asylfamilie protestiert hatte. Wie ein Überfallkommando waren die Beamten bei Nacht und Nebel aufgetaucht, hatten die ohnehin traumatisierte Familie aus dem Schlaf gerissen und mitsamt Kleinkindern in ein Auto verfrachtet – obwohl dem Vater, einem Deserteur, zu Hause der Tod drohte. Der Abiturient fühlte sich an unselige Zeiten erinnert, was er in seinem Leserbrief ausführte.

Nun lautete die Anklage: »Beamtenbeleidigung«! Er konnte es nicht glauben, schließlich herrschte in Deutschland Meinungsfreiheit. Und wozu hätte man diese Freiheit dringender nutzen können, als für eine Familie aufzuschreien, die in der Heimat von Verfolgung und Tod bedroht war?

Doch zwei deutsche Gerichte sahen das anders, sprachen ihn schuldig. Seine Eltern, seine Verwandten, alle Klugen und Reifen rieten ihm: »Gib dich geschlagen! Eine dritte Instanz ist zu riskant und zu teuer!« Ja, er hatte kaum Geld. Ja, ein Amts- und ein Landgericht hatten ihn ohne den Hauch eines Zweifels verurteilt. Die Vernunft sprach dafür, das Handtuch zu werfen. Aber er hatte auch ein Herz in der Brust, und das hämmerte ihm mit jedem Schlag ein: »Du hast das Richtige getan. Die Richter irren sich. Riskier es!«

Also zog er vors Bundesverfassungsgericht. Dort landete sein Fall auf dem Tisch Roman Herzogs, damals Präsident des Gerichts, später Bundespräsident. Die Richter schüttelten die Köpfe – über die Urteile ihrer Kollegen. Einstimmig sprachen sie den jungen Mann frei. Die Ohrfeige gegen die Vorinstanzen hallte durch alle großen Medien. Später wurde sein vor dem Bundesverfassungsgericht gewonnener Prozess in Schulbücher und in die Juristenausbildung aufgenommen – als Musterbeispiel in Sachen Meinungsfreiheit.

Der junge Mann war seiner Intuition gefolgt, statt sich von seinem Verstand bremsen zu lassen. Auf seine Geldsorgen, auf all die pessimistischen Prognosen hatte er gepfiffen. Noch heute ist er seinem Herzen dankbar, dass es ihm diesen Weg gewiesen hat.

Woher ich das so genau weiß? Der junge Mann war ich.

Freie Wahl: Welche neue Identität darf's sein?

Eines Tages kommen Sie Ihrem Nachbarn auf die Schliche. Er, der immer so nett gegrüßt hat, ist ein Mafia-Boss. Zufällig haben Sie ein Gespräch mitgehört, in dem es um Mord, Erpressung und Millionen ging. Sie fahren zur Polizei, packen aus. Großeinsatz, Blaulicht, Handschellen klicken.

Am Tag danach bestellt Sie der Polizeichef ein, lobt Sie für Ihre Zivilcourage und legt dann seine Stirn in Falten. »Leider ist Ihr Leben nicht mehr sicher. Die Mafia schwört Rache. Wir müssen Sie ins Zeugenschutzprogramm nehmen.«

»Das heißt, ich muss den Wohnort wechseln?«, fragen Sie verunsichert.

»Nicht nur das«, sagt der Polizeichef, »Sie bekommen einen neuen Namen, einen neuen Lebenslauf, eine neue Identität.«

Sie schließen die Augen und holen tief Luft. »Aber was wird aus meinem alten Leben: meiner Familie, meinen Freunden, meinem Beruf?«

»Jede Spur in Ihr altes Leben kann die Killer zu Ihnen führen.«

»Dann muss ich alles aufgeben?«

»Zumindest alles, was Sie nicht unbedingt für ein gutes Leben brauchen.«

Sie halten inne und grübeln. Oft schon haben Sie sich gefragt, was Sie für Ihr Glück brauchen. Jetzt lautet die Frage: Was brauchen Sie dazu eigentlich nicht? Welche Gegenstände, welche Gewohnheiten, welche Menschen sind für Ihr Glück verzichtbar? Was schleppen Sie nur aus Routine mit sich herum?

Auf den ersten Blick mag Ihnen vieles unverzichtbar scheinen, aber dann erinnern Sie sich an Urlaubsreisen: Beim Packen des Koffers scheint jedes Kleidungsstück, jeder Gegenstand unentbehrlich – doch am Urlaubsende fällt Ihnen auf: Vieles haben Sie gar nicht benötigt. Es war einfach nur Ballast.

In Gedanken entrümpeln Sie Ihr Leben, zuerst die Gewohnheiten: Müssen Sie wirklich jeden Tag so lange vorm Fernseher sitzen? Stundenlang im Internet surfen? Dreimal pro Woche als Schnäppchenjäger zum Einkaufen fahren? Müssen Sie viel Geld ausgeben, um Menschen zu beeindrucken, die Ihnen nichts bedeuten? Und das alles nur, weil das zum Programm des modernen Lebens zu gehören scheint?

Und wie steht es mit Ihrem Besitz, welche Gegenstände aus der Welt des Habens sind verzichtbar? Kleider, die Sie nicht mehr tragen? CDs, die Sie nicht mehr hören? Geschirr, das nur im Schrank steht? Brauchen Sie mehrere Fahrräder, unausgepackte Umzugskisten im Keller, und muss das Auto wirklich sein? »Dinge, die wir besitzen, bewahren selten den Zauber, den sie hatten, als wir sie erstrebten«, mahnte Plinius der Ältere schon vor über 2000 Jahren, als »Konsumsucht« und »Messie-Syndrom« noch Fremdwörter waren. Was lenkt Sie vom Eigentlichen ab, Ihrem Wachstum, Ihrer Entwicklung, Ihrem Glück?

Der Polizeichef reißt Sie aus Ihren Gedanken. »Einige Zeugen haben unser Schutzprogramm als Befreiung erlebt. Zum Beispiel konnten sie Menschen zurücklassen, an denen ihnen nichts mehr lag.«

Was heißt das für Sie? Auf welche Menschen könnten Sie verzichten, ohne dass wirklich etwas fehlt? Welche Freunde sind nur sogenannte Freunde, welche »Bekannten« sind Ihnen unbekannt, welche »Vertrauten« nicht vertraut? Und was, sofern Sie in einer Beziehung leben, hält Ihre Partnerschaft zusammen: Liebe? Gemeinsame Werte? Oder doch nur ein billiger Superkleber aus Gewohnheit und Angst vorm Alleinsein?

Und mit welchen Menschen Ihrer Familie verbindet Sie nicht Ihr Herz, sondern nur Ihr Stammbaum? Welches sind – frei nach Goethe – keine Wahl-, sondern Qualverwandtschaften? Auf welche Anlässe und Begegnungen könnten Sie locker verzichten? Und welche gordischen Beziehungsknoten hätten Sie, als Alexander der Große, schon längst durchgeschlagen? Der Sage nach gewann Alexander die Herrschaft über Asien, indem er den legendären Knoten nicht mühsam auftrennte (was vor ihm viele vergeblich versucht hatten), sondern einfach mit dem Schwert durchschlug.

»Wir werden Sie in jeder Hinsicht unterstützen«, sagt der Polizeichef, »auch falls Sie eine Beziehung, einen (neuen) Partner suchen.« Offenbar kennt er sich mit jeder Art der Fahndung bestens aus! Und er fügt hinzu: »Aber Sie müssen mir schon genau beschreiben, wie er sein soll.«

Tja, nach welchem Herzenspartner suchen Sie eigentlich? Worauf kommt es Ihnen an? Wirklich auf das, was einer *hat*, den Körper, das Geld, den Status? Oder doch eher auf seine Werte, seine Moral, seine Zuverlässigkeit, seinen Humor? Welche Werte decken sich mit Ihren? Wie ist ein Mensch beschaffen, der Ihr Herz höher schlagen und Ihre Seele lachen lässt? Und welche Abweichungen von den überall gepredigten Idealen, welche Schwächen könnte eine starke Liebe locker (er)tragen – vielleicht gar interessanter durch sie werden?

»Sie haben bei Ihren Lebensbedingungen freie Wahl«, hören Sie den Polizeichef sagen. »Überlegen Sie sich gut, wo Sie leben wollen: Inland oder Ausland, Haus oder Altbauwohnung, Generationenhaus oder Blockhütte im Wald? Und entscheiden Sie bitte, welchen Beruf Sie ausüben wollen. Auch eine neue Ausbildung oder ein Studium ist möglich.«

Sie lehnen sich zurück, schließen Ihre Augen und beamen sich in Ihre Zukunft. Wie sieht es aus an dem Ort, wo Sie leben wollen? Wie riecht es dort? Welche Menschen sind um Sie herum? Wie läuft Ihr Tag ab? Haben Sie Kinder? Wie viele? Wie gehen Sie miteinander um? Üben Sie noch Ihren alten Beruf aus? Oder kam Ihnen die Gelegenheit gerade recht, die Weichen neu zu stellen? Arbeiten Sie angestellt oder selbstständig? In welcher

Branche, auf welcher Hierarchieebene? Welches sind die Höhepunkte des Tages? Welchen Hobbys gehen Sie nach? Wie oft sehen Sie Ihre Freunde? Welche schlechten Gewohnheiten haben Sie abgelegt, welche guten etabliert? Und welches Grundgefühl begleitet Ihr Leben, welchen tieferen Sinn verfolgen Sie damit?

Die Gedanken in Ihrem Kopf drehen sich wie ein Karussell. Ein Räuspern des Polizeichefs ruft Sie zurück in den Raum. »Und was die finanziellen Mittel angeht, werden wir Sie großzügig unterstützen. Auf den Mafia-Boss war eine Belohnung von fünf Millionen ausgesetzt; Sie können selbst entscheiden, wie viel davon wir auf Ihr neues Konto überweisen.«

Ungläubig starren Sie den Polizeichef an: Nun haben Sie es selbst in der Hand, wie reich Sie sein wollen! Was verändert sich in Ihrem Leben, wenn plötzlich ein siebenstelliger Betrag Ihr Konto flutet? Welche Vorteile hätte es, so reich zu sein? Und welche Nachteile könnte es mit sich bringen? Sind Sie sicher, dass das Geld Sie glücklich machen würde? Können Sie das, worauf es Ihnen im Leben ankommt, damit kaufen? Oder wäre es vielleicht besser für Sie, von dem Geld nur einen kleinen Teil abzurufen?

»Denken Sie über alles gut nach«, sagt der Polizeichef und begleitet Sie zur Tür. »Ach ja, ich habe da noch zwei Formulare für Sie: Auf dem einen notieren Sie bitte, was Sie unbedingt aus Ihrem alten Leben bewahren wollen – auf dem anderen, was Sie sich für Ihr neues Leben wünschen.«

Während zwei Polizisten in Zivil Sie auf die Rückbank eines gepanzerten Autos bitten, nehmen Sie sich die Formulare vor und beginnen mit dem Ausfüllen – eine Übung, die Sie zu Ihren Sehnsüchten führen kann:

Liste 1:
Was bleiben soll

Was ich aus meinem alten Leben unbedingt mitnehmen möchte (bitte notieren Sie in Stichwörtern Menschen, Gewohnheiten, Rituale usw.):

Familie:

Freunde:

Beruf:

Wohnort/-situation:

Hobbys:

Gewohnheiten:

Besitz (Gegenstände/Finanzen):

Liste 2:
Was sich verändern soll

Was Sie in Ihrem neuen Leben verändern wollen (bitte notieren Sie in Stichwörtern Menschen, Wünsche, Rituale, Gewohnheiten usw.):

Familie:

_____

Freunde:

_____

Beruf:

_____

Wohnort/-situation:

_____

Hobbys:

_____

Gewohnheiten:

_____

Besitz (Gegenstände/Finanzen):

_____

DER KLEINE NEUDENKER

Ein Mann fragte den Weisen: »Warum schaffen es nur so wenige, sich wirklich zu verändern?«

»Jeder will ein neues Leben anfangen«, antwortete der Weise, »aber kaum einer sein altes Leben aufgeben!«

Holen Sie sich, was Ihnen fehlt!

Wie verlockend finden Sie die Vorstellung, eine neue Identität zu bekommen? Zwei Reaktionen sind im Seminar typisch. Eine Gruppe würde ihr altes Leben liebend gern zurücklassen: die zerrüttete Beziehung, das überschuldete Haus, die fremd gewordenen Freunde, das durch Anpassung deformierte Sein. Das sind jene Menschen, die sich in ein komplett falsches Leben verlaufen haben; jene, die eines Tages zum »Zigarettenholen« gehen und nie mehr zurückkommen. Diese Gruppe der Möchte-gern-Ausbrecher ist eine kleine Minderheit.

Die meisten Menschen reagieren anders: Die Vorstellung, ihre komplette Identität zu verlieren, lässt sie erschrecken. Sicher läuft vieles in ihrem Leben falsch, aber auch etliches richtig. Dieses Gedankenspiel hilft ihnen, das Vorhandene höher zu schätzen – und beim Fehlenden zu erkennen: Was brauche ich wirklich? Und was eben nicht?

Vergleichen Sie bitte Ihre beiden Listen. Wo haben Sie mehr notiert: bei dem, was Sie erhalten, oder bei dem, was Sie verändern wollen? Welche Punkte sind Ihnen wichtiger? Und in welchen Feldern Ihres Lebens klaffen die größten Lücken zwischen

Ist und Wunsch? Wie kommt es zu dieser Abweichung? Kann es sein, dass Sie sich zu wenig auf Ihre Intuition verlassen haben und zu viel auf andere? Oder sind diese Wünsche auf den zweiten Blick gar keine Herzenswünsche? Kann es sein, dass sie aus der Welt des Habens stammen, Ihnen von außen angepappt wurden?

Nehmen Sie meine Verirrung ins Beamtentum. Natürlich stand ein Ausbildungsplatz auf meiner Wunschliste ganz oben. Aber nicht dieser! Meine Intuition hatte Nein gesagt, doch ich hatte auf fremde Stimmen gehört und mich von der Illusion des *Habens* verlocken lassen: von der Sicherheit, die ich *haben* wollte, der Bequemlichkeit, dem seriösen Arbeitgeber. Die Frage, welchen tieferen Sinn ich in meiner Arbeit fände, war mir gar nicht eingefallen.

Gehen Sie Ihre Wünsche durch und achten Sie darauf, wie Ihre Intuition reagiert. Bringt das, was auf dem Papier steht, etwas in Ihnen zum Klingen? Strahlen Ihre Augen heller, wenn Sie es lesen? Läuft ein kleiner Film in Ihrem Kopf ab, ein Tagtraum? Spüren Sie den Sinn, der in der Erfüllung des Wunsches schlummert?

Bei klingenden Wünschen stellt sich die Frage: Was können Sie tun, um eine Brücke vom Ist- zum Wunsch-Zustand zu bauen? Der erste und wichtigste Schritt geschieht in Ihrem Kopf: Übernehmen Sie Verantwortung für das, was ist. Nur wenn Sie sich eingestehen, dass Sie es selbst so gewählt haben, können Sie es abwählen. Wenn Sie sich dagegen als Opfer fremder Mächte definieren, eines lieblosen Partners, eines tyrannischen Chefs, einer kapitalistischen Gesellschaftsordnung, dann sind Sie einer äußeren Macht ausgeliefert. Und fühlen sich handlungsunfähig.

Also: Sie haben sich für diese Familie (oder wenigstens den Kontakt zu ihr), diesen Arbeitsplatz, diesen Chef, diese Freunde, diese Gewohnheiten, diesen Besitz, ja für dieses Leben entschieden.

Was hat Sie beim Entscheiden geleitet? Warum haben Sie sich offenbar geirrt? Folgende Fragen helfen bei der Analyse:

► Inwieweit habe ich gegen meine Intuition gehandelt?
► Inwieweit habe ich zu viel an das Haben und zu wenig an das Sein gedacht?
► Inwieweit habe ich meine persönlichen Werte und die Sinn-haftigkeit aus dem Auge verloren?
► Inwieweit habe ich mich durch fremde Einflüsse von einem innerlich stimmigen Kurs abbringen lassen?
► Und: Was kann ich tun, um den Rückweg zu mir selbst zu fin-den und mein Leben stimmiger zu gestalten?

Manchmal führen kleine Schritte, die Sie oft wiederholen, zu einem großen Plus an Zufriedenheit. Aristoteles sprach dem Menschen zwei Naturen zu: Die erste entsteht durch seine Geburt, die zweite durch seine Gewohnheiten. Und hier liegt es an Ihnen, Ihr Verhal-ten in Einklang mit Ihren Wünschen zu bringen – durch Selbst-transzendenz, durch »häufiges vernunftgesteuertes Bewegtwerden«, wie Aristoteles das nennt.[104] In einem Bild von Thomas Mann ge-sprochen: »Die Gewohnheit ist ein Seil. Wir weben jeden Tag ei-nen Faden, und schließlich können wir es nicht mehr zerreißen.«

Wenn Sie feststellen, dass Sie im »falschen« Beruf arbeiten, etwa als Kreativer in einer Behörde (wie ich einst), gibt es zwei Wege: Entweder schneiden Sie das Seil durch. Oder Sie weben neue Fäden der Erfüllung hinein. Dann lautet die Frage: Wie kann ich das, was ist, regelmäßig mit Sinn füllen?

Zum Beispiel hätte ich in meiner Behörde die Chance gehabt, Pressemitteilungen zu schreiben, Kontakte zu den Journalisten zu halten, die Bürgerfeste zu organisieren, vielleicht sogar eine Orts-

Chronik zu schreiben – also kreativ zu arbeiten. Solche (für mich) guten Gewohnheiten hätten meine Lebensqualität erheblich steigen lassen. Doch ich hätte mich aktiv darum bemühen müssen, statt mich als Opfer eines langweiligen Arbeitsumfeldes zu sehen.

Wenn Ihnen etwas fehlt im Leben, sollten Sie es nicht vom Chef, vom Partner oder gar vom Schicksal einfordern, als wären das Ihre Schuldner – sonst bleibt Ihre Rechnung offen, und Sie schreiben vergeblich Mahnungen. Vielmehr kommt es darauf an, dass Sie Ihre Selbstwirksamkeit entdecken: aktiv werden, sich nützliche Gewohnheiten zulegen, Dinge verändern. Was Sie regelmäßig ins Leben hineingeben, kommt regelmäßig zu Ihnen zurück.

Die Beraterin Byron Katie schlägt in ihrer bekannten Lebensinspektion »The Work« als letzten Schritt vor, dass Sie Aussagen über Ihr Leben auf sich selbst übertragen.[105] Aus »Mein Job ist zu langweilig« wird: »Ich bin zu langweilig«. Aus »Mein Partner ist zu lieblos« wird: »Ich bin zu lieblos«. Das klingt brutal, ist aber lebensklug. Sich selbst können Sie verändern; andere nicht. Aber wer sich verändert, stößt auch Veränderungen bei anderen an.

Würdigen Sie, was stimmig in Ihrem Leben ist; verändern Sie, was unstimmig ist; und machen Sie das Beste aus dem, was nicht zu verändern ist. Gut möglich, dass Sie etliches aus Ihrem alten Leben in Ihr neues Glück mitnehmen können.

DER KLEINE NEUDENKER

Glück ist Chefsache: Wer es will, muss es selbst in die Hand nehmen. Wer es an andere delegiert, riskiert den Erfolg.

DIE SELBSTCOACHING-ÜBUNG

Heben Sie die Schätze Ihrer Kindheit!

Bitte reisen Sie in Gedanken in Ihr ehemaliges Kinderzimmer. Stellen Sie sich den Raum mit allen Sinnen vor, die Poster, die Musikalben, die Bücher im Regal. Wie hat es gerochen? Welche Musik lief? Wo war Ihr Lieblingsplatz?

Tauchen Sie in dieses Bild ein, als ob Sie das Kind von damals wären. Welche Eigenschaften haben Sie seinerzeit ausgemacht? Waren Sie spontan, witzig, kreativ? Schlagfertig, ungestüm oder sportlich? Was lag Ihnen am Herzen, wofür hätten Sie viel riskiert?

Wie sahen die Träume von Ihrer Zukunft aus: Gab es Berufe, die Sie fasziniert haben? Wollten Sie heiraten? Und wen? Kinder? Und wie viele? Und wo haben Sie sich künftig gesehen, in einer Wohnung oder in einem Schloss, auf dem Land oder in der Stadt, unter vielen Freunden oder im kleinen Kreis?

Schreiben Sie auf, welche guten Eigenschaften, welche Leidenschaft und welche Visionen Sie einst hatten:

_____

_____

_____

_____

Und dann fragen Sie sich: Was davon ist heute in Ihrem Leben noch enthalten? Reicht diese Dosis aus, um Sie glücklich zu machen? Oder dürfte es eine Portion mehr sein? Wenn ja: Wie können Sie nachlegen?

Viele Menschen dringen durch diese Übung wieder zum verschütteten Kern ihres Wesens vor. Zum Beispiel merkte eine 35-jährige Angestellte, die als Kind Kommissarin werden wollte: »Ich hatte schon immer einen starken Gerechtigkeitssinn!« Das veranlasste sie, ein halbes Jahr später für den Betriebsrat zu kandidieren und für mehr Gerechtigkeit in ihrer Firma zu kämpfen. In dieser Rolle war sie mit sich im Reinen – während sie als passive Zuschauerin gelitten hatte.

10 Denken ist Glückssache:

Warum Zufriedenheit im Kopf beginnt

In diesem Kapitel erfahren Sie …

► warum Ihr Wille freier ist, als es der Philosoph Schopenhauer behauptet,

► welche Denkfigur Sie von Bronzegewinnern bei Wettkämpfen lernen können,

► wie Sie mit der ABC-Formel des Psychologen Albert Ellis Ihr Denken und Fühlen steuern, statt gesteuert zu werden

► und warum es immer ein Fehler ist, eigene Lebensfragen mit dem Publikumsjoker zu beantworten.

Sind Ihre Gedanken frei – oder im Käfig?

Könnte Arthur Schopenhauer jetzt an Ihre Seite treten und Sie beim Lesen beobachten, er würde den Kopf schütteln und Sie mitleidig fragen: »Was, um alles in der Welt, versprechen Sie sich von dieser Lektüre?« Vielleicht wäre Ihre Antwort: »Ich suche nach Anregungen! Ich will mein Leben so verändern, dass es besser zu mir passt.«

Und Schopenhauer? Er, der stets mit einer Waffe am Bett schlief, weil er Einbrüche fürchtete? Er, der sich nie von einem Barbier rasieren ließ, um nicht die Kehle mit einem Schermesser durchgeschnitten zu bekommen? Er, der eine geschwätzige Näherin so kräftig zu Boden stieß, dass sie sich ihr Leben lang nicht erholte und er ihr, zu seiner großen Klage, Rente zahlen musste?[106]

Der Philosoph Schopenhauer, dieser komische Kauz, könnte antworten: »Was für ein Narr Sie doch sind! Sie meinen, Ihr Leben mit einem freien Willen bestimmen zu können – dabei bestimmt Ihr Leben Sie!«

Die Frage ist so alt wie die Philosophie, und die moderne Gehirnforschung greift sie wieder auf: Wie frei ist Ihr Wille? Können Sie sich dafür entscheiden, ein Leben abseits der Vorgaben und Zwänge zu führen? Haben Sie Macht über Ihre Gedanken? Oder verhält es sich mit Ihnen wie mit einem geworfenen Ball, der, sobald er die Hand des Werfers verlässt, eine vorgegebene Flugbahn verfolgt? Werden Sie gesteuert von Ihren Genen, Ihrer Erziehung, Ihrem Schicksal? Stand für Sie fest, ehe Sie dieses Buch angefasst haben, ob und welchen Nutzen Sie aus ihm ziehen? Wäre es also vergebene Liebesmüh, wenn Sie Ihr Leben durch Ihren Willen und Ihre Gedanken beeinflussen wollten?

Schopenhauer hat Sie ins Grübeln gebracht. Aber so leicht wollen Sie sich nicht geschlagen geben, Sie halten ihm entgegen: »Natürlich kann ich selbst entscheiden! Schließlich habe ich dieses Buch aus vielen herausgegriffen. Das war eine freie Willensentscheidung!«

Der Philosoph, indigniert über Ihren Widerspruch, bringt ein Beispiel:

»(...)Wollen wir uns einen Menschen denken, der, etwa auf einer Gasse stehend, zu sich sagte: ›Es ist 6 Uhr abends, die Tagesarbeit ist beendigt. Ich kann jetzt einen Spaziergang machen; oder ich kann in den Klub gehen; ich kann auch auf den Turm steigen, die Sonne untergehen zu sehen; ich kann auch ins Theater gehen; ich kann auch diesen, oder aber jenen Freund besuchen; ja, ich kann auch zum Tor hinauslaufen, in die weite Welt, und nie wiederkommen. Das alles steht allein bei mir, ich habe völlige Freiheit dazu; tue jedoch jetzt davon nichts, sondern gehe ebenso freiwillig nach Hause, zu meiner Frau.«[107]

Vielleicht nicken Sie an dieser Stelle, weil Ihnen einleuchtet: Es steht dem Mann frei, unter den vielen Möglichkeiten jene auszuwählen, die ihm am meisten behagt. Doch Schopenhauer hatte nur eine Kunstpause eingelegt, er war noch nicht fertig:

»Das ist gerade so, als wenn das Wasser spräche: ›Ich kann hohe Wellen schlagen (ja! nämlich im Meer und Sturm), ich kann reißend hinabeilen (ja! nämlich im Bette des Stroms); ich kann schäumend und sprudelnd hinunterstürzen (ja! nämlich im Wasserfall), ich kann frei als Strahl in die Luft steigen (ja! nämlich im Springbrunnen), ich kann endlich gar verkochen und verschwinden (ja! bei 80 Grad Wärme); tue jedoch von allen jetzt nichts, sondern bleibe freiwillig ruhig und klar im spiegelnden Teiche.«

Und triumphierend schließt Schopenhauer mit der Feststellung: »Wie das Wasser jenes alles nur dann kann, wenn die bestimmenden Ursachen (…) eintreten; ebenso kann jener Mensch, was er zu können wähnt, nicht anders, als unter derselben Bedingung. Bis die Ursachen eintreten, ist es ihm unmöglich: dann aber muss er es, so gut wie das Wasser (…).«

Klingt nicht ganz unlogisch, denken Sie. Doch Ihnen kommt eine Idee, die das Denkgebäude des Philosophen erschüttern kann: »Und was, wenn dieser Mann hört, dass Sie seine Willensfreiheit leugnen? Und wenn er, um den Gegenbeweis zu führen, eine andere Möglichkeit als seinen Heimweg wählt?«

Arthur Schopenhauer lächelt fein: »Dann wäre aber gerade mein Leugnen und dessen Wirkung auf seinen Widerspruchsgeist das ihn dazu nötigende Motiv gewesen. Jedoch würde dasselbe ihn nur zu einer oder der andern von den leichteren unter den oben angeführten Handlungen bewegen können, zum Beispiel ins Theater zu gehen; aber keineswegs zur zuletzt genannten, nämlich in die weite Welt zu laufen: dazu wäre dies Motiv viel zu schwach.«[108]

Schopenhauer war ein großer Philosoph und ein großer Pessimist, wie dieses Beispiel aus seiner »Preisschrift über die Freiheit des Willens« belegt. Und das, was er über die mangelnde Freiheit des Willens schreibt, wird heute mit dem naturwissenschaftlichen Zungenschlag der Gehirnforschung wieder populär.

Aber warum ist es Viktor Frankl dann im Konzentrationslager gelungen, sich durch seine Zukunftsvisionen dem Moloch der Verzweiflung zu entziehen? Nur, weil er für solche Visionen bestimmt war? Wie gelingt es Hunderttausenden Menschen, ihr Leben durch eine Verhaltenstherapie nachweislich zu verbessern – obwohl ihr Wille doch angeblich nicht zu beeinflussen ist? Nur, weil sie für den Erfolg dieser Therapien bestimmt waren?

Ich bin überzeugt, dass Sie in Ihrem Leben nur so unfrei sind, wie Sie es zu sein glauben. Wer meint, er könne aufgrund seiner schlechten Kindheit nie mehr glücklich werden, der wird nie mehr glücklich werden – weil er sich unbewusst alles verbietet, was seinem Glaubenssatz zuwiderläuft. Und wer sich als Treibholz im Fluss des Schicksals fühlt, wird versäumen, in die von ihm gewünschte Richtung zu rudern (wäre ja ohnehin vergeblich!) – und am Ende, wenn er weit in die Fremdbestimmung abgetrieben ist, sich in seinem Ausgeliefertsein bestätigt fühlen.

Aber Hunderte von Beispielen aus Beratungen haben mir gezeigt: Wer daran glaubt, sein Leben verändern zu können, der kann es auch – durch sein Denken! Ich habe Workaholics erlebt, die aus dem Arbeitswahn ausgestiegen sind; perfektionistische Mütter, die fünfe gerade sein ließen; tyrannische Chefs, die auf Kooperation umschalteten. Und das alles gelang den Menschen nur, weil sie sich dafür entschieden haben, es wirklich wollten, von innen heraus.

Als der amerikanische Literat David Foster Wallace eine Abschlussrede vor College-Absolventen hielt, riet er ihnen, sie sollten ins Leben nicht »einfach so hineinschlittern, jeden Tag ein bisschen mehr«. Vielmehr bestehe »die Freiheit wahrer Bildung« darin, sich bewusst für ein Leben zu entscheiden. Jeder Mensch verfüge über eine »umfassende Entscheidungsfreiheit in Bezug auf Denkinhalte« – er müsse sich nur vor »Gedankenlosigkeit« hüten. Die Rede beginnt damit, dass zwei junge Fische einem älteren begegnen, der sie fragt: »Morgen, Jungs. Wie ist das Wasser?« Die beiden schwimmen ein Stück weiter, dann fragt einer den anderen: »Was zum Teufel ist Wasser?«[109]

Wir alle schwimmen durch das Wasser unserer Prägung, aber sollten genau hinschauen. Denn zwischen der biologischen Natur und dem, was uns die Erziehung einpflanzt, gibt es keine klare Grenze. Steckt derjenige, der sich für schüchtern hält, wirklich *immer* in seiner Schüchternheit fest? Oder hat er (vielleicht) eine genetische Veranlagung zur Schüchternheit, die verstärkt werden kann durch Erziehung, Erfahrung und Glaubenssätze (»Ich kann nicht vor Menschen reden!«) – aber die sich auch teilweise überwinden lässt: durch Selbsttranszendenz (»Manchmal, etwa unter Freunden, bin ich *nicht* schüchtern!«), durch neue Glaubenssätze (»Ich kann vor Menschen reden, wenn ich wirklich was zu sagen habe!«) und durch stetiges Bemühen?

Ich versichere Ihnen: Nicht Ihr Denken und Ihre Gefühle bestimmen über Sie – sondern Sie bestimmen über Ihr Denken und Ihre Gefühle. Die Spielräume sind größer, als es uns die Glaubenssätze der Erziehung einreden. Definieren Sie Ihre Grenzen neu, und gehen Sie auf Ihre Individualität zu, statt sie sich ausreden zu lassen. Und wenn Sie schließlich Ihr Ziel erreicht haben, würde Schopenhauer natürlich rufen: »Das haben Sie nur geschafft, weil Sie ohnehin dafür bestimmt waren!« Sei's drum – Hauptsache, Sie sind angekommen!

DER KLEINE NEUDENKER

Wer einen Vogel in einen Käfig sperrt, sich aber beschwert, dass dieser nicht frei ist, gilt als Dummkopf. Wer mit seinem Willen dasselbe tut, geht durch als Philosoph.

Warum es glücklich macht, nach unten zu schauen

Es gibt nur zwei Ereignisse, die einen Profisportler unglücklich machen: Er verfehlt bei Olympia eine Medaille. Oder er gewinnt sie. Das zweite Ereignis kann weitaus dramatischer sein. Aber warum sollte jemand, der es aufs Siegertreppchen schafft, unglücklich sein? Weil er eine ganz bestimmte Medaille gewinnt: Silber.

Denn was denkt der Zweite, während er auf dem Siegerpodest steht? Dass er den Dritten abgehängt und sich für Jahre des harten Trainings belohnt hat? Nein, er denkt: »Verdammt, eine Zehntel schneller – und ich wäre Olympiasieger!« Er nimmt sich als Abgehängten wahr, als lahme Schnecke, die zu spät über die Ziellinie kroch – auch wenn die 100 Meter in 10,0 Sekunden gelaufen ist.

Und wie, glauben Sie, geht es dem Drittplatzierten? Lässt er den Kopf noch mehr hängen, weil er gleich zweimal überboten wurde? Im Gegenteil, er strahlt bis über beide Ohren und denkt: »Schwein gehabt! Wie schön, dass ich gerade noch aufs Treppchen gekommen bin und die Verfolger hinter mir gelassen habe.«

Wissenschaftler schnitten Dutzende Videos von Siegerehrungen zusammen und zeigten die Bilder von Silber- und Bronzegewinnern neutralen Zuschauern, die nichts von den Platzierungen wussten. Die Gesichter und die Körper der Sportler sprachen Bände: Die Bronzegewinner wirkten signifikant glücklicher als die Zweitplatzierten![110]

Dass Silbergewinner sich heimlich als Verlierer sehen, manchmal bis ans Ende ihrer Tage, beweist der amerikanische Mittelstreckenläufer Abel Kiviat. 1912, bei den Olympischen Spielen in

Stockholm, war er auf den letzten Metern im 1500-Meter-Rennen überholt worden. Noch Jahre danach sprach er von einem Tiefpunkt. Sogar nach seinem 90. Geburtstag wachte er noch mitten in der Nacht auf und fragte sich: »Wie hast du bloß verlieren können?«[111]

Er dachte tatsächlich: »verlieren«! Dabei war er seinerzeit der zweitschnellste 1500-Meter-Läufer der Welt, schneller als Hunderte von Leistungssportlern, schneller als Millionen von Hobbyläufern! Sicher wäre es für seinen Seelenfrieden besser gewesen, Dritter zu werden. Oder erst gar nicht aufs Treppchen zu kommen.

Auch im Berufsleben kommt es vor, dass gefeierte Sieger sich selbst als Verlierer wahrnehmen. Gut kann ich mich an Lars Weinert (39) erinnern, einen blonden Hünen im Maßanzug, der klagte: »Meine Karriere kommt einfach nicht in die Gänge«.

»Aber Sie sind doch erfolgreich«, erwiderte ich.

Er funkelte mir einen bösen Blick zu. »Erfolgreich nennen Sie das? Ich spiele in der zweiten Liga. Dafür habe ich nicht promoviert. Dafür arbeite ich nicht 14 Stunden am Tag!«

»Immerhin stehen Sie ganz oben in Ihrem Unternehmen, als alleiniger Geschäftsführer.«

»Aber in welchem Unternehmen! Ist unsere Firma im DAX gelistet? Kann sie internationale Erfolge vorweisen? Hat sie wirklich Rang und Namen? Nein: Ich bin Geschäftsführer einer Klitsche!«

»Einer Klitsche, die 750 Mitarbeiter beschäftigt und über 15 Millionen Umsatz macht«, erinnerte ich ihn.

»Kleine Brötchen«, winkte er ab. »So viel setzt ein Global Player an einem Tag um.«

»Aber Sie sind erst 39 Jahre alt, Sie können doch noch …«

»… von einem Headhunter aus der Provinz geholt werden?

Machen Sie mir nichts vor, dieser Zug ist doch längst abgefahren. Einmal Mittelstand, immer Mittelstand!«

Wohlgemerkt: Lars Weinert verdiente 420 000 Euro im Jahr, plus Prämie, hatte den Gewinn seiner Firma in drei Jahren um 22 Prozent gesteigert und wurde in seiner Region wie ein Fürst verehrt. Aber er selbst? Betrachtete sich als Abgehängten. Sein Blick war auf die Goldgewinner fixiert, auf die DAX-Vorstände, die Global Player. Dabei hatte er, objektiv betrachtet, viel erreicht.

Gerade ehrgeizige Menschen laufen Gefahr, in die Falle des Aufwärts-Vergleichs zu tappen. Wer immer auf Riesen blickt, nimmt sich zwangsläufig als Zwerg wahr. Da ist der bekannte Bundesminister, der sich für einen Versager hält, weil er es nicht auf den Chefsessel im Kanzleramt schafft; die international renommierte Wissenschaftlerin, die sich als forschende Pfuscherin wahrnimmt, weil sie für den Nobelpreis noch nicht mal im Gespräch ist; und der Ersatztorwart einer Nationalmannschaft, der sich jedes Mal schämt, wenn die Kamera ihn bei einem Länderspiel auf der Ersatzbank einblendet, während ein anderer als Nummer 1 auf dem Spielfeld steht.

Je mehr sich ein Mensch den Gesetzen unserer Leistungsgesellschaft unterwirft, je ehrgeiziger er nach Ruhm, Geld und einem perfekten Äußeren jagt, desto geringer ist seine Lebenszufriedenheit. Das weisen mehrere Studien der letzten Jahre nach, unter anderem für Deutschland, die USA, Russland und Indien. Sogar dann, wenn sich seine kühnsten Wünsche erfüllt haben, bleibt der Ehrgeizige unzufrieden: Er nimmt nicht seinen Erfolg, nur die Luft nach oben wahr![112]

Schon Alfred Adler, der Vater der Individualpsychologie, durchschaute diesen Teufelskreis und sprach von einem »Überlegenheitskomplex«: Nur wer sich selbst für minderwertig hält, will andere ständig übertrumpfen, um sein Ego mit dieser Krücke zu stützen. Aber solche Erfolge stärken nicht sein Selbstvertrauen, sondern nur seine Abhängigkeit – ohne die äußere Anerkennung liegt sein Selbstwert am Boden.[113]

Kaum ist der eine Wunsch erfüllt, will der neue Nationaltorwart als Welttorwart bejubelt werden, der DAX-Konzern-Manager die Spitze von Google erobern, und die Forscherin will sich durch einen zweiten Nobelpreis unsterblich machen. Es geht immer noch höher, noch weiter, noch besser. »Man will nicht nur glücklich sein, sondern glücklicher als die anderen. Und das ist deshalb so schwer, weil wir die anderen für glücklicher halten, als sie sind«, erkannte der französische Aufklärer Charles-Louis de Montesquieu messerscharf.

Ihre Zufriedenheit hängt also nicht davon ab, was Sie im Leben erreichen, sondern davon, was Sie vom Leben erwarten. Und diese Erwartung können Sie mit Ihren Gedanken steuern. Wohin schweift Ihr Blick? Zu Menschen, die durchs Werbefernsehen spazieren; die im Geld schwimmen; die im Beruf aus der obersten Chefetage grüßen; die scheinbar nach 15 Jahren noch frisch verliebt sind (und ein paar Monate später – was Sie noch nicht wissen – frisch geschieden)?

Oder vergleichen Sie sich mit Menschen, die Ihre Lebensleistung gerne vollbracht hätten? Mit solchen, in deren Augen Sie ein Glückspilz sind? Warum lassen Sie es zu, sich vor allem mit den Goldgewinnern zu messen? Wie würde es sich auf Ihre Zufriedenheit auswirken, wenn Sie öfter nach unten sähen?

Sogar falls Sie ein Schicksalsschlag trifft, liegt es an Ihnen, wie Sie ihn bewerten. Ich habe viele Menschen erlebt, die deprimiert waren durch eine überraschende Arbeitslosigkeit und pausenlos an Kollegen in Festanstellungen dachten. Doch schon eine einfache Frage kann die Wahrnehmung umleiten: »Welche Menschen fallen Ihnen ein, die jetzt gerne mit Ihnen tauschen würden, trotz dieses Schicksalsschlags?«

Eine arbeitslos gewordene Verkäuferin zählte nun auf: »Sicher würde Clemens mit mir tauschen wollen, ein guter Freund, bei dem gerade Prostata-Krebs diagnostiziert wurde; immerhin bin ich gesund. Und auch meine Schwägerin, die mit ihrem Fahrradgeschäft pleiteging und jetzt auf einem Schuldenberg sitzt; immerhin habe ich ein paar Euro auf der hohen Kante. Und gestern habe ich einen Bericht über Dauerarbeitslose gesehen, die seit Jahren keine Firma mehr betreten haben – die wären sicher auch froh um meine Situation, denn ich habe am Arbeitsmarkt ganz gute Chancen.« Schon fühlt sich eine Situation erträglicher an.

Aber besteht nicht die Gefahr, dass Sie die Vergleichsmaßstäbe zu tief ansetzen und sich Ihrer Entwicklungschancen berauben? Überlegen Sie selbst, wer wohl mehr erreichen wird: Der zitierte Geschäftsführer, der sich nach oben vergleicht und seine Position bei einem Mittelständler als Sackgasse und sich als Versager sieht? Oder ein Geschäftsführer in gleicher Situation, der sich nach unten vergleicht, für höchst erfolgreich hält und damit auch als Kandidat für höhere Aufgaben sieht? Der Vergleich nach unten stärkt Ihr Selbstbewusstsein, verbessert Ihre Ausstrahlung und zieht weitere Erfolge an. Weil Sie sich mehr zutrauen, trauen Ihnen andere mehr zu. Sie wagen mehr, verbiegen sich weniger und gehen Ihren eigenen Weg. Vor allem können Sie den Erfolg genießen – anders als alle, die immer nur auf die Goldgewinner starren.

DER KLEINE NEUDENKER

Wenn das Leben ein Rennen ist, stellt sich die dringende Frage, in welches Ziel es mündet – und ob es wirklich ratsam ist, dort als Erster einzutreffen.

Die Etikettier-Maschine in Ihrem Kopf

Wissen Sie, was eine Mussturbation ist? Nein, das ist kein Tippfehler, das ist eine Wortschöpfung. Eines Tages hatte der Psychotherapeut Albert Ellis keine Lust mehr, die Vergangenheit seiner Patienten wie einen Misthaufen umzugraben, um möglichst viel Störendes ans Licht zu fördern. Und so erkannte Ellis, dass die Arbeit an der Vergangenheit die Menschen »blockierte, sich mit ihrer aktuellen Situation auseinanderzusetzen«.[114]

Ein genialer Gedanke blitzte auf in seinem Kopf: Was, wenn das Problem seiner Patienten nicht in ihrer Vergangenheit lag, sondern in ihrem Denken darüber? Hatte er nicht tausendfach erlebt, dass Menschen unter ihren irrationalen Ich-Muss- und Ich-darf-nicht-Vorstellungen litten? Würde es vielleicht schon reichen, diese zwanghaften Gedanken – er nannte sie »*Muss*turbationen« – auf den Prüfstand zu stellen, um Menschen aus ihrem Denkkäfig zu befreien?

Und so entwickelte Albert Ellis ein Training für Gefühle und Gedanken, das er Rational-emotive Verhaltenstherapie (REVT) nannte. Der Erfolg verblüffte ihn selbst: Patienten, die über Jahre vergeblich in die Psychotherapie gekommen waren, berichteten schon nach wenigen Sitzungen von großen Fortschritten. Die

227

Methode verbreitete sich in Windeseile um den Globus, drängte die Psychotherapie zurück und fand auch bei seelisch Gesunden großen Anklang: Immer mehr Menschen nahmen es selbst in die Hand, sich glücklich statt unglücklich zu denken.

Wie können Sie dieses Training der Gedanken für Ihren Weg in die Selbstbestimmung nutzen? Die Grundidee sieht so aus: Wenn Ihnen ein äußeres Ereignis widerfährt (A), Sie zum Beispiel bei einer Beförderung übergangen werden, reagieren Sie darauf mit einer Konsequenz (C). Zum Beispiel fahren sie Ihr Engagement zurück und grollen Ihrem Chef. Eine solche Reaktion mag Ihnen zwangsläufig erscheinen, ist sie aber nicht; laut Ellis liegt es an Ihnen selbst, wie Sie reagieren – weil A und C durch einen entscheidenden Zwischenschritt verbunden sind: ein B, das für Ihre Bewertung steht.

Jedes Mal, wenn Sie etwas erleben, kleben Sie diesem Ereignis das Etikett einer Bewertung auf – so wie eine frisch hergestellte Flasche durch ihr Etikett zur Wasserflasche oder Spiritusflasche wird. Zum Beispiel etikettieren Sie die entgangene Beförderung als »große Niederlage«, Ihr unordentliches Kind als »völlig chaotisch«, ihre ausführliche Mahlzeit als »Fressanfall« oder Ihre morgendlichen Augenränder vorm Spiegel als »katastrophales Aussehen«. Erst dieses Etikett entscheidet über die Bedeutung eines Ereignisses, ob Sie es für genießbar halten (wie Mineralwasser) oder für giftig (wie Spiritus); ob sie ruhig bleiben oder (innerlich) toben. Vorher war das Ereignis neutral wie eine frisch hergestellte Flasche.

Leider neigen wir beim Etikettieren dazu, übers Ziel der Rationalität hinauszuschießen. Viele Bewertungen bestehen aus Muss-Vorstellungen, aus Übertreibungen, aus Katastrophen-Fantasien, aus Verallgemeinerungen. Kein Wunder, dass der Anblick solcher

228

Etikette Sie in der Selbstbestimmung bremst und Ihre Laune in den Keller schubst.

Der revolutionäre Gedanke von Albert Ellis: Mal angenommen, Ihre Zufriedenheit hinge gar nicht davon ab, ob Sie befördert werden oder nicht, ob Ihr Baby wie verrückt schreit oder still ist, ob Ihre Aktien steigen oder fallen, ob Ihr Partner die Zahnpasta-Tube schließt oder offen lässt, ob Sie die Prüfung bestehen oder durchrasseln, ob Sie im Stau stehen oder der Verkehr fließt. Stellen Sie sich vor, all das wäre für Ihr Glück und Wohlbefinden nicht entscheidend — sondern lediglich, wie Sie all diese äußeren Ereignisse etikettieren, ganz im Sinne des Philosophen Epikur: »Nicht die Dinge selbst beunruhigen die Menschen, sondern die Meinungen und Urteile über die Dinge.«

Dieser Ansatz läuft dem radikalen Behaviorismus entgegen, mit dem Burrhus Frederic Skinner in den 1930er Jahren bekannt wurde. Der Harvard-Psychologe hatte den Mensch als tumben Organismus gesehen, der auf Reize reagiert und sich konditionieren lässt, unfrei wie ein Automat, der unten eine Packung ausspuckt, wenn man oben eine Münze einwirft.[115]

Der Unterschied liegt auf der Hand: Wer meint, keine Wahl zu haben, wer die Außenwelt für seine Stressreaktion verantwortlich macht, ist pausenlos darum bemüht, Störquellen zu beseitigen und äußeren Erwartungen zu entsprechen. Dieser Kampf ist nicht zu gewinnen: Wie wollen Sie es schaffen, sieben Milliarden Menschen nach Ihrer Pfeife tanzen zu lassen? Die Börsen zu bändigen? Die Naturgewalten zu zähmen? Ihrem Partner nach dem Zähneputzen die Hand zu führen? Ihrem Baby Stille zu verordnen? Den Morgenverkehr für Ihre reibungslose Anfahrt zur Arbeit zu lichten?

All das liegt außerhalb Ihrer Möglichkeiten. Deshalb packt Sie die erlernte Hilflosigkeit. Sie haben Stress. Und der Stress hat Sie.

Besser arbeiten Sie an dem, was Sie wirklich beeinflussen können – an Ihren Gedanken. Wie gelingt es Ihnen, die innere Etikettier-Maschine umzuprogrammieren? Wie können Sie die Herrschaft über Ihren eigenen Kopf zurückerobern? Wie schaffen Sie es, unlogische Gedanken zu entkräften, die Sie auf Irrwege führen? Das gelingt Ihnen mit dem ABC-Trick, den Sie gleich vorgestellt bekommen.

DER KLEINE NEUDENKER

Mangelhafte Produkte schicken wir an den Hersteller zurück, um besseren Ersatz zu erhalten. Dasselbe Prinzip funktioniert mit Gedanken, die unser Kopf produziert.

Der ABC-Trick – wie Sie denken, was Sie wollen

Stellen Sie sich vor, Sie stehen morgens vor Ihrem Badezimmer-Spiegel und entdecken einen kleinen roten Fleck auf Ihrer Stirn. Offenbar ein winziger Pickel. Sie schauen genauer hin: Ist er tatsächlich »winzig«? Ihr Kopf neigt sich dichter an den Spiegel, bis Ihr Atem das Glas beschlägt. Was Sie jetzt sehen, beunruhigt Sie: »So kann ich auf keinen Fall aus dem Haus: Dieser Pickel macht mich hässlich!«

Je länger Sie hinschauen, desto alarmierter sind Sie. Was Sie da sehen, ist kein Pickel mehr, sondern ein roter Vulkan, der sich von Ihrer hellen Haut abhebt, bereit zum Eierspeien. Niemand, denken Sie, wird Ihnen mehr in die Augen schauen können, ohne dass sein Blick zu diesem Pickel abschweift. Ist es überhaupt ein Pickel? Oder doch der Vorläufer eines Ausschlags, der Ihr ganzes Gesicht wie einen Streuselkuchen übersäen wird? Was haben Sie gestern Abend eigentlich gegessen? Nüsse dabei? Vielleicht haben Sie ja eine Lebensmittel-Allergie!

Keine Frage, Sie müssen zur Tat schreiten: Kampf dem Pickel! Also drücken Sie mit spitzen Fingern auf ihm herum, in der Hoffnung, er werde kleiner und unsichtbarer. Der anfangs unauffällige Pickel rötet sich durch Ihre Bearbeitung und ist nun tatsächlich nicht mehr so leicht zu übersehen, nicht mal unter Schminke. Ach, hätten Sie bloß die Finger von ihm gelassen!

Dieses alltägliche Beispiel verdeutlicht das Dilemma des irrationalen Bewertens: Ihr Anblick im Spiegel (A) erzeugt eine Bewertung (B), Sie vergeben für den Anblick das Etikett »großer Schönheitsfehler«. Und als Konsequenz (C) schlüpfen Sie in die Rolle des Schönheits-Chirurgen und schaffen es, mit einer Mini-OP einen Maxi-Schaden anzurichten. Was Sie eigentlich verhindern wollten, ein sichtbares Mal auf Ihrer Stirn, brocken Sie sich ein.

Aber was wäre passiert, wenn Sie dem ersten Stressgedanken – »So kann ich auf keinen Fall aus dem Haus: Dieser Pickel macht mich hässlich!« – skeptischer begegnet wären? Vielleicht ist Ihr Wille nicht frei genug, diesen Gedanken zu verhindern (was Schopenhauer bestimmt unterschriebe). Aber Sie haben die Chance, diesen Gedanken – wenn Sie ihn rechtzeitig bemerken – gründlich zu prüfen. »Denken ist schwer, darum urteilen die meisten«, schrieb der Psychoanalytiker Carl Gustav Jung. Ein

Gedanken-TÜV in fünf Schritten kann Ihnen zu mehr Objektivität verhelfen:

▶ **1.**

Stimmt diese Aussage objektiv? Lässt sie sich belegen? Oder übertreibe ich und rede mir etwas ein?

Mögliche Antwort: Es ist definitiv falsch, dass ich mit einem kleinen Pickel auf der Stirn nicht aus dem Haus kann – niemand kann mir das verbieten. Müsste jeder Mensch mit Pickel auf der Stirn zu Hause bleiben, wären die Straßen deutlich leerer (und die Schulhöfe leergefegt!). Der Pickel hat keine Hände, er kann mich nicht zu Hause festhalten. Außerdem ist es unmöglich, dass ein winziger Pickel mich hässlich macht. Zudem: Ich könnte auch mit großem Pickel schön sein, weil Schönheit mit Ausstrahlung und nicht nur mit reiner Haut zu tun hat.

Kommentar: Nun stellen Sie Ihrem spontanen Gedanken eine rationale Analyse gegenüber. Ihre erste Einschätzung gerät durch die Fakten ins Wanken. Sie merken, dass Sie die Situation dramatisiert und sich selbst eingeschränkt haben.

▶ **2.**

Was hat mich zu dieser irrationalen Bewertung veranlasst – welche heimlichen Muss-, Soll- oder Darf-Nicht-Sätze, die ich an mich oder andere richte, leiten mein Denken?

Mögliche Antwort: »Mein Gesicht *muss* makellos sein«, »Ich *darf* keine Schönheitsfehler haben«, »Es darf nicht wahr sein, dass ich Pickel bekomme«, »Andere *müssen* mich schön finden«.

Kommentar: Wenn Sie etwas wollen, zum Beispiel ein makelloses Gesicht, ist das ein Wunsch – und Sie können damit leben, wenn er sich nicht pausenlos erfüllt (denn das haben Wünsche so an sich). Erst wenn Sie heimlich eine Forderung daraus ableiten, sagt Albert Ellis, geraten Sie unter Druck und machen sich das Leben zur Hölle. Solche Forderungen zielen in drei Richtungen: auf Sie selbst (»Ich muss ...«); auf andere (»Du sollst ...«); und auf höhere Mächte (»Das Leben, die Welt, das Schicksal soll ... dafür sorgen, dass ich keine Pickel bekomme«).

▶ 3.
Habe ich einen objektiven Anspruch auf diese Forderungen? Treffen diese Aussagen zu? Oder verlange ich irrational viel?

Mögliche Antwort: Alle meine Ansprüche sind irrational und übertrieben. Erstens die Forderung an mich selbst, denn es wird mir nie gelingen, fehlerfrei zu sein, auch nicht frei von Schönheitsfehlern; Fehler gehören zum Menschsein. Zweitens die Forderung an andere, denn nicht ich entscheide, wer mich für schön hält, sondern die Betrachter selbst – womöglich nach Kriterien, auf die ich keinen Einfluss habe. Und drittens habe ich keinen Anspruch darauf, dass es nicht wahr sein darf, dass ich Pickel bekomme; denn die Realität und die biologischen Vorgänge im Körper folgen nicht den Gesetzen meiner Eitelkeit – auch wenn ich das gerne hätte!

Kommentar: Vom oberflächlichen Stressgedanken sind Sie jetzt eine Ebene tiefer gedrungen, zu Ihren Glaubenssätzen. Diese Sätze – meist stammen sie aus der Kindheit – beeinflussen Ihr Denken in unterschiedlichen Situationen. Wenn es Ihnen gelingt, diese Sätze zu hinterfragen, können Sie die Eigensteuerung zurückerobern.

▶ 4.
Helfen mir diese Annahmen, mich so zu fühlen, wie ich mich fühlen will? Helfen sie mir, so zu handeln, wie ich handeln möchte? Helfen sie mir, stimmig und selbstbestimmt zu leben?

Mögliche Antwort: Im Gegenteil: Ich schränke mich ein! Ich konzentriere mich auf eine minimale Schwäche – und verleihe ihr dadurch ein unnötiges Gewicht. Meine Ansprüche und Forderungen sind so formuliert, dass ich meine eigene Enttäuschung provoziere. Und warum definiere ich mich eigentlich so sehr über mein Äußeres?

Kommentar: Nun haben Sie Ihre *Muss*turbationen einer gründlichen Prüfung unterzogen und sind zu der Meinung gelangt, dass Sie Ihr Leben davon nicht lenken lassen wollen. Also haben Sie die Gelegenheit, diese Gedanken durch günstigere zu ersetzen.

▶ 5.
Wie wünsche ich mir, in dieser Situation zu denken? Welche Sichtweise wäre objektiv angemessen? Welche Gedanken täten mir gut? Wie müsste ich die Sache sehen, um eine Chance darin zu erkennen?

Mögliche Antwort: Ich habe da einen kleinen roten Fleck auf der Stirn. Dieser Pickel ist kaum sichtbar und morgen vielleicht

234

wieder weg. Wahrscheinlich wird ihn außer mir niemand bemerken, denn die meisten Menschen sind zu sehr mit sich selbst beschäftigt. Und wenn den Pickel doch jemand bemerkt, wird ihm klar sein, dass es sich um einen natürlichen Vorgang handelt, der keine Rückschlüsse auf meine Wertigkeit zulässt. Deshalb werde ich keine weitere Aufmerksamkeit an diesen Mini-Pickel verschwenden und unbelastet aus dem Haus gehen.

Kommentar: Dieses realistische Denken orientiert sich an den Fakten und an Ihrem Nutzen. Schließlich ist es legitim, dass Sie sich mit Ihrem Denken nützen und nicht schaden wollen. Die Situation vorm Spiegel hat sich nicht verändert: Noch immer befindet sich der Pickel auf Ihrer Stirn. Der einzige Unterschied bei dieser Variante: Ihr Verstand hat sich in jener Sekunde eingeschaltet, als Ihre Bewertung ein irrationales Etikett aufgeklebt hat. Also konnten Sie es prüfen, für falsch befinden und durch ein neues überkleben. Durch Achtsamkeit ist es Ihnen gelungen, die negative Gefühlsspirale – die bis zur Angst vor einer Allergie hätte führen können – frühzeitig zu unterbrechen.

DER KLEINE NEUDENKER

Probleme sind wie Gespenster: Wer an sie glaubt, sieht sie überall. Mit dem Licht des Verstandes lassen sie sich oft austreiben.

235

Ein Nein zum Chef mit Anlauf

Der Pickel auf der Stirn war ein einfaches Beispiel, um die Abläufe des irrationalen Denkens und die Gegenmittel zu erklären. Dieses Modell lässt sich auf Situationen übertragen, in denen es um Ihre Selbstbestimmung geht. So kam die Ingenieurin Corinna Schuster (32) mit hängendem Kopf in die Beratung. Ihr Chef hatte ihr mal wieder ein Projekt mit internationalen Kunden angetragen, das sie in drei Monaten abschließen sollte. Dabei war die Aufgabe so komplex, dass dafür vier bis fünf Monate nötig gewesen wären. Sie sollte wieder mal Überstunden knüppeln.

Allerdings kämpfte Schuster schon jetzt mit gesundheitlichen Beschwerden, unter anderem Einschlafstörungen. Und ihre Ehe kriselte, denn ihr Mann, der als Lehrer geregelte Arbeitszeiten hatte, warf ihr vor: »Du bist verheiratet mit deiner Arbeit, nicht mit mir!«

Ich fragte Corinna Schuster: »Welches waren die ersten Gedanken, die Ihnen bei der Anfrage Ihres Chefs durch den Kopf schossen?« Ihr fielen folgende Überlegungen ein:

»Ich muss diese Überstunden jetzt ein paar Monate lang machen, sonst bin ich bei meinem Chef für immer unten durch. Ich würde der Firma schreckliche Probleme bereiten. Das ganze Projekt ginge baden, und der Kunde wäre womöglich weg. Fast alle Kollegen arbeiten noch viel mehr als ich, nur eine Heulsuse würde sich beklagen.«

Ich bat sie, diese Gedanken Punkt für Punkt aufzuschreiben – und sich dann, mit kritischem Blick von außen, jedes Mal zu fragen: Stimmt das? Gibt es Beweise dafür? Oder kann es auch anders sein? Am Ende las sie folgendes Ergebnis vor:

▶ 1.

Ich muss diese Überstunden machen, sonst bin ich bei meinem Chef für immer unten durch.

Stimmt das? Nein, denn ich »muss« die Überstunden nicht machen. Meine Arbeitszeiten sind vertraglich festgelegt. Und was darüber hinausgeht, darf laut Gesetz nur Ausnahme im Notfall sein. Und es ist Hellseherei, dass ich den Groll meines Chefs vorhersagen will, auch noch »für immer«. Offenbar glaube ich, bei meinem Chef beliebt sein zu müssen. Sein Respekt wäre wichtiger.

▶ 2.

Ich würde der Firma schreckliche Probleme bereiten.

Stimmt das? Nein, denn schließlich erfülle ich jenen Arbeitsvertrag, den die Firma mit mir abgeschlossen hat. Falls Probleme entstehen, bereitet die Firma sie sich selbst durch ihre zu dünne Personaldecke. Vielleicht ist mein Nein ein hilfreiches Signal, um die Personallücke zu schließen.

▶ 3.

Das ganze Projekt ginge baden, und der Kunde wäre womöglich weg.

Stimmt das? Nein, denn ich kann nicht wissen, was die Zukunft bringt. Aber die Vergangenheit hat gezeigt, dass sich in kritischen Situationen, etwa wenn jemand krank wurde, immer Lösungen gefunden haben. Daher ist es wahrscheinlich, dass das Projekt nicht allein mit meinen Überstunden steht und fällt. Und dass der Kunde weg wäre, ist eine dramatisierende Vermutung. Es gab schon viele verspätete Projekte, ohne dass die Kunden abgesprungen sind.

▶ 4.

Fast alle Kollegen arbeiten noch viel mehr als ich, nur eine Heulsuse würde sich beklagen.

Stimmt das? Nein, es sind nicht »fast alle«, sondern nur einige Kollegen (und kaum Kolleginnen), die mehr als ich arbeiten. Und ich bin keine Heulsuse, wenn ich meine Überlastung beklage, sondern nehme nur meine Bedürfnisse ernst. Das bin ich mir schuldig, meine Schlafstörungen sind ein deutliches Warnsignal. Heimlich erwarte ich offenbar von mir: »Ich muss so viele Überstunden wie die härtesten Kollegen machen!« Aber niemand zwingt mich, mit den Kollegen in einen Überstunden-Wettstreit zu treten, dessen Gewinner sich dann in der Burnout-Klink wiedersehen. In erster Linie bin ich meiner eigenen Gesundheit, meiner Beziehung und meinem Wohlbefinden verpflichtet.

Nach dieser Analyse sagte Corinna Schuster: »Ich will diese Überstunden nicht leisten, sie schaden mir und meiner Beziehung. Und es ist mein gutes Recht, Nein zu sagen. Bei den letzten Projekten habe ich 60 Stunden pro Woche gearbeitet und am Ende Aufputschmittel genommen. Das will ich nie wieder erleben.«

Ich schlug Corinna Schuster vor, ihr Nein mit einem konstruktiven Vorschlag zu verbinden und fragte: »Welche Unterstützung bräuchten Sie, um das Projekt in der regulären Zeit zu schaffen?«, »Wie weit müsste der Endtermin nach hinten verschoben werden, wenn Sie alleine daran arbeiten?«, »Gibt es vielleicht ein kleines Maß an Überstunden, das für Sie stimmig wäre?«, »Und wenn ja: Wie könnten Sie in Ihrem Privatleben für einen Ausgleich sorgen?«

Am Ende fand sie zu folgendem Standpunkt: »Ich biete meinem Chef an, dass ich pro Woche 45 Stunden arbeitet, aber keine

Minute länger! Mit dieser Arbeitszeit kann ich gut leben. Und für die Überstunden nehme ich mir direkt danach einen Freizeitausgleich. Dann werde ich mit meinem Mann in den Herbstferien eine Reise unternehmen, die wir schon oft durch meine Arbeit verschoben haben. Wenn ich einen Praktikanten als Unterstützung bekomme, ließe sich der Projekttermin sogar halten. Wenn nicht, bräuchte ich 1 ½ Monate mehr Zeit.«

Corinna Schuster erwartete eine lange Diskussion mit ihrem Chef. Aber nichts dergleichen geschah. Offenbar strahlte sie so viel Klarheit aus, dass ihr Chef merkte: Diskutieren bringt nichts! Sie bekam ihren Praktikanten bewilligt. Und das Projekt ging gut über die Bühne.

Hier ein paar weitere Kurzbeispiele für Situationen, in denen das Gedankentraining zu mehr Selbstbestimmung verhalf:

»Ich darf meine Freunde nicht enttäuschen. Deshalb muss ich mitmachen, obwohl ich keine Lust habe.«
Stimmt das? Nein, es ist durchaus gestattet, dass ich zu meinen Freunden ehrlich bin. Was sie mit dieser Ehrlichkeit anfangen, ob sie enttäuscht oder erfreut sind, bleibt ihnen selbst überlassen. Wahrscheinlich reagieren die Freunde mit Verständnis, weil ihnen mein Wohl am Herzen liegt. Und sicher ist ihnen eine ehrliche Absage lieber als eine geheuchelte Zusage. Wäre ja noch schöner, wenn ich nicht mal gegenüber meinen Freunden ehrlich sein könnte!

»Ich muss mein Handy nach Feierabend eingeschaltet lassen, sonst stehen die Kollegen im Regen, wenn ein Problem auftaucht.«
Stimmt das? Nein, ich muss nur zur offiziellen Arbeitszeit erreichbar sein. Danach beginnt meine Freizeit. Sie gehört mir und

soll meiner ungestörten Erholung dienen. Meine Kollegen stehen deshalb nicht im Regen. Die meisten Probleme lassen sich auch ohne meine Hilfe lösen. Oder zur Not am nächsten Tag. Ein paar Jahrtausende ohne Handy beweisen das.

»Ich kann dem Kunden doch nicht auf die Nase binden, dass ich heute schlecht drauf bin, weil meine Mutter gestern Nacht ins Krankenhaus gekommen ist. Ich muss gute Miene zum bösen Spiel machen.«

Stimmt das? Offenbar gehe ich davon aus, dass ich einem Kunden als Serviceautomat begegnen muss, ohne das Recht auf eigene Gefühle. Dabei wünschen sich Kunden doch Betreuer, die menschlich sind. Wahrscheinlich würde es der Kunde als Vertrauensbeweis und Zeichen der Offenheit werten, wenn ich ihn in meine Situation einweihe. Sicher ist das besser, als wenn ich die ganze Zeit abwesend wirke – und der Kunde die Gründe bei sich sucht.

Dieses rationale Denken wird Ihnen zu besseren Gefühlen, zu stimmigeren Entscheidungen und einem Leben verhelfen, das einzig statt artig ist.

DER KLEINE NEUDENKER

Zwang ist ein Kleber, den sich Menschen auf den eigenen Stuhl schmieren – ehe sie andere dafür verantwortlich machen, dass sie sich nicht mehr bewegen können.

Finger weg vom Publikumsjoker!

Warum schreibt sich eine Abiturientin, die Tischlerin werden will, dann doch als Germanistin ein? Warum tritt eine bekennende PowerPoint-Hasserin vor ihr Publikum mit einer Power-Point-Präsentation? Warum nimmt eine überzeugte Fachkraft, die es auch bleiben möchte, eine Beförderung an? Warum steckt eine junge Mutter, die nichts von Mode hält, ihr Kind in farblich abgestimmte Trendkleidung? Und warum schaut ein Bücherfreund, der mit dem Fernseher verfeindet ist, dann doch das Dschungel-Camp? Wenn Sie nachfragen, lautet die Antwort: »Die anderen tun's doch auch!« Und was die Masse tut, ist scheinbar für alle gut.

Wir greifen zum Publikumsjoker und geben die Antworten auf Fragen zu unserem Leben in fremde Hände. Aber hilft die viel gerühmte Schwarmintelligenz denn nicht? Vergessen Sie nie, dass es auch die Schwarmdummheit gibt! Sie hat ehrbare Frauen als Hexen und Giordano Bruno als Ketzer verbrannt; sie hat die Schienen nach Auschwitz gelegt und den totalen Krieg gewollt; sie bläst Börsenkurse bis zum Zerplatzen auf und bejammert dann den Crash; und sie lässt eine Gesellschaftsordnung zu, bei der ein Prozent der Weltbevölkerung mehr besitzen als 99 Prozent zusammen,[116] während jeden Tag 57 000 Menschen verhungern.[117] »Der Zivilisation ist es gelungen, das Raubtier im Menschen auszuschalten. Nicht aber den Esel«, resümierte der britische Staatsmann Winston Churchill.

Die »Schwarmintelligenz« mag für Fragen der Allgemeinbildung gelten, aber sie weiß keine Antworten auf gesellschaftliche und schon gar nicht auf individuelle Fragen. Niemand kennt

Ihren Geschmack, Ihre Vorlieben, Ihre Visionen so gut wie Sie selbst. Hinter der Konformität steckt ein Denkfehler: Viele meinen, das Risiko für Fehlentscheidungen sinke, wenn sie mit der Masse laufen. In Wirklichkeit aber sinken ihre Chancen auf den gewünschten Erfolg.

Wie will ein Bewerber seinen Traumjob bekommen, wenn er, genau wie die Masse, seine Unterlagen nach Anleitung des meistverkauften Bewerbungsratgebers gestaltet? Wie will die Marketing-Fachfrau sich bei der großen Messe abheben, wenn sie, genau wie die Masse, eine durchschnittliche Power-Point-Präsentation hält?

Wie leicht sich die Masse sogar bei Fragen der Logik irrt, beweist eine einfache Rechenaufgabe: Wenn ein Baseball-Schläger und ein Ball zusammen 1,10 Euro kosten, und der Schläger kostet einen Euro mehr als der Ball – was kostet dann der Ball? Fragen Sie einen ganzen Saal, und tausend Stimmen antworten: »Der Ball kostet 10 Cent.« Stimmt das tatsächlich? Rechnen Sie nach!

Wahr ist: Würde der Ball 10 Cent kosten, käme der Schläger auf 1,10 Euro – was zusammen 1,20 Euro macht. Der Denkreflex der Masse führt in die Irre, wie der amerikanisch-israelische Psychologe Daniel Kahneman in seiner Nobelpreis-Rede nachwies. Der Ball kostet 5 Cent: 0,05 + 1,05 = 1,10 Euro.[118]

Verabschieden Sie sich von der Massenmeinung, suchen Sie eigene Lösungen. Wie beim Lotto. Nie würden Sie genau jene Zahlen ankreuzen, von denen Sie wissen, dass es Tausende andere auch tun – Ihnen ist klar: Ein durch so viele Menschen dividierter Gewinn wäre ein Gewinnchen. Wer Besonderes erreichen will, muss auch besondere Wege einschlagen – eigene Wege. Ich wette, dass die PowerPoint-Gegnerin bei einer frei gehaltenen Präsentation viel glaubwürdiger als mit Folien wäre!

Wer sich verführen lässt, sein Denken mit der Mehrheit gleich-
zuschalten, riskiert viel. Gut kann ich mich an Jürgen Seibel (57)
erinnern, einen in Ehren ergrauten Pharmavertreter. Sein ganzes Berufsleben lang war er eine ehrliche Haut gewesen. Aber
nach einem Firmenwechsel wurde er von den neuen Vertriebs-
kollegen zur Brust genommen: Er müsse sich in den Pensionen
höhere Übernachtungs-Rechnungen schreiben lassen, das sei in
dieser Truppe »üblich«. »Wenn du das nicht tust«, mahnten die
Kollegen, »lieferst du uns ans Messer: Dann fallen unsere höheren Abrechnungen auf.«

Jürgen Seibel kämpfte lange mit sich. Und schließlich gab er
nach, stieg in denselben Pensionen ab und bekam dieselben über-
höhten Rechnungen. Die Zwischensumme steckte er sich als Gewinn ein, was ihn sehr belastete.

Und wer flog mit dieser Betrügerei auf? Jürgen Seibel! Sein
schlechtes Gewissen hatte dazu geführt, dass er sich selbst bei einer Spesenabrechnung verraten hatte. Die Kollegen blieben im
Job, er flog raus. Und das alles, weil er dem Schwarm gefolgt war,
statt seinen eigenen Werten.

Darin liegt ja der Hohn: Natürlich können Sie synchron mit
der Masse denken, ihre Meinung teilen, ihren Geschmack übernehmen, ihre Gurus anbeten, ihre Gewohnheiten pflegen, ihre
Programme schauen, ihre Parteien wählen, ihre Kriege führen
und ihre Slogans nachplappern. Das Problem ist nur: Wer mit
der Masse handelt, fällt dennoch ganz allein auf die Schnauze!

Gehen Sie in ein Altenheim, und sprechen Sie mit Menschen,
die auf ein langes Leben zurückblicken (was ich bei Lesungen
tue). Sie werden Dutzende finden, die es bitter bereuen, der Masse gefolgt zu sein. Da ist der alte Mann, der sich als Jugendli-
cher unter dem Einfluss seiner Freunde noch 1945 als freiwilliger

Soldat gemeldet hat, um für das Vaterland zu kämpfen, aber in Wirklichkeit sein Leben für den Massenmörder Adolf Hitler riskierte (und heute noch Alpträume davon hat); die alte Dame, die sich nur deshalb von ihren eigenen Berufsplänen hatte abbringen lassen, weil zu ihrer Zeit alle behaupteten, eine Frau werde von ihrem Mann ernährt und kümmere sich hauptberuflich um die Kinder (was sie gegen ihre Überzeugung tat, bis sie schließlich alleine dastand und ihr nur Hilfsarbeiten blieben); und der alte Spielzeug-Erfinder, der seine Ideen immer nur in den Dienst von Firmen gestellt hat (noch dazu für mageres Geld), weil seine Eltern und Freunde eine Festanstellung als »sicher« und eine eigene Firma, wie er sie gerne gehabt hätte, als »viel zu riskant« darstellten.

Am Ende ihres Lebens bereuen die Menschen so gut wie nie, dass sie eigene Wege gegangen sind. Aber sie bereuen so gut wie immer, dass sie ihren Willen aufgegeben und auf den Publikumsjoker gesetzt haben. Denn was für die Masse üblich ist, kann für den Einzelnen übel sein.

DER KLEINE NEUDENKER

Wenn tausend Menschen dasselbe denken, haben 999 in Wirklichkeit nichts gedacht. Konformes Denken ist so unmöglich wie trockenes Schwimmen.

DIE SELBSTCOACHING-ÜBUNG

Trainieren Sie, Ihre Gedanken zu steuern!

Bitte erinnern Sie sich an zwei Situationen der letzten Monate, in denen Sie etwas taten, was Sie danach bereuten. Notieren Sie kurz, was es war:

Mein Handeln (C), Situation 1:

_____

_____

_____

Mein Handeln (C), Situation 2:

_____

_____

_____

Nun gehen Sie die beiden Situationen durch und fragen sich: Was war passiert (A), dass ich diese Konsequenzen (C) zog?

Mein Auslöser (A), Situation 1:

_____

_____

_____

Mein Auslöser (A), Situation 2:

_____

_____

_____

Und jetzt erforschen Sie: Welche Bewertung (B) hat mich zu meiner Konsequenz veranlasst?

Meine Bewertung (B), Situation 1:

_____

_____

_____

Meine Bewertung (B), Situation 2:

_____

_____

_____

Prüfen Sie den Sachverhalt in zwei Schritten.

Erstens: Wie objektiv haben Sie den Auslöser beschrieben? Sind das Fakten? Oder schon Bewertungen? Wie könnte man es anders sehen?

Zweitens: Sind Ihre Bewertungen objektiv richtig? Oder interpretieren, übertreiben, dramatisieren Sie? Könnte auch das Gegenteil richtig sein? Wie hätten Sie bewerten müssen, um stimmiger zu reagieren?

Notieren Sie die Auslöser und Bewertungen noch einmal neu im Licht der Reflexion – und lernen Sie für künftige Situationen.

_____

_____

_____

_____

11 Ein wohl-gefühltes Leben:
Wie Emotionen Ihre Freunde werden

In diesem Kapitel erfahren Sie …

▶ wie Ihre Emotionen Sie zum Mitläufer
  machen können,

▶ warum Ihre emotionale Intelligenz
  der Schlüssel zu Ihren Lebenszielen ist,

▶ weshalb Ihr Arzt Sie nachweislich besser behandelt,
  wenn Sie ihm vorher ein Geschenk machen

▶ und wie Sie Selbstmitleid wenden
  und zur produktiven Kraft machen.

Manipulation durch Emotion

Die gefährlichste Krankheit, mit der Sie sich anstecken können, wird von Ärzten nicht behandelt. Diesen Virus können Sie sich einfangen, wenn Sie auf andere Menschen treffen, ob im Büro, in der U-Bahn oder im Supermarkt. Sie infizieren sich, ohne es zu bemerken. Dann denken Sie Dinge, die Sie nicht denken wollen, und gehen (oder unterlassen) Schritte, die Sie nicht gehen (oder unterlassen) wollen. Diese Krankheit macht Sie zum ferngesteuerten Wesen.

Angenommen, Sie sind ein hilfsbereiter Mensch, sitzen in einem Vorzimmer und warten auf einen Termin. Plötzlich fällt Ihnen auf, dass unter einem Türspalt dichter Rauch hervorquillt. Sofort ist Ihnen klar: Feuer – Lebensgefahr! Aber werden Sie tatsächlich Alarm schlagen, wie es die Vernunft und Ihre Werte gebieten? Oder kann es sein, dass Sie einfach nur stumm dasitzen, ohne einen Finger zu krümmen?

Zweite Situation: Sie hören, dass im Zimmer nebenan ein Mensch verzweifelt um Luft ringt, würgt und herzzerreißend stöhnt. Offenbar kämpft er mit einem epileptischen Anfall! Werden Sie die Tür aufreißen und ihm in seiner Not zu Hilfe eilen? Oder kann es sein, dass Sie weiter den »Stern« lesen oder aus dem Fenster schauen, während nebenan einer zu verrecken droht?

Zwei Psychologen aus New York, Bibb Latane und John Darley, haben mit ihren Experimenten nachgewiesen: Von zehn Menschen ignorierten sieben den Rauch, und sechs reagierten nicht auf den epileptischen Anfall im Nebenraum.[119]

Aber was, um Himmels willen, hielt die Menschen vom Handeln ab? Es war die schlichte Tatsache, dass sie im Zimmer nicht allein waren! Dort saßen weitere Menschen, die nicht eingriffen und große Gelassenheit verströmten – eine Emotion, die sich offenbar auf die ursprünglich Alarmierten übertrug und sie vom Helfen abhielt. Die Mitmenschen um sie herum blieben ruhig. Alles schien seine Richtigkeit zu haben!

Dagegen schlugen acht bis neun Teilnehmer Alarm, wenn sie allein im Raum waren. Dann blieben ihre Emotionen unbeeinflusst, sie hörten auf ihre innere Stimme und fühlten sich verantwortlich.

Fremde Emotionen springen wie ein Virus auf uns Menschen über. Jeden Tag laufen wir Gefahr, manipuliert zu werden. Zum Beispiel gehen Sie entspannt Ihrer Arbeit nach, dann fliegt die Tür auf und Ihr Chef stürzt in den Raum, mit flackerndem Blick und hektischem Zucken um die Mundwinkel. Er murmelt etwas von »Terminschwierigkeiten«, keucht hektisch und zupft sich am Ohr. Sein Körper vibriert vor lauter Spannung.

Wie, denken Sie, wirkt sich seine Anwesenheit auf Sie aus? Werden Sie entspannt bleiben? Sind Sie danach emotional noch derselbe, der sie waren, ehe er den Raum betrat? Sehr wahrscheinlich nicht! Studien weisen nach: Wenn zwei Menschen in einem Raum sitzen, gleichen sich die beiden einander an, emotional und körperlich. Sogar dann, wenn sie kein Wort miteinander reden – aber erst recht, wenn doch. Der Ausdrucksstärkere infiziert den (oder die) anderen. Der Atem, die Stimmlage, die Sprechgeschwindigkeit, die Körperhaltung, der Herzschlag, das komplette emotionale Befinden gleichen sich einander an.[120] Die Hektik Ihres Chefs wird Sie selbst zum Hektiker machen.

Sogar beim Lesen dieses Buches können Sie sich emotional anstecken. Es reicht schon, dass ich hier das Wort »gähnen« schreibe – und schon steigt die Wahrscheinlichkeit enorm, dass Sie sich müde fühlen und in den nächsten Minuten gähnen. Und wenn andere Menschen Sie gähnen sehen, ist die Chance wiederum groß, dass diese bald auch gähnen. Und wenn jemand im Nebenraum das Geräusch des Gähnens nun hört, wird er sich bald auch müde fühlen und ins Gähn-Konzert einfallen (wie Studien mit blinden Menschen ergeben haben, denen man Geräusche vom Tonband vorspielte).[121]

Was Sie sehen, hören oder lesen, kann in Ihnen ein emotionales Echo erzeugen und Ihren Verstand ausschalten. Sie gähnen, ohne dass Sie müde sind. Sie kaufen, ohne dass Sie Bedarf haben. Sie stimmen zu, obwohl Sie eigentlich dagegen sind.

Die emotionale Manipulation lauert sogar in scheinbaren Belanglosigkeiten. Stellen Sie sich vor, Sie sollen einen neuen Kopfhörer testen. Der Studienleiter fordert Sie auf, die ganze Zeit heftig mit dem Kopf zu nicken und auf die Tonqualität zu achten. Sitzt der Kopfhörer gut? Können Sie alles klar verstehen? Erst hören Sie zwei Rocksongs, dann folgt ein Kommentar. Dort wird vorgeschlagen, eine bestimmte Gebühr für Haushalte wie Ihren von jährlich 587 auf 750 Euro zu erhöhen. Werden Sie dem Vorschlag zustimmen, obwohl Sie der Meinung sind, schon genug zu bezahlen?

Gut möglich, denn Studenten haben bei einem Experiment dieser Anordnung der Erhöhung ihrer Studiengebühren von 587 auf 750 Dollar zugestimmt – aber nur jene, die aufgefordert waren, durchgehend zum Test der Kopfhörer zu nicken. Zwei Vergleichsgruppen hielten ihren Kopf still oder schüttelten ihn. Diese Gruppen traten gegen eine Erhöhung der Gebühren ein. Keiner Gruppe war klar, dass ein Zusammenhang zwischen ihrer Kopfbewegung und ihrer Meinung bestand.[122] Ganz offensichtlich entsprang die Konformität nicht ihrem Verstand, sondern einem emotionalen Impuls.

In seinem grandiosen Buch »Tipping Point« beschreibt der kanadische Autor Malcolm Gladwell, wie sich Produkte, Meinungen und Veränderungen gleich Epidemien ausbreiten. Am Anfang sind Einzelne infiziert – die »Vermittler« –, und je mehr Andere sie anstecken, desto schneller verbreitet sich die soziale Epidemie. Die Angesteckten stecken die Nächsten an, die Nächsten die Übernächsten – bis eine kritische Masse überschritten und der »Tipping Point« erreicht ist. Dann ist der Siegeszug nicht mehr zu bremsen. Die Menschen verlieren ihr kritisches Denken als Immunabwehr und werden mitgerissen. Oder, wie Heinrich Heine sagt: »Weise erdenken neue Gedanken, und Narren verbreiten sie.«

Gibt es einen Weg, sich gegen solche heimliche Fremdbestimmung zu wehren? Gibt es einen Weg, die eigenen Emotionen zu bestimmen, statt von ihnen bestimmt zu werden? Ja – was Sie dazu brauchen, ist emotionale Intelligenz (siehe nächstes Kapitel).

DER KLEINE NEUDENKER

Emotionen sind wie Flöhe: Sie springen von einem Menschen auf den anderen über. Es lohnt sich, das eigene Fell immer wieder nach ihnen zu durchsuchen.

So nutzen Sie Ihre emotionale Intelligenz

Tief im Wald – der Abend dämmert schon – kniet ein Urmensch und pflückt Heidelbeeren. Da knackt es hinter ihm im Gebüsch. »Aha«, denkt er sich, »dort bewegt sich etwas. Was mag es sein: Fuchs? Bär? Räuber?« Er grübelt einen Moment und schüttelt seine Bedenken ab: »Vielleicht hat sich nur ein Ast gelöst.« Also wendet er sich wieder seinen Heidelbeeren zu. Bis es erneut knackt – und ein Tatzenhieb seinen Nacken trifft.

Meinen Sie, diese Geschichte kann sich so zugetragen haben? Kaum, denn das Knacken hätte eine starke Emotion aufflammen lassen: Furcht. Das Wort »Emotion« stammt vom Lateinischen »emovere«, was für »(heraus)bewegen« steht. Emotionen lassen uns fliehen oder kämpfen, ohne dass der Verstand lange abwägen muss. Im Bruchteil einer Sekunde erledigt die Furcht, wozu der Kopf viel länger bräuchte: Sie mobilisiert Kräfte.

Das Gesicht des Urmenschen erbleicht, weil das Blut in seine große Skelettmuskulatur rauscht, besonders in die Beine – damit er rennen kann. Seine Augenbrauen heben sich, damit seine Netzhäute mehr Licht einfangen und sein Blickfeld sich erweitert, um die Gefahr zu orten. Sein Herz schlägt auf Hochtouren, um den Körper mit Energie zu versorgen, damit er von null auf hundert starten kann. Und sein Blick sieht keine Heidelbeeren mehr, sondern verengt sich auf die Quelle der Gefahr.

Ein Adrenalinschub senkt sein Schmerzempfinden: Verletzungen sollen ihn nicht am Weiterkämpfen hindern. Sein Nacken versteift sich, damit er nicht so schnell verblutet, wenn ihn ein Raubtier von hinten am Hals packt. Und der aufflammende Zorn, als er den Bären endlich sieht, lässt Blut in seine Hände schießen und ihn die Waffe fester greifen: Jetzt kann der Kampf beginnen. Oder – je nach Stärke des Bären – die Flucht.

Emotionen sind wie geniale Computerprogramme, die uns die Evolution auf den Leib geschrieben hat für bestimmte Situationen. Warum ziehen wir uns zurück, wenn uns die Trauer packt? Weil die frische Witwe des Jägers ohne Beschützer in ihrer Höhle sicherer war als draußen. Und der reduzierte Stoffwechsel ihres Körpers sorgte dafür, dass sie so rasch nicht raus zur Nahrungssuche musste. Warum rümpfen wir die Nase und schürzen die Lippen, wenn uns der Ekel packt? Weil wir den Mund und die Nasenlöcher schließen wollen, damit nichts Giftiges in unseren Körper oder in unsere Atemwege gelangt. Und warum schreien und toben wir, wenn die Wut uns packt? Weil solche Ausbrüche bestens geeignet sind, einem Angreifer klarzumachen, dass wir uns wehren können. Je mehr Wut ein Mensch entwickeln konnte, desto größer seine Überlebenschancen.

Das Problem ist nur: Wir leben nicht mehr im Neandertal, sondern in der Zivilisation. Und dasselbe Programm, das damals unser Leben gerettet hat, kann es uns heute kosten. Früher wurde all die Energie, die Furcht oder Zorn in einen Körper jagten, prompt abgebaut – durch Kampf oder Flucht. Heute löst ein Streit bei der Arbeit oder zu Hause genau dieselbe Reaktion aus. Der Blutdruck schießt nach oben, die Stresshormone sprudeln, das Herz rast – aber die Energie bleibt im Körper. Es sei denn, Sie wollen Ihren Chef mit einer selbstgebastelten Keule für seine soziale Inkompetenz bestrafen. Oder vor Ihrer Beziehungskrise, laut durchs Treppenhaus schreiend, davonlaufen.

Während wir ein iPhone in der Hand halten, sind unsere Emotionen im Zeitalter der Keulen zurückgeblieben. Die überschüssige Kampf- und Fluchtenergie beschert uns Zivilisationskrankheiten:

Unser Blutdruck ist dauerhaft hoch, unsere Herzgefäße verkalken, unser Nacken versteift, und vor lauter überschüssiger Energie können wir in der Nacht nicht schlafen und in der Freizeit nicht entspannen – was wiederum zu psychischen Erkrankungen führt.

Der US-Psychologe Daniel Goleman ging der Frage nach, warum Menschen mit hohen Intelligenzquotienten im Leben so oft auf der Strecke bleiben. Seine Antwort: Weil sie nur ihren Verstand, nicht aber ihre Emotionen beherrschen. Dabei entscheidet der Umgang mit den eigenen Gefühlen über Erfolg und Glück; Goleman spricht von »emotionaler Intelligenz«.

Was zeichnet emotionale Intelligenz aus? Wie lässt sie sich entwickeln? Und welche Rolle kann sie für ein selbstbestimmtes Leben spielen? Fünf Qualitäten – frei nach Goleman – verleihen Ihnen emotionale Intelligenz:

▶ 1.

Erkennen Sie Ihre Emotionen!

Sicher haben Sie es schon erlebt, dass ein Mensch mit hochrotem Kopf wie Rumpelstilzchen vor Ihnen tanzte und brüllte: »Ich bin nicht wütend, verdammt noch mal!« Aber wie will jemand, der sich seine Gefühle nicht eingesteht, mit diesen umgehen? Darum ist es so wichtig, dass Sie einen inneren Gefühls-Seismographen etablieren. Welches Gefühl empfinden Sie gerade, Angst oder Zorn, Hass oder Trauer, Scham oder Neid, Freude oder Liebe? Wie hoch ist der Wert, wenn Ihre Skala von eins (für ganz gering) bis zehn (für ganz hoch) reicht? Ist die Emotion am Steigen? Oder klingt sie schon wieder ab? Und wodurch wurde sie ausgelöst? Welche Gedanken haben sie verstärkt? Und welche Gedanken können sie mindern?

Je genauer Sie wissen, was Sie empfinden, desto größer ist Ihre Chance, das Gefühl zu beeinflussen.

► **2.**

Lernen Sie, mit Ihren Emotionen umzugehen!

Die Aufgabe besteht *nicht* darin, Emotionen zu unterdrücken, denn das würde sie nur verstärken – wer sich tausendmal einredet, er sei nicht wütend, denkt dabei tausendmal über seine Wut nach und schaukelt sie hoch. Vielmehr geht es um angemessene Emotionen, wie Aristoteles sie fordert. Ist die Wut, die Sie empfinden, berechtigt? Verschafft sie Ihnen Vorteile? Hilft sie Ihnen, zum gewünschten Erfolg zu kommen? Oder verhindern Sie ihn damit? Welche Emotion wäre der Situation angemessen und stimmig?

Möchten Sie sich von der Hektik Ihres Chefs anstecken lassen? Möchten Sie, weil Ihre Kollegen Panik verbreiten, selbst panisch werden? Möchten Sie, weil andere beim Anblick von Rauch gelassen bleiben, auch Gelassenheit empfinden? Oder entscheiden Sie sich bewusst dagegen, dass Sie von fremden Gefühlen beherrscht werden?

Ein solcher innerer Disput – ähnlich wie beim Umgang mit irrationalen Bewertungen – unterstützt Sie dabei, Emotionen zu steuern und individuell zu entscheiden. Statt nur zu überlegen, was Sie an Ihrem Streitpartner aufregt, könnten Sie sich gezielt fragen: »Und was mag ich an ihm? Was habe ich ihm zu verdanken?« Schon sinkt Ihre Wut, und Sie können konstruktiver handeln.

► **3.**

Stellen Sie die Emotionen in den Dienst Ihrer Ziele!

Die Paradedisziplin eines selbstbestimmten Lebens? Emotionale Selbstbeherrschung, damit Sie im Einklang mit Ihren Werten leben können. Zwar ist die Verlockung groß, sich von Angst, Zorn, Hass, Neid, Eifersucht oder Ehrgeiz mitreißen zu lassen –

aber wollen Sie das wirklich? Oder fühlt es sich stimmiger an, die Emotionen sinnvoll zu nutzen?

Wer Angst vor einer Prüfung hat, kann sich dieser Emotion hingeben: Dann werden seine Gedanken nur noch um die Angst und nicht mehr um seinen Lernstoff kreisen. Oder er nimmt die Angst als wichtigen Hinweisgeber, der ihm sagen will: »Bereite dich gründlich vor!« Dann hat er das Gefühl produktiv genutzt – während andere, die leichtfertiger waren, durch die Prüfung rasseln.

▶ **4.**

Versetzen Sie sich in andere!

Wenn Sie Ihre eigenen Emotionen kennen, ist das die beste Voraussetzung, um andere Menschen besser zu verstehen. Zum Beispiel werden Sie erkennen, dass die meisten zornigen Menschen von Unsicherheit geleitet werden – also ein Problem mit sich selber haben und nicht mit Ihnen. Und wer eifersüchtig ist, kämpft mit dem eigenen Selbstwert mehr als mit der (vermeintlichen) Untreue des Partners.

Auf dieser Basis können Sie reif mit den anderen und ihren Gefühlen umgehen. Zudem werden Sie erkennen, welche Werte den einzelnen Menschen wichtig sind, denn starke Gefühle entstehen meistens bei Wertekonflikten – dann können Sie bewusst entscheiden, worauf Sie eingehen. Und wo Sie sich abgrenzen.

▶ **5.**

Gestalten Sie beglückende Beziehungen!

Das Lebensglück steht und fällt mit Beziehungen, Ihrer Liebe, Ihren Freundschaften, Ihren Familienkontakten und Ihren Arbeitsbeziehungen. Emotionale Intelligenz hilft Ihnen, sich mit den richtigen Menschen zu umgeben – solchen, die Ihre positiven Gefühle wecken. Achten Sie auf die Ausschläge Ihres inneren Seismographen! Positive Kontakte sollten Sie ausbauen und vertiefen. Andere Beziehungen, die Ihre Gefühle auf Talfahrt schicken, sollten Sie reduzieren, abbrechen oder verändern – zur Not sogar zu Familienangehörigen.

Indem Sie sich und Ihre Gefühle besser kennen, können Sie auch besser in andere Menschen hineinschauen und beglückende Kontakte gestalten. Zudem führt die Kenntnis von Emotionen zu einer sozialen Kompetenz, die Sie unter anderem fürs Führen und Erziehen qualifiziert.

DER KLEINE NEUDENKER

Wenn Sie jemanden zu Ihrem Freund machen wollen, müssen Sie ihn vorher gut kennen – das gilt auch für Ihre Emotionen.

Selbstmitleid ade: Kein Gesang an der Klagemauer

Am liebsten hätte ich mich kopfüber in den Fluss gestürzt. Der einzige Grund, der mich davon abhielt, war die Wassertiefe: knöcheltief. Also saß ich am Ufer der Haslach, dicht bei meinem Elternhaus, warf Steinchen und blies Trübsal. Ich war 13 Jahre alt, und je länger ich über mein Leben nachdachte, desto sinnloser schien es mir.

Mädchen waren kein Thema für mich, aber nur, weil ich kein Thema für sie war – dafür schien hinter jedem Baum im Dorf ein küssendes Pärchen zu stecken, um mich an meine Einsamkeit zu erinnern!

Obwohl ich ein großartiger Fußballtorwart war – der größte seit Sepp Maier, fand ich – hatte der Scout der südbadischen Auswahl immer nur Augen für zwei meiner Mitspieler. Meine Eltern – diese Kulturbanausen! – klopften an meine Zimmerwand, wenn ich wieder mal laut »Ton, Steine, Scherben« hörte (»Keine Macht für niemand!«), statt mir endlich eine Konzertkarte zu spendieren. Und kein deutscher Verleger, kein Rowohlt und kein Suhrkamp, kam auf die Idee, mich um die Druckrechte für meine famosen Gedichte anzuflehen, mit denen ich das Erbe Erich Kästners antreten wollte.

So saß ich am Bachufer und musste gar nicht erst ins Wasser springen, ich versank auch so: in Selbstmitleid.

Geben Sie's zu, Sie kennen dieses Gefühl! Ich meine das Gefühl, dass Sie ein Genie sind, das von aller Welt verkannt wird; ein Lottogewinner, dessen Zahlen nie gezogen werden; ein Tausendschön, das den Prinzen auf dem weißen Pferd erwartet, aber nur den Peter im steinalten Polo bekommt; ein Komiker, über dessen Witze keiner lacht, weil der Humor gerade ausstirbt; oder ein Friedensengel, der nur deshalb dauernd Krach bekommt, weil er von Streithähnen umgeben ist.

Und an schlechten Tagen schlägt das Selbstmitleid in Selbstanklagen um. Wir vergleichen uns mit anderen, fühlen uns fett, hässlich, langweilig. Dann sitzen wir unter Freunden, die immer so tolle Geschichten über ihr Leben erzählen, während der aufregendste Moment unseres Tages das Aufschließen der Haustür nach Feierabend ist. Dann gleicht unser Bankkonto einem Meer, nur dass bei uns immer Ebbe herrscht, während die Flut die anderen besucht. Dann bringen unsere Kinder nur mittelmäßige Noten nach Hause, während Ariane von nebenan mal wieder eine Klasse übersprungen hat. Und unser eigenes Liebesleben prickelt so wenig wie stilles Wasser, während der Rest der Welt (laut Umfragen) so oft Sex pro Woche hat, dass man sich fragt, wie die Leute überhaupt noch zu etwas anderem kommen.

Und mit jedem Gedanken sinken wir tiefer ins Selbstmitleid, in die erlernte Hilflosigkeit. Beim Jugendlichen erfüllt das Selbstmitleid einen Zweck: Er will sich von der Welt und von den blöden Eltern abgrenzen, ein typisches Verhalten in der Pubertät. Aber welchen Gefallen tut sich ein Erwachsener, wenn er an der Klagemauer singt? Keinen! Denn negative Gefühle sind wie eine Rutschbahn: Es kann schnell abwärtsgehen, vom Selbstmitleid in die Traurigkeit, von der Traurigkeit in die Depression.

Emotionale Intelligenz hilft Ihnen, negative Gefühle rechtzeitig zu parieren. Wie das geht, hat jener Dichter vorgemacht, dessen Nachfolger ich einst werden wollte: Erich Kästner. Er schrieb zwei Gedichte unter derselben Überschrift (»Keiner blickt dir hinter das Gesicht«), die sich aufeinander beziehen. Zweimal blickt er auf ein Leben. Das erste Gedicht beginnt mit der Zeile »Niemand weiß, wie arm du bist« und ist ein Gesang vor der Klagemauer, hier in Auszügen:

(...)
Lächelnd legst du Leid und Last,
um sie nicht zu sehen, auf den Rücken.
Doch sie drücken, und du musst dich bücken,
bis du ausgelächelt hast.
Und das Beste wären ein Paar Krücken.

Manchmal schaut dich einer an,
bis du glaubst, dass er dich trösten werde.
Doch dann senkt er seinen Kopf zur Erde,
weil er dich nicht trösten kann.
Und läuft weiter mit der großen Herde.
(…)

Das Gedicht endet mit der Einsicht: »Keiner weiß, wie arm du
bist … (Und zum Glück weißt du es selber nicht.)«

Das zweite Gedicht – hier komplett und beide aus »Dr. Erich Kästners lyrische(r) Hausapotheke« (dtv) – widersteht dem Impuls des
Selbstmitleids und stellt ihm eine zweite Sichtweise gegenüber:

Keiner blickt dir hinter das Gesicht

Niemand weiß, wie reich du bist …
Freilich mein ich keine Wertpapiere,
keine Villen, Autos und Klaviere,
und was sonst sehr teuer ist,
wenn ich hier vom Reichtum referiere.

Nicht den Reichtum, den man sieht
und versteuert, will ich jetzt empfehlen.
Es gibt Werte, die kann keiner zählen,
selbst, wenn er die Wurzel zieht.
Und kein Dieb kann diesen Reichtum stehlen.

Die Geduld ist so ein Schatz,
oder der Humor, und auch die Güte,

und das ganze übrige Gemüte.
Denn im Herzen ist viel Platz.
Und es ist wie eine Wundertüte.

Arm ist nur, wer ganz vergisst,
welchen Reichtum das Gefühl verspricht.
Keiner blickt dir hinter das Gesicht.
Keiner weiß, wie reich du bist …
(Und du weißt es manchmal selber nicht.)

Ich könnte schwören (ohne es wirklich zu wissen), dass der bekennende Pessimist Erich Kästner auf »Keiner blickt dir hinter das Gesicht« kam, als er gerade in einer Badewanne aus Selbstmitleid saß – und verhindern wollte, gleich Wasser zu schlucken! Sein Gefühls-Seismograph schlug an: »Achtung, fortgeschrittenes Selbstmitleid!« Und schon war er in der Lage, das Gefühl mit seinem Verstand zu parieren. Und so wechselte er die Blickrichtung: Statt die Lösung außen zu suchen – in Sorgen, die leichter werden müssen, in Mitmenschen, die mehr Mitgefühl zeigen sollen – schaute er nach innen: Welche Reichtümer waren dort zu finden, die nicht von anderen abhingen? Welche Werte leiteten ihn? Welche Charakterstärken machten ihn aus? Und welche Zitronen gab es zu entdecken, aus denen sich süße Limonade pressen ließ?

Diese Fragen befreiten ihn aus den *Muss*turbationen und riefen ihm positive Gedanken in den Kopf. Das Selbstmitleid floss ab, und positive Emotionen führten schließlich zu einer Handlung: Kästner schrieb zwei wunderbare Gedichte, an denen er, so ist anzunehmen, Freude hatte; was wiederum seine positive Stimmung verstärkt haben dürfte. So wurde aus einem Teufels-

kreis ein Engelskreis. Die »lyrische Hausapotheke« des Dr. Kästner hatte gewirkt.

In der Beratung stelle ich oft sogenannte Reframing-Fragen,
um Menschen alte Sachverhalte in neuem Licht sehen zu lassen.
Diese Fragen helfen ihnen, den ersten Impuls des Selbstmitleids
(oder eines anderen negativen Gefühls) produktiv zu nutzen.

▶ Nun haben Sie Ihre Situation als Problem beschrieben. Mal
angenommen, ein großer Optimist wäre in derselben Lage
und würde sie als Chance darstellen. Wie könnte seine Be-
schreibung klingen?

▶ Gehen Sie einmal davon aus, diese Herausforderung hilft Ihnen, eine Fähigkeit zu trainieren, die Sie noch oft im Leben
brauchen können – welche Fähigkeit könnte das sein?

▶ Was müssten Sie täglich unternehmen, damit der Muskel
dieser Fähigkeit wächst und Ihr Problem gleichzeitig schwindet?

▶ Wie würde es sich auf Ihr Selbstbewusstsein und Ihr Befinden
auswirken, wenn Sie die Herausforderung bewältigt hätten?

▶ Worum müssten Sie Menschen, die ein solches Problem schon
bewältigt haben, also noch beneiden?

▶ Angenommen, Sie schauen in ein paar Jahren auf die Situation zurück und sagen: »Wie gut, dass ich dieses Problem hatte!« Wie könnte Ihre Begründung aussehen?

Probieren Sie es aus, wie dieser veränderte Blickwinkel auf Ihre
Emotionen wirkt; Sie werden staunen, wie schnell sich Wohlge-
fühle einstellen. »Nicht die Glücklichen sind dankbar. Es sind die
Dankbaren, die glücklich sind«, schreibt der englische Philosoph
Francis Bacon über Ursache und Wirkung.

An Ende bleiben zwei Fragen, mit Gruß von Erich Kästner: Wie reich sind Sie eigentlich? Und ist Ihnen das selbst auch bewusst?

DER KLEINE NEUDENKER

Der Weise saß mit dem Wanderer im Morgengrauen. Beide sahen zum Himmel. »Wie ärgerlich, dass die Sonne noch nicht aufgegangen ist!«, sagte der Wanderer.
»Wie wunderbar, dass der Mond noch nicht untergegangen ist«, antwortete der Weise.

Prominent erlebt: Der Professor, der die DDR niederlachte

Der Hausarrest begann am 26.11.1976. Dem Chemiker Robert Havemann wurde mitgeteilt, er dürfe sein Grundstück nicht mehr verlassen. Eine Armee von Sicherheitskräften lagerte vor dem Gartentor, wies Besucher ab, protokollierte und fotografierte jede Bewegung auf dem Grundstück. Havemann war nicht ins Gefängnis, das Gefängnis war zu ihm gekommen.

Seit Jahren hatte Robert Havemann die Zustände in der DDR kritisiert, vor allem in West-Medien. Nun sollte er mundtot gemacht und zermürbt werden. Sein Telefon hatte die Stasi abgestellt, seinen Freundeskreis mit Spitzeln unterwandert. Zudem war seine Gesundheit, vor allem die Lunge, stark angeschlagen durch eine frühere

Haft: Die Nazis hatten ihn als Mitglied einer Widerstandsgruppe in die Todeszelle gesteckt, die er nur knapp überlebte.

Und jetzt wurde er Gefangener im eigenen Haus, über Jahre hinweg! Eigentlich der Stoff für ein Trauerspiel. Doch was die Richtmikrofone der Stasi einfingen, missfiel den Lauschern sehr: Havemann lachte viel, zechte gern, überschüttete seine Gegner mit klugem Spott und summte die Lieder seines Freundes Wolf Biermann mit. Und er machte sich einen Spaß daraus, seine regimekritischen Äußerungen an jene Ecke des Raumes zu richten, wo er die Wanze der Stasi vermutete.

Seine jungenhafte Heiterkeit war wie eine schusssichere Weste, an der alle Repressalien abprallten. Havemann unterdrückte den Impuls, in Selbstmitleid zu verfallen, verschaffte sich positive Gefühle trotz Gefangenschaft. Mit dieser emotionalen Intelligenz brach er den Willen derer, die ihn selbst hatten brechen wollen. Nach zweieinhalb Jahren kapitulierte der Staat: Die »Sicherheitssperre« wurde aufgehoben. Und Havemann? Seine denkwürdige Reaktion ist in einem Protokoll der Stasi verewigt:

»11.10 Uhr. Das Sperrgebiet am Grundstück von Havemann wurde aufgehoben und die Sicherungskräfte der HA VIII abgezogen – Havemann beobachtete die Auflösung des Sperrgebietes und lachte mehrmals laut.«[123]

Folgen Sie Ihren Träumen – nicht Ihren Impulsen!

Wollen Sie erreichen, dass Ihr Hausarzt Sie besser behandelt? Dass er schneller erkennt, was Ihnen fehlt? Dann bringen Sie ihm eine Praline mit! Das gute Gefühl, gerade eine Süßigkeit bekommen zu haben, macht ihn zu einem besseren Arzt.

Das ist kein Scherz, sondern das Ergebnis einer Studie, bei der Ärzte eine seltene Erkrankung erkennen sollten. Drei Gruppen traten an. Die ersten Ärzte bekamen vor der Behandlung eine Süßigkeit, die zweiten hörten einen Vortrag über Humanität in der Medizin, die dritten dienten als Kontrollgruppe. Und wer diagnostizierte die seltene Lebererkrankung am schnellsten? Die Empfänger der Süßigkeiten! Ihr Selbstvertrauen war groß genug, der spontanen Eingebung zu folgen.[124]

Wie es Metallspäne zum Magneten zieht, so zieht es uns zu den positiven Gefühlen. Beim Essen suchen wir Genuss, im Umgang die Liebe, im Beruf Anerkennung, im Hobby Nervenkitzel und beim Trinken den Schwips. Wir fühlen uns gerne wohl, weshalb die Industrie uns pausenlos positive Gefühle verspricht. Jede Anzeige und jeder Fernsehspot schnüren Glückspakete für uns, voll mit lächelnden Menschen.

Lange Zeit galten positive Gefühle unter Psychologen als Stiefkinder der Evolution, da sich mit einem Lächeln kein Säbelzahntiger verscheuchen und mit einer optimistischen Einstellung keine Dürre vorhersagen lässt. Doch seit einiger Zeit weisen immer mehr Studien nach: Positive Emotionen erhöhen unsere Kreativität, lassen uns schneller Probleme lösen und ziehen andere Menschen an. Wer es im Laufe der Evolution schaffte, positive Gefühle zu entwickeln, hatte mehr Rückhalt in schwierigen Lagen, zum einen innerlich durch mehr Kreativität, zum anderen äußerlich durch mehr Freunde.[125]

Aber in diesem Streben liegt eine Gefahr: Wer alles tut, um sich gut zu fühlen, kann als Junkie auf dem Bahnhofsklo oder als Trinker in der Entzugsklinik landen. Nicht minder gefährlich ist ein sozialer Rausch: der Kick durch die Anerkennung anderer. Wer es seinen Mitmenschen recht macht, wer den gesellschaftlichen Erwartungen entspricht, der wird dafür belohnt. Ein Kuss vom Partner, ein Schulterklopfen des Chefs, ein freundliches Kopfnicken der Eltern: Solche Anerkennung löst kurzfristig positive Gefühle aus. Aber wer es mit dieser sozialen Droge übertreibt, torkelt durchs Leben, ohne seine Wege noch selbst zu bestimmen.

Wie wichtig das Nein-Sagen für unsere Erfüllung ist, weist ein klassisches Experiment des Psychologen Walter Mischel nach: Vierjährigen Kindern wurde der Mund mit einem Versprechen wässrig gemacht: »Du kannst ein Marshmallow von mir bekommen. Jetzt sofort!« Die Augen der Kinder glänzten schon, da fügte der Gönner hinzu: »Oder du bekommst zwei Marshmallows. Dann musst du aber 15 bis 20 Minuten warten, bis ich von einer Besorgung zurück bin.« Die eine Süßigkeit wurde auf den Tisch gelegt – und die Kinder hatten die Wahl, während sie allein im Raum waren und der Uhrzeiger dahinschlich.

Man kann sich vorstellen, welcher innere Monolog ablief. Die eine Stimme rief: »Nimm den Marshmallow sofort! Du hast Lust darauf, und da liegt er!« Und die andere Stimme hielt dagegen: »Sei nicht dumm! Warte ab, dann bekommst du später zwei.« Ein Kampf zwischen Impuls und Kontrolle, Kurzblick und Weitblick, Gier und Vernunft.

Wie hätten Sie sich entschieden? Einige Kinder schnappten in Sekunden zu, andere hielten sich zurück, um später als Belohnung einen zweiten Marshmallow zu erhalten. Das Besondere an der Untersuchung: Die beiden Gruppen wurden über ein Jahrzehnt beobachtet, bis zu ihrem High-School-Abschluss. Und welche Gruppe, meinen Sie, erzielte die deutlich besseren Schulleistungen? Entwickelte den höheren Intelligenzquotienten? Konnte mit Frust besser umgehen, war selbstständiger, durchsetzungsfähiger, erfolgreicher? Richtig: Diejenigen, die ihren Impuls kontrolliert und ihre Belohnung aufgeschoben hatten. Dagegen erwies sich die andere Gruppe als unschlüssig und leicht zu beeinflussen. Es fehlte an Ausdauer und sozialer Kompetenz.

Daniel Goleman, der Vater der emotionalen Intelligenz, hält das Verschieben einer Gratifikation für den »Kern der emotionalen Selbstregulierung: die Fähigkeit, dem Impuls zu widerstehen, um einem Ziel zu dienen, ob man nun ein Buch schreibt, eine algebraische Gleichung löst oder (...) die Meisterschaft der National Hockey League zu erringen sucht.« Die emotionale Intelligenz sei eine »Meta-Fähigkeit, von der es abhängt, wie gut oder schlecht man seine sonstigen geistigen Fähigkeiten nutzen kann«.[126]

Können Sie dem Impuls widerstehen, eine schnelle Anerkennung mitzunehmen, sei es von Verwandten für Ihre ständige Verfügbarkeit, von Ihrem Chef für den neuen Dienstreisen-Rekord oder von Ihren Nachbarn für die große Geburtstagsfete (die Sie eigentlich nicht veranstalten wollen!)? Schaffen Sie es, solche sozialen Marshmallows gezielt abzulehnen?

Vor allem dann, wenn Sie genau vor Augen haben, wie Ihre Belohnung für diesen Verzicht auf das positive Gefühl aussieht. Den disziplinierten Kindern gelang es, sich stärker auf die zwei Süßigkeiten in der Zukunft zu konzentrieren als an die eine vor ihnen auf dem Tisch. Dabei kommt es aufs Durchhalten an. »Ausdauer wird früher oder später belohnt«, versprach Wilhelm Busch und fügte mürrisch hinzu, »meistens aber später.«

Wie sehen die Marshmallows Ihrer Zukunft aus? Ist ihr Reiz stark genug, dass Sie kurzfristigen Versuchungen widerstehen können? Können Sie Nein zu einem aufregenden Seitensprung sagen, auch wenn andere Sie darum beneiden würden? Nein zu einem beruflichen Angebot, das viel Geld und viel Anerkennung verspricht (aber in dem Sie keinen tieferen Sinn sehen)? Nein zu Statussymbolen, vor denen andere den Hut zögen?

Die Gedanken an Ihre Werte können die künftigen Marshmallows sein, die Sie vor kurzfristigen Verlockungen schützen. Weil Sie ein klares Bild von der Zukunft haben, von einem für Sie stimmigen Leben, fällt Ihnen der Verzicht auf kurzfristiges Schulterklopfen leichter.

Zumal Sie nicht auf positive Gefühle verzichten müssen, denn viele davon können Sie selbst erzeugen. Zum Beispiel kommen Sie nachweislich in bessere Laune, wenn Sie täglich über die Frage nachdenken: Was in meinem Leben erfüllt mich mit Dankbarkeit? Wenn Sie Lust haben: Schreiben Sie einen Dankesbrief an einen Menschen, der Sie vorangebracht hat. Ganz egal, ob an Ihre Mutter, einen Lehrer, eine Professorin, einen Freund oder Ihren (verstorbenen) Opa: Wort für Wort wird sich Ihr Wohlbefinden steigern. Dankbarkeit ist ein Gefühl, das Sie aufblühen lässt.

Die gleiche Wirkung erzielen Sie, indem Sie jeden Abend in einem Tagebuch drei bis fünf Erfolge notieren: Was ist Ihnen an diesem Tag gelungen? Womit sind Sie zufrieden? Was haben Sie geschafft? Schreiben Sie nicht nur große Erfolge auf – sondern zum Beispiel auch, dass Sie das Altpapier endlich zum Container gebracht, abends etwas Frisches gekocht oder in diesem Buch 15 Seiten gelesen haben. Besonders interessant wird Ihr Erfolgstagebuch, wenn Sie dabei Ihre persönlichen Werte im Kopf haben: Welche Handlungen im Laufe des Tages haben Sie Ihren großen Zielen ein Stück näher gebracht? Was würde passieren, wenn Sie dasselbe Tag für Tag täten? Und was können Sie für den nächsten Tag daraus ableiten?

269

Und ein dritter Weg, um Ihr emotionales Wohlbefinden zu steigern: Bewegen Sie sich! Wenn Sie joggen oder walken, schüttet Ihr Körper Endorphine aus, und die Rezeptoren in Ihrem Gehirn werden stimuliert. Zugleich bauen Sie Stresshormone ab und kommen auf positive Gedanken, auch über Ihre Zukunft. Was Bewegung bewirkt, verblüfft sogar Mediziner: Wenn ein Depressiver dreimal pro Woche joggt oder (als älterer Mensch) walkt, schützt er sich dadurch gegen seine Krankheit ebenso gut wie durch Medikamente.[127]

Gute Gefühle, für die Sie selber sorgen, erhöhen Ihre Widerstandskraft gegen emotionale Manipulation und verleihen Ihnen Mut, in Ihre ganz eigene Richtung zu laufen.

DER KLEINE NEUDENKER

Wer Impulsen nachgibt, ohne sie zu prüfen, sabotiert seinen Erfolg. Er bezahlt einen kurzen Moment, in dem es ihm gut geht, mit einer langen Zeit der Reue.

DIE SELBSTCOACHING-ÜBUNG

Lassen Sie sich beflügeln von Ihren Stärken!

Schreiben Sie drei Stärken auf, die Sie besonders auszeichnen:

Stärke 1:

_____

Stärke 2:

_____

Stärke 3:

_____

Und nun nehmen Sie sich vor, jede dieser Stärken eine Woche lang mindestens einmal pro Tag zusätzlich einzusetzen. Wenn Sie humorvoll sind, könnten Sie versuchen, eine geknickte Kollegin zum Lachen zu bringen. Wenn Sie großzügig sind, könnten Sie einem Obdachlosen ein frisches Brot kaufen. Wenn Sie sportlich sind, könnten Sie eine Runde joggen gehen. Bitte notieren Sie abends, wie Sie welche Stärke(n) eingesetzt haben:

So habe ich meine Stärken eingesetzt:
Mo:

_____

Di:

_____

Mi:

_____

Do:

_____

Fr:

_____

Sa:

_____

So:

_____

Achten Sie darauf, wie es sich auf Ihr Wohlfühlen und Ihre Tatkraft auswirkt, wenn Sie gezielt Ihre Stärken nutzen. Nach diversen Studien erhöhen Sie so Ihre Lebensqualität und verschaffen sich positive Gefühle.

Wenn Sie wollen: Führen Sie die Übung nach der einen Woche einfach fort!

12 Arbeits-Sieg:

Wie Ihr Beruf Ihnen wieder Erfüllung schenkt

In diesem Kapitel erfahren Sie …

► warum Ihr Aufstieg vielleicht vom Glück,
   aber Ihr Glück keinesfalls vom Aufstieg abhängt,

► mit welchem Wundermittel Sie
   jede Arbeit spannend machen,

► wie Sie Tricks durchschauen, mit denen
   Firmen Sie um den Finger wickeln wollen

► und weshalb Work-Life-Balance zu wenig ist und
   Ihr Glück schon *vor* Feierabend beginnen sollte.

Die Legende vom Aufstieg

Als die Passanten in Düsseldorf den Mann sahen, der nachts durch den Schalterraum einer Bank kroch, alarmierten sie sofort die Polizei. Fünf Streifenwagen rückten aus, mit gezogenen Waffen umstellten Polizisten das Gebäude. Der Täter hatte keine Chance, er musste sich ergeben. Sofort gestand er. Keinen Bankraub – sondern Überstunden. Über den Boden gerobbt war der Angestellte, weil sich das Alarmsystem seiner Bank um diese nächtliche Zeit bereits eingeschaltet hatte.[128] Der Mann kam ohne Haftstrafe davon; er war ja schon ein Gefangener seiner Arbeit ...

Dass Menschen vor ihrer Arbeit in die Knie gehen, kommt immer öfter vor. Ist die Arbeit also ein Fluch? Ist sie, wie in der Bibel beschrieben, eine Höchststrafe, von Gott über die Menschheit verhängt, nachdem Eva zum Apfel gegriffen hatte: Raus aus dem Paradies – und rein in die Arbeit?

Der Antwort kommen Sie näher, wenn Sie ein gutes Jahrhundert in die Vergangenheit reisen, zum ungarischen Psychoanalytiker Sándor Ferenczi. Der hatte eine ganz besondere Medizin entdeckt, die Menschen vor seelischen Erkrankungen schützt: Arbeit. Die meisten Depressionen verzeichnete er an arbeitsfreien Tagen. So führte Ferenczi den Begriff »Sonntagsneurose« ein.[129]

Die Arbeit hat zwei Gesichter: Mal ist sie ein Teufel, ihre Forke kann Sie aufspießen, festhalten, in den Burnout zerren. Und mal ist die Arbeit ein Engel: Sie kann Ihr Leben mit Sinn füllen, Ihnen Glück schenken, Ihre Gesundheit stützen. Aktuellere Studien bestätigen: Wer einen Beruf ausübt, ist deutlich besser vor Depression geschützt als nicht Beschäftigte; das gilt für beide Geschlechter, für Männer etwas mehr als für Frauen.[130]

Achten Sie einmal darauf, was passiert, wenn ein beruflich Erfüllter in Rente geht. Er denkt, in seinen zweiten Frühling zu spazieren. Doch wenn man ihn nach einem Jahr trifft, ist es spürbar Herbst geworden: Er wirkt rasch gealtert. Das Haar grauer, der Blick matter, das Gehirn langsamer. Als hätte der Renteneintritt ihn einem Jungbrunnen entrissen.

Dass viele Menschen dennoch bei der Arbeit leiden, hat zwei Gründe: schlechte Arbeitsbedingungen (wir kommen darauf zurück) – und Flöhe, die ihnen zum Thema »Karriere« ins Ohr gesetzt werden. Können Sie nicht jeden Tag in der Wirtschaftspresse lesen, dass Karriere nichts als Aufstieg heißt? Dass ein akademischer Beruf besser als ein handwerklicher ist? Dass Ihre Kollegen zugleich Konkurrenten im Karriererennen sind? Dass Sie bei jeder Entscheidung Ihren Lebenslauf berücksichtigen müssen? Dass ohne Überstunden keine Karriere gelingt? Und dass es für Sie Wahnsinn wäre, noch mit 40 oder 50 Jahren den Beruf zu wechseln?

Als langjähriger Karriereberater rate ich Ihnen: Vergessen Sie all diesen Käse! Es kommt nicht darauf an, wie hoch Sie auf der Karriereleiter steigen. Wenn Sie morgens gerne zur Arbeit gehen, ist das schon mal ein sehr gutes Zeichen! Und wenn Sie jetzt noch viele Ihrer Talente bei der Arbeit einsetzen können, etwas Sinnvolles tun und die Menschen um sich herum mögen, dann gratuliere ich Ihnen: Sie haben im Beruf mehr erreicht als mancher Top-Manager!

Der von allen Seiten bejubelte Aufstieg, an dessen Scheitern viele ihr Unglück festmachen, wird maßlos überschätzt. Wer ihn zum Selbstzweck macht, begeht Selbstverrat. Was bringt es, ganz nach oben zu kommen, wenn Sie dafür Werte verraten oder Ihr Privat- und Familienleben ruinieren müssen? Wie Vögel nicht umso schöner zwitschern, je höher sie auf einem Baum sitzen, so sind Menschen nicht umso glücklicher, je höher sie in einer Hierarchie steigen. Schauen Sie sich Ihre Chefs mal näher an!

Was ist mit der Krankenschwester, die es liebt, sich um ihre Patienten zu kümmern? Ist ihr Berufsleben weniger erfolgreich als das des Chefarztes? Was ist mit dem Müllwerker, der seinen Job liebt und dafür sorgt, dass der Abfall wegkommt und die Ratten im Kanal bleiben? Ist seine Karriere weniger wert als die eines Müllunternehmers? Und will mir ernsthaft jemand erzählen, eine junge Kindergärtnerin finde in ihrem Beruf nur halb so viel Erfüllung wie eine junge Unternehmensberaterin, weil sie bloß die Hälfte verdient?

Aber es kann gut sein, dass die Krankenschwester, der Müllwerker und die Kindergärtnerin (und viele andere) sich auf der Verliererseite fühlen. Weil es scheinbar immer noch besser geht. Weil sie glauben, Glück wachse proportional zum Gehalt – obwohl es ab 60 000 Euro im Jahr nachweislich stagniert.[131] Sie nehmen das, was andere behaupten, wichtiger als das, was sie selbst empfinden.

Mal angenommen, Sie hätten drei Möglichkeiten, das Gehalt eines Top-Managers zu bekommen. Möglichkeit eins: Sie führen Ihre jetzige Arbeit fort, nur zu einem sensationellen Gehalt. Dabei behalten Sie Ihre Kollegen, Ihre Aufgabe, Ihre Kunden und Ihren vertrauten Arbeitsplatz. Möglichkeit zwei: Sie ergreifen einen beliebigen anderen Beruf, angestellt oder selbstständig (außerhalb des Top-Managements) – dort müssen Sie Ihre

Kenntnisse und Ihre Netzwerke komplett neu aufbauen. Oder, Möglichkeit drei: Sie nehmen tatsächlich einen Top-Manager-Sessel ein. Wie würden Sie sich entscheiden? Bitte denken Sie vor dem Weiterlesen nach.

Acht von zehn Menschen, die ich frage, entscheiden sich gegen das Top-Management. Fünf würden ihren alten Beruf beibehalten. Drei weitere würden in ganz andere Berufe streben. Und nur zwei wollen ins Top-Management – meist Menschen, für die Werte wie »Gestaltungsspielraum« und »Ehrgeiz« eine wichtige Rolle spielen; ein Aufstieg passt zu ihnen. Folglich lohnt es sich, dafür zu kämpfen.

Denken Sie über Ihre Antwort nach: Was sagt sie aus über Ihre Zufriedenheit im Beruf? Welche Parallelen zur Übung mit Ihrer neuen Identität weist sie auf (siehe Seite 203)? Welche Ihrer wichtigsten Werte können Sie in Ihrem aktuellen Beruf verwirklichen? Bedeutet er Ihnen vielleicht mehr, als es Ihnen – womöglich eingeredet von außen – zunächst scheint? Falls ja: Wie können Sie dieser Zufriedenheit mehr Platz in Ihrem Bewusstsein einräumen?

Oder hätten Sie für das Top-Gehalt einen anderen Beruf angenommen? Warum wollen Sie es dann beim Traum belassen? Nur weil ein paar Schlauberger meinen, es sei zu riskant? Niemand garantiert Ihnen, dass Ihr alter Arbeitsplatz sicherer als ein neuer ist – erst recht nicht, wenn Ihre Aufgabe Sie frustriert, Ihre Arbeitsqualität nachlässt und Ihre Gesundheit wackelt.

Oder reden Ihnen ein paar Besserwisser ein, Sie seien für einen Neubeginn schon »zu alt«? Wer heute 50 ist – von Jüngeren ganz zu schweigen! –, hat nach meiner Einschätzung noch mindestens 20 Berufsjahre bis zur Rente vor sich. Zwei Jahrzehnte! 4600 Arbeitstage! 36 800 Arbeitsstunden! Und das soll sich nicht lohnen? Stellen Sie sich immer vor, Sie wären zehn Jahre älter und blickten auf sich zurück. Wetten, dass der Ältere dem Jüngeren zuriefe: »Mach es, Jungspund!«

Falls Sie von einer Selbstständigkeit träumen: Lassen Sie nicht zu, dass andere Ihnen den Pleitegeier anhängen, ehe Sie überhaupt eröffnet haben. Eine eigene Firma bietet viele Vorteile: Erstens können Sie Ihr Ding machen – je überzeugter Sie davon sind, desto eher werden Sie Kunden überzeugen. Zweitens kann Sie keiner mehr kommandieren oder entlassen. Und drittens arbeiten Sie in Ihre eigene Tasche, nicht in die anderer. Ich habe Gründer begleitet, die mit ihrer ersten Geschäftsidee gescheitert sind, aber mit der zweiten oder dritten höchst erfolgreich waren. Hier kommt es auf Ihre Ausdauer an; heutzutage brauchen Sie kaum Startkapital, aber ganz viel Kreativität.[132]

Der Königsweg, wenn Sie einen neuen Beruf beginnen wollen? Sprechen Sie mit möglichst vielen Menschen, die diesen Beruf schon ausüben! Das ist gut, weil Sie ein realistisches Bild bekommen; und weil Ihnen genau diese Kontakte (später) die Tür öffnen. In der Beratung frage ich meine Klienten:

▶ Welche Menschen werden Sie kontaktieren, persönlich oder über soziale Netzwerke, die diesen Beruf bereits ausüben?

▶ Was genau wollten Sie in diesem Austausch über den Beruf erfahren?

▶ Wie können Sie den Beruf aus anderen Perspektiven, etwa der des Kunden, näher erleben?

▶ Welche Vorteile gegenüber Ihrer jetzigen Tätigkeit vermuten Sie?

▶ Und welche (heimlichen) Nachteile könnte es geben?

▶ Was werden Sie unternehmen, um mal ein paar Tage in den Beruf reinzuschnuppern, etwa durch ein Praktikum?

▶ Falls es um eine Selbstständigkeit geht: Wie könnten Sie nebenberuflich einen Versuchsballon steigen lassen?

Gut möglich, dass Ihnen eine neue Aufgabe neue Impulse gibt – umso mehr, je realistischer Ihre Erwartungen sind. Denn der *absolute* Traumjob ist eine Legende, die von Büchern versprochen, aber von der Realität nicht gehalten wird. Kein Beruf ist immer nur spannend. Sogar Hollywood-Regisseure verbringen ätzende Stunden bei Budgetverhandlungen. Popstars füllen tagelang Autogrammkarten aus und nehmen nervende Gesangsstunden. Und der Kommissar kämpft nicht den ganzen Tag lang mit Mördern (wie es im Krimi scheint), sondern mit seiner Behörden-Bürokratie.

Muss Ihnen das die Laune verderben? Nein, denn wir Menschen sind nicht für ein Rund-um-die-Uhr-Glück geschaffen – das würde uns langweilen! –, sondern für die »hedonistische Tretmühle«, fürs Überwinden von Hindernissen. Ständig streben wir danach, unser Belohnungssystem im Gehirn zu bedienen, gute Gefühle zu erzeugen und schlechte zu vermeiden – ohne dieses Ideal je zu erreichen.[133]

Warum hat Sisyphos seinen Felsblock, der immer wieder vom Berg kullerte, stets erneut nach oben gerollt? Weil er für diesen Felsblock verantwortlich war! Wäre der Stein oben liegen geblieben, hätte er seinen Lebenssinn verloren. Wir sollten ihn uns als glücklichen Menschen vorstellen, sagte der französische Literaturnobelpreis-Träger Albert Camus in seinem philosophischen Essay »Der Mythos des Sisyphos«.[134]

Vielleicht war der Bankangestellte, den die Polizei gestellt hat, ein bemitleidenswerter Burnout-Kandidat. Vielleicht war er ein glücklicher Mensch, der bei der Arbeit die Zeit vergessen hatte. Das weiß nur einer: er selbst!

DER KLEINE NEUDENKER

Dass ein Aufstieg nötig ist, um im Beruf glücklich zu sein, trifft absolut zu – auf den Schornsteinfeger. Ansonsten gilt: Das Glück wohnt in allen Etagen der Hierarchie, nicht nur oben.

Prominent erlebt: Der Konzernchef im alten Ford Focus

Fünf Tage nach seiner Ernennung, die rund um den Globus verfolgt worden war, griff der Chef des Weltkonzerns zum Telefon und rief in seiner Heimatstadt Daniel Del Regno, den Besitzer eines kleinen Kiosks, an. Er bedankte sich für die langjährige Lieferung seiner Zeitung und kündigte das Abo persönlich. Del Regno glaubte zunächst an einen Scherz, weil er seinen prominenten Kunden zuletzt nur noch im Fernsehen gesehen hatte, doch der sagte: »Im Ernst, ich bin's!«[135]

Auch in seinem Unternehmen verblüffte der neue Chef die Kollegen: Mal fuhr er mit dem Bus, statt seinen gepanzerten Dienstwagen zu nutzen; dann gab er die Devise aus, seine leitenden Mitarbeiter sollten keine fetten Limousinen fahren, sondern bescheidenere Wagen. Er selbst nutzte einen alten Ford Focus. Beim Essen setzte er sich in der Kantine zu einfachen Mitarbeitern, statt sich von eigenen Köchen verwöhnen zu lassen. Und natürlich lehnte er seine luxuriöse Dienstwohnung ab und bezog ein schlichtes Zimmer.[136]

Bis dahin waren alle der Meinung gewesen: Ein Chef dieses Weltunternehmens *muss* seine Statussymbole nutzen, um ernst genommen zu werden. Doch er, der Neue, wurde von allen Seiten mit Sympathie überschüttet – gerade weil er sich gegen diese Insignien der Macht entschied und seinen wichtigsten Wert mit Leben füllte: die Bescheidenheit.

Der Name des Konzerns: katholische Kirche. Der Name des Chefs: Jorge Mario Bergoglio, bekannt als Papst Franziskus.

Flow: So arbeiten Sie sich glücklich!

»Ich könnte jedes Mal kotzen, wenn ich ein Telefonat annehme«, schimpfte Ingo Kramer (49) und zog ein angeekeltes Gesicht. »Die Kunden haben eine Wut im Bauch, weil ihr Internet-Anschluss streikt. Deshalb kläffen sie ins Telefon wie aggressive Pitbulls.« Er dachte kurz nach und korrigierte: »Nein, sie pinkeln mir sogar ans Bein.« Seine Arbeit beschrieb er als Zumutung: »Zu Freunden sage ich oft: Ich bin von Beruf Prügelknabe!«

Ingo Kramer arbeitete im Callcenter einer Telefongesellschaft, die ihr Personal für Einzelcoachings zu mir schickte. Als Forderung an seine Geschäftsleitung gab er mir mit: »Ich will mehr Anerkennung für meine Arbeit! Und die Verträge unfreundlicher Kunden sollen gekündigt werden!«

Direkt nach ihm betrat seine Kollegin Franka Umber (25) den Raum. Ich rechnete mit dem zweiten Akt des Dramas.

»Wie geht es Ihnen, wenn das Telefon klingelt?«, fragte ich vorsichtig.

»Ich freue mich jedes Mal«, sagte sie. »Da ruft jemand an, der gerade in Not ist – und ich kann dafür sorgen, dass er sich gleich besser fühlt. Das finde ich spannend.«

»Aber die Anrufer sind doch sicher sauer.«

281

»Und wie! Manchmal muss ich den Hörer ein gutes Stück vom Ohr weghalten. Dann denke ich mir: Interessant, dass jeder wütende Mensch anders klingt! Die einen bekommen tiefe Stimmen, die anderen rutschen in die hohen Töne. Schon der Ton verrät mir, mit welchem Typ ich es zu tun habe. Ich mache den Job einer Psychologin.«

»Wie gehen Sie beim Telefonieren vor?«

Sie lächelte. »Ich habe den Ehrgeiz, mich völlig in meinen Gesprächspartner zu versetzen. Ich stelle mir vor, jetzt in seiner Lage zu sein, zum Beispiel: Ich habe mich in einem Chatroom verabredet, aber kann nicht hin, ja mich nicht mal entschuldigen. Wäre ich da nicht auch stinksauer? Und ob! Also finde ich den Ärger der Menschen völlig verständlich.«

»Sie versetzen sich in die Menschen – und dann?«

»Dann versuche ich ihr Problem und ihre Wut mit eigenen Worten besser auszudrücken als sie selbst, etwa: ›Sie sind sauer, stinksauer sogar, weil Sie sich auf den Chat gefreut haben – und jetzt stehen Sie auch noch als unzuverlässig da, so als hätten Sie den Termin verpennt. Und das nur wegen unserer technischen Panne!«

»Wie reagieren die Anrufer?«

Sie beugte sich ein Stück über den Tisch. »Das ist für mich der spannendste Moment – so wie beim Handball, wenn ich den Ball geworfen habe: Geht er rein? Oder nicht? Meist werden die Anrufer mit einem Schlag freundlicher. Viele sagen: ›Ich weiß ja, Sie können auch nichts dafür.‹«

»Und wenn ein Anrufer unfreundlich bleibt?«

»Dann sage ich mir: Jetzt musst du beweisen, dass du auch harte Nüsse knacken kannst! Ich lege alles rein in so ein Gespräch. Meist klappt es. Das ist dann ein innerlicher Feiertag.«

»Wieso?«

»Weil ich mir zum Beispiel vorstelle: Dieser Anrufer war so in Rage, dass er Schaum vorm Mund hatte. Vielleicht hätte er beim Abendessen seine Kinder zusammengebrüllt oder mit seiner Frau gestritten. Aber jetzt, nach dem Gespräch mit mir, ist er wieder total cool. Mein Job macht wirklich Spaß.«

Wie kann es sein, dass zwei Menschen der gleichen Arbeit nachgehen, sie aber völlig anders wahrnehmen? Es kommt nicht darauf an, was Sie tun – es kommt darauf an, *wie* Sie es tun.

Achten Sie einmal darauf, was mit kleinen Kindern passiert, wenn sie einen Sandkasten betreten. Auf einmal werden sie zu Bauherren, fahren ihre Schaufelbagger auf, verrichten Hubarbeiten und lassen Burgen in den Himmel wachsen. Sie tauchen in den Moment ein, vergessen alles um sich herum, keine anderen Gedanken stören sie.

Für diese Versenkung ins eigene Tun hat der Psychologe Mihaly Csikszentmihalyi einen Begriff geprägt: »Flow«. Drei Voraussetzungen begünstigen dieses Fließen: Erstens müssen Sie ein klares Ziel vor Augen haben; zweitens eine unmittelbare Rückmeldung auf Ihre Tätigkeit bekommen; und drittens sollten die Anforderungen in einem gesunden Verhältnis zu Ihren Fähigkeiten stehen, also weder zu hoch sein (damit Sie nicht überfordert sind) noch zu niedrig (damit Sie nicht unterfordert sind).

Studien weisen nach: Flow entsteht selten in der Freizeit, weil es an Zielen fehlt, aber oft bei der Arbeit.[137] Nehmen Sie Franka Umber: Sie verfolgt ein klares Ziel, denn sie will die Anrufer besänftigen. Sie bekommt eine direkte Rückmeldung, die Reaktion ihrer Gesprächspartner. Und sie fühlt sich von ihrer Aufgabe herausgefordert, sogar spielerisch, wie ihr Vergleich mit dem Handball zeigt. Die Tätigkeit betrachtet sie als sinnvoll, sich als eine Art Psychologin. Dagegen definiert sich Ingo Kramer als »Prügelknabe«, der zu Unrecht von den Kunden angekläfft wird.

Hier liegt der große Unterschied: Umber steuert ihr Berufs(er)-leben, Kramer fühlt sich als Opfer. Die erste Haltung macht zufrieden, die zweite unglücklich. Zumal es sich mit Forderungen an Chefs wie mit Wünschen an den Weihnachtsmann verhält: Niemand weiß, ob sie erfüllt werden. Wenn Ingo Kramers Arbeitsglück davon abhängt, wie oft sein Chef ihn lobt, wird er garantiert unglücklich. Dagegen zieht Franka Umber ihre Motivation aus der Tätigkeit und den Erfolgen an sich. Deshalb ist sie auch weniger manipulierbar als ihr Kollege.

Ganz egal, welchen Beruf Sie ausüben, Ihre Erfüllung hängt von Ihrer Haltung ab. Die amerikanische Autorin Pearl S. Buck stellte beim (wahrscheinlich glücklich-versunkenen) Schreiben fest: »Viele Menschen versäumen das kleine Glück, während sie auf das große vergebens warten.«

Gelingt es Ihnen, Ihre Arbeit als Herausforderung zu sehen, Ihr einen Sinn zu geben, sich ganz in sie zu versenken? Entscheidend ist, dass Sie Ihre Gedanken wie einen Laserstrahl auf die Gegenwart konzentrieren – denn immer, wenn Gedanken abschweifen, trübt sich die Laune ein. Das weisen die amerikanischen Forscher Matthew Killingsworth und Daniel Gilbert mit ihrer iPhone-App »Track your Happiness« nach. 2250 Erwachsene sollten zu zufälligen Zeitpunkten aufschreiben, was sie gerade fühlten, dachten, taten. Ergebnis: Wer an das denkt, was er gerade tut, ist am glücklichsten – glücklicher sogar, als wenn seine Gedanken zu etwas Positivem abschweifen.[138]

Achtsamkeit schafft Lebensqualität, auch bei alltäglichen Arbeiten. Es macht einen gewaltigen Unterschied, wie Sie Ihren Staubsauger schieben: gleich dem Wirt, der einen betrunkenen

Gast aus der Kneipe schiebt, angeekelt und widerwillig? Oder gleich dem Spieler, der seinen Eisstock anschiebt, voll konzentriert und zielgerichtet? Im ersten Fall gehen Sie einer leidigen Pflicht nach, im zweiten entwickeln Sie Freude.

Probieren Sie es aus! Achten Sie genau darauf, wie sich der Teppich verhält, wenn Sie mit dem Sauger über ihn fahren. Könnten Sie mit geschlossenen Augen erspüren, welchen Teppich Sie gerade bearbeiten? Wie fühlt sich die Rückkopplung in Ihren Händen an? Welchen Unterschied macht das Tempo? Klingt Ihr Staubsauger anders, je nach Boden? Wie klingt er überhaupt, können Sie eine Melodie hören? Und was passiert genau, während Sie saugen? Könnte man mit Fantasie sagen, Ihr Staubsauger verursacht einen Wirbelwind und reißt die Teppichhärchen empor?

Oder erklären Sie das Saugen zum Spiel, wetten Sie mit sich, wie viele Bahnen Sie fahren müssen, ehe Sie mit der Wohnung durch sind. Oder treten Sie gegen die Uhr an, und streben Sie eine Staubsaug-Rekordzeit an. Oder setzen Sie sich das Ziel, nicht einen Fussel übrig zu lassen – was Sie anschließend als Schiedsrichter kontrollieren.

Je mehr Liebe Sie in eine Tätigkeit legen, desto mehr Liebe bekommen Sie von ihr zurück. Selbst erzeugtes Arbeitsglück löst die Ketten der Abhängigkeit. Dann müssen Sie nicht darum zittern, dass die Personalabteilung Sie befördert, der Chef Ihnen auf die Schulter klopft, der Kunde sich bedankt, das Trinkgeld fließt, das Berufe-Ranking Ihnen Ansehen verschafft oder Sie gar als »Mitarbeiter des Monats« gefeiert werden (auch wenn das alles durch Ihre Arbeitsfreude wahrscheinlicher wird). Dann belohnen Sie sich selbst. Weil Sie lieben, was Sie tun. Und tun, was Sie lieben.

Gehen Sie Ihren Beruf durch: In welchen Momenten sind Sie so richtig vertieft? Wann vergessen Sie die Zeit? Wann gleichen

Sie einem Kind im Sandkasten? Und was können Sie tun, um mehr solcher Augenblicke zu erzeugen? Welche Ziele können Sie sich setzen? Wie können Sie schnellere Rückmeldungen durch Ihre Arbeit, ähnlich wie beim Spielen, bekommen? Wie können Sie den Anspruch heben (falls sie unterfordert sind) oder senken (falls Sie sich überfordert fühlen)? Und welche inneren Spiele könnten Ihre Arbeit spannender machen?

Ich kenne einen Verkäufer, der Kundenkontakte öde fand. Doch eines Tages begann er, innerlich Prognosen für jeden Kunden im Geschäft abzugeben: Was wird er wohl kaufen? Mittlerweile hat er eine erstaunliche Treffsicherheit entwickelt und es bereitet ihm größte Freude, Kunden in Beratungsgesprächen zuzuhören und sie noch besser kennenzulernen. Manchmal geht er auf Kunden zu und verblüfft sie: »Wenn ich das richtig einschätze, suchen Sie nach einem Schlagbohrer – stimmt's?« Meist liegt er richtig!

In jeder Arbeit schlummern zwei Potenziale: eines zum Frust und eines zum Flow. Es liegt an Ihnen, welches davon Sie wecken. Franka Umber hat sich für den Flow entschieden.

DER KLEINE NEUDENKER

Der Sachbearbeiter klagte dem Weisen: »Meine Arbeit langweilt mich – jeden Tag die alten Aufgaben!«
»Wie willst du Neues entdecken«, fragte der Weise zurück, »wenn du jeden Tag mit den alten Augen schaust?«

Spiel mit Grenzen:
Vergiss es, Chef!

Folgendes Motiv kommt in Führungsseminaren oft zum Einsatz: Ein Vorgesetzter hält eine Stange, unter der eine Möhre baumelt, direkt vors Maul eines Esels. Das Tier, natürlich hungrig, läuft der Möhre hinterher. Aber es erwischt sie nicht. Sobald der Esel sie fast erreicht hat, wird die Möhre weitergeschwenkt. Der Esel – Sie ahnen es – stellt den Mitarbeiter dar.

Was sich Führung nennt, ist oft Verfügung. Mitarbeiter werden dazu gebracht, Ja zu sagen, wenn sie Nein sagen wollen. Dann knüppeln sie Überstunden, betrachten Kollegen als Konkurrenten, nehmen den Umsatz wichtiger als die Wahrheit, schalten ihr Handy niemals aus und reagieren auf jede Mail ihres Chefs blitzschnell, auch um Mitternacht. Der Arbeitsrausch geht so weit, dass schon jeder vierte Beschäftigte die Mittagspause ausfallen lässt und 64 Prozent an Samstagen arbeiten.[139]

Warum lassen sich so viele Beschäftigte zum Esel machen? Weil die Führungskräfte geschickt auf der Klaviatur der Manipulation spielen. Zum Beispiel bekam eine Bürokauffrau, die bei Überstunden zögerte, von ihrem Chef zu hören: »Ich kann Sie nicht zwingen. Aber ich habe ein gutes Gedächtnis.« Übersetzt: »Wenn du jetzt nicht springst, bist du die Nächste, die hier rausfliegt!«

Ein junger Volkswirt erhielt von seinem Chef das Versprechen: »Bei erster Gelegenheit mache ich Sie zum stellvertretenden Abteilungsleiter.« Nur war die Zusage an eine Bedingung geknüpft: Der Mitarbeiter sollte im nächsten Jahr drei Riesenprojekte schaukeln. Das gelang ihm sogar. Aber als die Stellvertreter-Position dann frei wurde, kam ein Bewerber von außerhalb zum Zug. Pech gehabt!

Und eine Bereichsleiterin stimmt immer dann Lobeshymnen auf bestimmte Mitarbeiter an – »Auf Sie kann ich mich einfach in schwierigen Fragen verlassen!« –, wenn sie gerade eine unliebsame Arbeit loswerden will. Später, bei den Gehaltsverhandlungen, will sie von diesem Lob nichts mehr wissen – sondern hält die Beschäftigten mit kritischen Urteilen klein.

In allen diesen Fällen folgen die Mitarbeiter der Möhre, aber laufen ins Leere. Dabei gibt es einen einfachen Grundsatz, der Sie vor solchen Enttäuschungen schützt: Verlassen Sie sich nicht darauf, dass Ihr Chef Sie führt – führen Sie sich selbst! Folgen Sie Ihren eigenen Grundsätzen, statt sich von den Möhren ködern zu lassen.

Denn wessen Vorteil hat Ihr Vorgesetzter im Blick? Nicht Ihren, sondern seinen eigenen! Wenn er jemanden braucht, der ihm aus der Patsche hilft, ist ihm jedes Mittel recht. Welche Folgen das für Sie hat, spielt keine Rolle. Zum Beispiel weiß ich von einer Vertriebsmitarbeiterin, die von ihrer Chefin unter Druck gesetzt wurde: »Wir brauchen dieses Quartal unbedingt mehr Umsatz! Überreden Sie die Kunden, dass sie volles Rohr bestellen!« Die Verkäuferin, eigentlich eine ehrliche Frau, ließ sich darauf ein, machte den Kunden leere Versprechungen und schaffte die gewünschten Zahlen ran. Das trug ihr ein Schulterklopfen ihrer Chefin ein.

Aber als die Kunden merkten, dass ihre Käufe unnötig gewesen waren, flog der Bumerang zurück: Sie stornierten, kauften fortan weniger, hatten Vertrauen verloren. Und wie, glauben Sie, hat die Chefin reagiert? Mit dem Geständnis: »Meine Schuld – ich habe Sie in diese unmögliche Lage gebracht!«? Nein, sie hat gebellt: »Unmöglich, dass Ihre Umsätze so einknicken!« Ein paar Monate später war die Mitarbeiterin entlassen.

Ebenso wenig geht die Rechnung auf, den eigenen Arbeitsplatz durch Überstunden zu sichern. Zwar steigen die Übereifrigen im Beliebtheits-Ranking des Chefs zunächst auf. Aber was, wenn sie eines Tages – wie ein Motor, der zu lange auf Hochtouren lief – ausbrennen und auf der Strecke bleiben? Dann rauschen sie im Ranking so weit nach unten, dass ihre Entlassung nur noch eine Formsache ist. Genau jenes Verhalten, das ihren Arbeitsplatz sichern sollte, hat ihn dann gekostet.

Es geht brutal zu in der Arbeitswelt, auch Kollegen werden gegeneinander ausgespielt. Zum Beispiel wird ein spannendes Projekt geplant, und der Chef sagt: »Ich weiß noch nicht genau, wem ich die Leitung übertrage. Das entscheide ich nach meinen Eindrücken in den nächsten Monaten.« Ring frei! Kollegen fahren die Ellbogen aus, fallen sich beim Meeting ins Wort, lästern, intrigieren und gehen sogar zum Mobbing über. Die Arbeitszeiten schießen durch die Decke. Und der Chef reibt sich die Hände.

Muss das alles so sein? Muss es nicht! Wer zwingt Sie, länger zu arbeiten, als es vereinbart ist und sich mit Ihrer Gesundheit verträgt? Es ist gut für Sie *und* Ihre Firma, dass Sie hier eine klare Grenze setzen – schließlich sollen Sie auf lange Sicht leistungsfähig sein. Genau so können Sie das Ihrem Chef sagen (mit welchen Strategien Sie Ihr Nein durchsetzen, lesen Sie ab Seite 336).

Der Psychologe Friedemann Schulz von Thun empfiehlt Ihnen einen inneren Leibwächter, also einen Persönlichkeits-Anteil, der Sie bei verbalen Überfällen schnell und energisch verteidigt. Malen Sie sich aus, dieser Wächter legt Ihnen die richtigen Worte in den Mund, um unberechtigte Ansinnen abzuwehren, cool und souverän! Was könnte er sagen, wie müsste er klingen, um Sie vor Überforderungen zu schützen? Schon Ihr Glaube, dass Sie sich wehren können, beeindruckt andere: »Wie bei einer guten Polizei macht die bloße Präsenz das Eingreifen unnötig«, schreibt Schulz von Thun über den inneren Leibwächter.[140] Tatsächlich klopfen Führungskräfte mit Zumutungen bevorzugt bei jenen an, die den Eindruck erwecken, sich nicht (oder kaum) zu wehren.

Durch ein »Nein« büßen Sie kurzfristig ein paar Ränge in der Beliebtheitsskala ein – aber wenn die Überstunden-Rekordler zusammengebrochen sind oder Konzentrationsfehler begehen, bewältigen Sie Ihre Arbeit immer noch zuverlässig und sehen Ihren Kurs wieder steigen.

Und wer kann Sie dazu zwingen, dass Sie Ihre Werte über Bord werfen, etwa Ihren Gemeinschaftssinn? Zwar mag es der Firma gefallen, Sie und die Kollegen gegeneinander auszuspielen, aber warum spielen Sie mit? Wäre es nicht klüger, sich mit den Kollegen zusammenzutun, um Ihre Rechte nach oben zu vertreten – statt sich gegenseitig zu bekämpfen?

So habe ich einen Fall verfolgt, in dem die Mitarbeiter eines Großraumbüros über lange Jahre ihre Arbeitszeiten schleichend verlängert haben – weil abends keiner als Erster gehen wollte. Doch eine Kollegin schwamm gegen den Strom und schaltete von Konfrontation auf Kooperation um: »Keiner von uns will früher als die anderen gehen. Darum sitzen wir bis 20 Uhr hier. Dabei könnten wir dasselbe Ziel auch erreichen, wenn wir alle gemeinsam um 17 Uhr gingen.« Die Mehrheit der Kollegen willigte ein. Den Chefs waren die Hände gebunden, da die Mitarbeiter sich formal an ihre Arbeitszeiten hielten – und das ganze Büro konnte ja schlecht entlassen werden!

Fragen Sie sich immer, wenn Sie vor Entscheidungen stehen: Deckt sich das mit meinen Werten? Fühlt sich das stimmig an? Kann ich das vor mir vertreten? Jedes Mal, wenn Sie gegen Ihre Überzeugung handeln, um Ihrer Firma einen Gefallen zu tun, schaden Sie sich und womöglich auch der Firma.

Aber riskieren Sie so nicht Ihren Arbeitsplatz? Kaum, denn erstens sind Sie vor den meisten Überforderungen durch Gesetze geschützt – und nicht Sie sollten ein schlechtes Gewissen haben, wenn Sie auf diese Gesetze pochen, sondern die Firma, wenn sie dagegen verstoßen will. Und zweitens gewöhnen sich die Führenden daran, dass Sie eigene Wege gehen, etwa um eine bestimmte Zeit Feierabend machen, Ihr Handy ausschalten und auf die Rangkämpfe mit Ihren Kollegen verzichten. Sogar in Hamsterrad-Firmen gibt es einzelne Beschäftigte, die sich dem Arbeitswahn entziehen und dennoch (oder gerade deshalb) gut angesehen sind. Wer eine besondere Leistung bringt, kann sich auch ein besonderes Verhalten erlauben. Ein Selbstvertrag hilft Ihnen dabei (siehe Seite 297 f.).

Glauben Sie mir, etliche Führungskräfte ziehen heimlich den Hut vor so viel Charakterstärke – sie wären gern selber so!

DER KLEINE NEUDENKER

Wer eine Schleuse öffnet, aber das strömende Wasser beklagt, verhält sich töricht. Wer sein Diensthandy nach Feierabend anlässt, aber über Anrufe klagt – verhält der sich wirklich klüger?

Warum Ihr Leben vor Feierabend beginnt

Wenn Sie vorzeitig in Rente dürften, schon Ende dieses Monats – würden Sie zustimmen? Falls ja: Warum verschieben Sie Ihr eigentliches Leben auf die Zeit nach dem Beruf? Und was gibt Ihnen die Sicherheit, dass Sie dann glücklicher als heute sein werden?

Wie es Gläubige gibt, die jedes Elend auf Erden ertragen, nur weil Sie sich später einen Logenplatz im Himmel versprechen, so gibt es Beschäftigte, die sich ihre quälenden Arbeitstage mit dem Gedanken an die Rente versüßen. Der Countdown läuft mit dem Tag ihres Arbeitseintritts. Und so zählen Sie die Jahre rückwärts – jetzt noch 30, noch 20, noch 10 – während die Uhr Ihres Lebens abläuft, die Haare ergrauen und die Knochen immer mehr knacken.

Gerne führen sie den Begriff »Work-Life-Balance« im Mund, obwohl er eine Mogelpackung ist – denn wenn die Arbeit und das Leben zwei getrennte Kategorien sind, würde das bedeuten: Während der Arbeitszeit ist man tot! Zumindest sehen viele die Arbeit als schweren Ballast, der den Lebensballon täglich nach unten zieht, bis der Feierabend wieder für Aufwind sorgt.

Vielleicht kennen Sie einige Kollegen, die ihre »Freizeitorientierung« auf die Spitze treiben. Bei der Arbeit sind sie so träge, dass sie kaum den Weg zum Kopierer schaffen, aber nach Feierabend trainieren sie für den »Ironman«. In der Firma bekommen sie kaum ein Protokoll geführt, aber nach Feierabend führen sie einen Verein mit 800 Mitgliedern. Und während sie beim privaten Hausbau zehn Gewerke koordinieren, bekommen sie im Geschäft nicht mal eine Kanne Kaffee organisiert.

Machen Sie sich bewusst: Den größten Teil Ihrer wachen Lebenszeit verbringen Sie bei der Arbeit. Wer seinen Job als notwendiges Übel sieht, als Hindernis zwischen sich und seiner Erfüllung, verschwendet sein kostbarstes Gut: Lebenszeit! Zumal die Rechnung der Work-Life-Balance nur selten aufgeht. Wer täglich acht Stunden lang in einen Arbeits-Sarg steigt, kann den Leichengeruch nach Feierabend nicht abschütteln. Unglück im Beruf springt schnell aufs Privatleben über. Deshalb ist es wichtig, dass Sie nicht in den Frust abgleiten.

Der promovierte Philosoph Matthew B. Crawford, ein gelernter Mechaniker, startete beruflich durch: Zu einem gewaltigen Gehalt übernahm er die Leitung einer Denkfabrik in Washington D. C. Doch bald stellte er fest, dass er seinen Geldgebern nach dem Mund reden und seine Werte verleugnen musste. »Dies war keine Arbeit für einen freien Mann, und die Krawatte, die ich trug, begann sich anzufühlen wie die Manschette um den Hals eines Sklaven.« Aber statt sich mit dem Frust zu arrangieren, kündigte er nach fünf Monaten – und eröffnete eine eigene Motorradwerkstatt. Der Philosoph als Mechaniker, mit ölverschmierten Fingern: Was gesellschaftlich nach einem Abstieg aussah, war für ihn ein Aufstieg in die Selbstbestimmung. »Das Handwerk ist besonders attraktiv, weil es sich dieser Tendenz zur Fernsteuerung entzieht«, erklärt Crawford in seinem autobiographischen Buch »Ich schraube, also bin ich«. Erst in der Werkstatt habe er das Denken gelernt.[141]

Und Friedemann Schulz von Thun, der zitierte Erfolgsautor populärer Kommunikationsbücher, ist sein »akademisches Leben lang nur ein kleiner C2-Professor gewesen, ohne besondere Ausstattung, ohne eigene Assistenten«. Kollegen gaben ihm zu verstehen, seine Arbeit sei gar keine Wissenschaft. Er spielte im

Hauptberuf nur die zweite Geige, jahrzehntelang. Hat ihn das frustriert? Im Gegenteil, er genoss »mehr Freiheit, die eigenen Ideen weiterzuverfolgen«, und freute sich über den »enormen Zulauf der Studenten«. Listig sagt er: »(...) man kann übrigens auch mit der zweiten Geige den Ton angeben ...«[142]

Pfeifen Sie darauf, was andere zu Ihrem beruflichen Status sagen. Sie arbeiten nie für andere, sondern immer für sich und immer an sich. Denn jeder Mensch strebt nach Wachstum, ein ganzes Leben lang. Von Abraham Maslow, dem Vater der Motivationspyramide, stammt die Einsicht: »Fähigkeiten schreien geradezu danach, eingesetzt zu werden, und sie hören mit ihrem Geschrei erst auf, wenn sie gut eingesetzt sind. Das heißt, Fähigkeiten sind auch Bedürfnisse.«[143]

Deshalb ist es Ihre heilige Pflicht, sich ein Berufsleben zu schaffen, das aus Ihnen macht, was Sie sind. Wie ein misslungenes Arbeitsleben Ihr Privates trüben kann, so kann ein gelungenes Arbeitsleben Ihr Privates bereichern. Schon mancher hat bei der Arbeit entdeckt, dass er besser führen, organisieren und erfinden kann, als es ihm in seiner Freizeit in den Sinn gekommen wäre. Solche Fähigkeiten können Ihr Leben bereichern.

Und wenn es nur kleine Ärgernisse sind, die Ihr Vergnügen an der Arbeit trüben? Dann hilft Ihre Eigeninitiative! Viele Arbeitnehmer profitieren von folgender Übung. Legen Sie ein paar A-4-Blätter quer, ziehen Sie einen Strich in der Mitte und schreiben Sie über die linke Spalte: »Ich wünsche mir von meiner Firma / meinem Chef ...« Und nun notieren Sie alles, was Sie Ihrer Meinung nach für ein erfüllteres Berufsleben brauchen. Bitte lassen Sie viel Platz, zwei bis vier Punkte pro Seite genügen. Und über die zweite Spalte schreiben Sie dann: »Das werde ICH dafür tun«. Dann sieht die Tabelle zum Beispiel so aus:

Ich wünsche mir von meiner Firma / meinem Chef:	Das werde ICH dafür tun:
Dass ich mehr Entscheidungsspielraum bekomme.	Ich werde meinem Chef eine Liste präsentieren mit Vorteilen für ihn, wenn ich freier entscheiden kann. Da ich weiß, dass er ein Kontrollfreak ist, biete ich ihm erst mal einen Probelauf an: Er soll sich vier Wochen lang anschauen, wie die Dinge laufen. Ich bin optimistisch, dass ich mich mit ihm danach dauerhaft auf mehr Entscheidungsspielraum einigen kann. Falls es nicht klappt, habe ich folgenden Plan B: Ich bewerbe mich hausintern bei der Entwicklungsabteilung; dort ist Kreativität, ein für mich hoher Wert, sehr gefragt.
Dass die Zahl der Meetings sinkt.	Ich werde mich mit meinen Kollegen abstimmen, welche der wöchentlichen Meetings unergiebig sind und sich durch Absprachen auf dem kurzen Dienstweg ersetzen lassen. Außerdem werde ich besprechen, ob einer von uns stellvertretend für andere teilnehmen und diese dann informieren kann. Als Gruppe werden wir diesen Vorschlag der Führungsetage unterbreiten – und zugleich eine Aufstellung jener Stunden präsentieren, die wir insgesamt in den letzten fünf Jahren in Meetings verbracht haben. Dieses Argument sollte große Durchschlagskraft haben.

Auf einmal steigen Sie vom Beifahrersitz ans Steuer und tun alles, damit Ihr erfülltes (Berufs-)Leben schon vor der Rente beginnt. Das ist gelebte emotionale Intelligenz: Sie erkennen, was Sie für Ihre Erfüllung brauchen – und Sie holen es sich aus eigener Initiative.

Aber ist es nicht Pflicht der Firmen, das Wachstum ihrer Mitarbeiter zu fördern? Lassen Sie sich nicht von dem Begriff »Personalentwicklung« täuschen: Wenn Sie darauf warten, von anderen entwickelt zu werden, verbringen Sie Ihr Leben in der Dunkelkammer. Außerdem kann es nicht in Ihrem Interesse sein, nur in Ihrer Eigenschaft als »Personal« zu wachsen – Sie sind ein ganzer Mensch! Wahre Entwicklung ist nie von außen, nur von innen möglich.

Wenn Ihr Beruf sich stimmig in Ihr Leben fügt, kann Ihre Erfüllung in der Gegenwart beginnen; Sie werden keinen Rentenbescheid als Lizenz zum Glücklich-Sein benötigen!

DER KLEINE NEUDENKER

Wer sein Leben erst nach der Arbeit beginnen will, könnte dabei feststellen, dass er es tagsüber schon verloren hat.

DIE SELBSTCOACHING-ÜBUNG

Nehmen Sie sich unter Vertrag!

Bitte schließen Sie mit sich einen Selbstvertrag ab, der Ihre Grenzen und Wünsche bei der Arbeit definiert.[144] Wandeln Sie diesen Text gerne nach Ihren Bedürfnissen ab.

Selbstvertrag

Ich vereinbare mit mir selbst, maximal _____ Stunden pro Woche zu arbeiten. Dabei lege ich mindestens _____ Pausen pro Tag ein. Mittags pausiere ich für _____ Minuten und tue zu meiner Erholung folgendes:

_____

_____

Per Handy bin ich nur bis _____ Uhr erreichbar. Überstunden sind für mich maximal in folgendem Maße annehmbar: _____. Was darüber hinausgeht, lehne ich ab mit der Begründung:

_____

_____

Meinen Jahresurlaub von _____ Tagen nehme ich verbind-
lich an diesen Terminen: _____ Folgende Teile meiner Arbeit
bereiten mir am meisten Freude:

1. _____

2. _____

3. _____

Ich baue diese Anteile aus, und zwar durch:

1. _____

2. _____

3. _____

Bitte unterschreiben Sie den Vertrag, und lassen Sie einen
Freund unterschreiben, der Sie regelmäßig kontrolliert; so
schaffen Sie Grenzen und machen Ihre Arbeit attraktiver.

13 Beziehungs-Weisheit:

Von der Kunst, sich mit den richtigen Menschen zu umgeben

In diesem Kapitel erfahren Sie ...

▶ warum Ehefrauen das Leben ihrer Männer verlängern,

▶ wie Sie Freunde, die Ihnen Kraft geben, von Krafträubern unterscheiden,

▶ wie Sie als Erwachsener endlich der (geistigen) Umklammerung Ihrer Eltern entkommen

▶ und warum es für Ihre Entwicklung so gut ist, wenn sich Ihr Liebespartner Illusionen über Sie macht.

Warum Menschen der Himmel,
aber auch die Hölle sind

Enttäuscht standen die Ärzte vor ihren neuen Brutkästen. Warum entwickelten sich die Frühgeburten nur so kümmerlich? Mit hochwertiger Nahrung wurden sie gefüttert, mit UV-Licht bestrahlt, mit Sauerstoff versorgt und in idealer Temperatur verwahrt. Um jede Störung zu vermeiden, klebte auf den Brutkästen der Hinweis: »Nicht berühren!« Die Kästen blieben geschlossen, die zarten Menschen-Pflänzlein konnten den ganzen Tag ihr Treibhaus-Klima genießen. Aber sie wuchsen kaum.

Es war Anfang der 1980er Jahre, die Medizin in den USA hatte im Zuge des technischen Fortschritts diese neuen Brutkästen eingeführt. Nur eine einzige Frühgeborenen-Station des Landes meldete: »Bei uns gedeihen einige Frühchen prächtig!« Warum gerade diese Station? Warum nur einige Frühchen? Und was hatte es damit auf sich, dass alle diese Frühchen, wie bald herauskam, von derselben Nachtschwester betreut wurden?

Die Schwester wurde zu ihren Chefs zitiert, stammelte herum und gab schließlich zu: Die Schreie der Kleinen hatten ihr Herz erweicht. Sie hatte, entgegen der Anweisung, die Brutkästen geöffnet und den Frühchen über den Rücken gestreichelt. Erst mit schlechtem Gewissen, dann selbstbewusster, weil sie sah, wie schnell die Kleinen sich beruhigten – und wie gut sie auf einmal gediehen. Die Mediziner hatten bei ihren isolierten Brutkästen nicht bedacht, was ein Kind am besten gedeihen lässt: zärtliche Berührungen.[145]

Das Bedürfnis nach Zuwendung, nach emotionaler und

körperlicher Nähe, ist tief in unserem Gehirn verankert. Ein menschlicher Säugling ist länger auf seine Eltern angewiesen als alle anderen Säugetiere. Nur wenn andere Menschen sich um ihn kümmern, ihn füttern, wärmen und mit Liebe versorgen, nur dann kann er sich gut entwickeln. Diese Anlage macht uns zu sozialen Wesen. Die Nähe vertrauter Menschen sorgt dafür, dass wir uns wohlfühlen, gesund bleiben und länger leben.

Zum Beispiel stellte die Universität Stanford fest, dass Frauen mit unheilbarem Brustkrebs sich besser fühlen und doppelt so lang überleben, wenn sie regelmäßig über ihre Erkrankung sprechen können.[146] Ein Befund, den William Shakespeare schon vor ein paar Jahrhunderten festhielt: »Der Kummer, der nicht spricht, nagt leise an dem Herzen, bis es bricht.« Und das British Medical Journal berichtet über eine Studie, nach der Männer mit Ehefrauen deutlich älter werden als gleichaltrige Witwer. Und wer sich als Herzkranker von seiner Frau geliebt fühlt, hat nur halb so viele Beschwerden wie jene Patienten, die sich nicht geliebt fühlen.[147]

Eine aktuelle Studie der Brigham Young University belegt: Einsame Menschen sterben früher![148] Menschliche Kontakte sind die beste Medizin für Ihre Gesundheit, die wichtigste Quelle für Ihr Glück. Aber haben Sie den Umkehrschluss bedacht? Beziehungen können auch die größte Quelle für Ihr Unglück, der größte Bremsschuh für Ihre Entwicklung sein! Wer sich mit den falschen Menschen umgibt, der darbt und welkt, leidet und hasst, flucht und grollt, erkrankt und kann daran zugrunde gehen.

Denn so sehr wir die Harmonie mit nahen Menschen begehren, so sehr erschüttert es uns, wenn es im wahrsten Sinne zu »Unstimmigkeiten« kommt. Denken Sie an jene Nachbarn, die mit der Heckenschere aufeinander losgehen, scheinbar weil der eine seinen Baum nicht daran hindert, das Laub aufs Grundstück des anderen fallen zu lassen – in Wirklichkeit aber nur, weil die Beziehung gestört ist. Denken Sie daran, dass viele Steueranzeigen vom eigenen (Ex-)Partner erstattet werden; dass die meisten Tötungsdelikte »Beziehungstaten« sind; und dass viele Menschen, deren Psyche bei der Arbeit abstürzt, von ihren Chefs schikaniert oder von ihren Kollegen gemobbt werden.

Fast immer, wenn ich Klienten frage, was sie am meisten in ihrer Individualität behindert, erzählen sie mir von Erlebnissen mit anderen Menschen. Spüren Sie einmal der Frage nach, woran Sie denken, wenn Sie sich schlecht fühlen? Was zieht Sie so richtig runter und trübt Ihre Laune?

Der eine erinnert sich daran, wie ihn sein Vater ohne Grund verprügelt hat; die andere denkt an ihre ehemaligen Mitschülerinnen, die sie gehänselt haben. Der eine erinnert sich an eine Ex-Partnerin, die mit einem anderen durchbrannte; die andere an einen Wutanfall ihres jetzigen Partners; der eine fühlt sich schuldig, weil er seine Mutter ins Pflegeheim oder seinem Kind einen Klaps gegeben hat; die andere denkt an eine blöde Bemerkung, mit der sie sich, wie sie glaubt, vor anderen blamiert hat.

Fast alle starken negativen Gefühle, von Angst bis Hass, von Schuld bis Scham, gehen auf Erlebnisse mit Menschen zurück. Unstimmige Beziehungen sind lebensgefährlich: Männer, die sich nicht geliebt fühlen, haben nicht nur bei Herzkrankheiten schlechte Aussichten; sie bekommen auch dreimal häufiger Zwölffingerdarm-Geschwüre. Ein Mann könnte rauchen, einen hohen Blutdruck und zudem Stress haben – das alles wäre harmloser als eine lieblose Beziehung.[149]

Fast alle Raucher überlegen sich: Wie komme ich von den Zigaretten los? Aber wer fragt sich schon: Wie kann ich mich aus Kontakten lösen, die mir schaden? Welche Beziehungen dienen nur dem anderen, aber ruinieren mich selbst? Dabei ist ein solcher Beziehungs-TÜV wertvoll, wenn Sie Ihre Kräfte bündeln wollen. Gefährlich sind Menschen, die Ihnen mehr Energie rauben als schenken und damit Ihre Entwicklung blockieren – oft Menschen aus Ihrer Vergangenheit.

Indra Klar (48) wollte sich als Übersetzerin mit einem eigenen Büro selbstständig machen. Doch immer wieder sagte sie: »Mir fehlt einfach die Energie.« Ich bat sie, ihr Handy auf ein stündliches Geräusch zu programmieren und jedes Mal aufzuschreiben: »Wie geht es mir auf einer Skala von eins (mies) bis zehn (hervorragend)? Was tue ich gerade? Und woran denke ich?«

Das Ergebnis überraschte: Ganz egal, ob bei der Arbeit oder zu Hause – wann immer es Indra Klar schlecht ging, dachte sie an ihren Ex-Mann. Über Jahre hatte er sie betrogen und Schulden auf ihren Namen gemacht. Die Scheidung lag nun vier Jahre zurück. Seither führte sie täglich innere Dialoge mit ihm. Sie ließ alte Auseinandersetzungen noch einmal ablaufen, nur dass sie nicht mehr sprachlos, sondern schlagfertig wie ein rhetorischer Preisboxer war.

Ich sagte zu ihr: »Sie haben sich von Ihrem Mann ja gar nicht geschieden!«

Indra Klar sah mich verblüfft an. »Natürlich habe ich das.«

»Aber er ist doch jeden Tag in Ihrem Leben. Im Haus Ihrer Gedanken bewohnt er das größte Zimmer. Und Sie laden ihn ein, dort mietfrei zu logieren.«

Sie rümpfte die Nase. »Ich will doch gar nicht an ihn denken! Es passiert von allein!«

»Es ist Ihr Kopf! Sie können entscheiden, wer dort wohnen darf – und wer nicht.«

Skeptisch blinzelte sie mich an: »Ich würde ihn gern aus meinem Kopf rauswerfen, denn er zieht mich runter. Aber wie soll das gehen?«

Wir übten das Gedankentraining nach Albert Ellis (siehe Seite 230). Erste Erfolge stellten sich ein. Aber reine Rationalität würde gegen eine tiefe emotionale Kränkung nicht ausreichen. Darum lud ich sie ein, bis zur nächsten Sitzung einen Abschiedsbrief an ihren Mann zu schreiben. »Hauen Sie ihm alles um die Ohren, was Sie schon immer sagen wollten: Ihre Wut, Ihre Traurigkeit, Ihre Enttäuschung.«

Zum nächsten Termin brachte sie den Brief mit. Ich stellte zwei Stühle in die Mitte des Raumes. »Einer ist für Sie. Und auf dem anderen stellen Sie sich bitte vor: Dort sitzt Ihr Mann. Jetzt haben Sie die Gelegenheit, ihm den Brief persönlich vorzulesen. Sprechen Sie ihn direkt an!«

Sie nahm Platz. »Also, Markus«, sagte Sie und kam dann in Fahrt: »Das war schon lange fällig, und jetzt hörst du endlich mal, was ich über dich denke.« Sie schmetterte ihren Brief in den Raum, mal wütend, mal trotzig, mal mit aufsteigenden Tränen. Und als sie fertig war, fielen ihr noch zwei Vorwürfe ein, die sie ihm zusätzlich an den Kopf schleuderte. Mir war, als säße ihr Ex-Mann tatsächlich im Raum.

Dann gingen wir vor die Tür, sie nahm ihren Brief mit. Im Garten hatte ich einen Kreis aus Steinen gebildet, Holz und Anzünder geschichtet. Ich zückte mein Feuerzeug. Erst knisterte das Feuer leise und leuchtete zart – dann begann es zu prasseln, und lange Flammen züngelten empor in den trüben Winternachmittag. Ich bat Indra Klar, den Brief in die Flammen zu werfen –

und sich dabei intensiv vorzustellen, wie alle ihre negativen Gefühle mit dem Papier verglühen, als Rauch zum Himmel steigen und sich dann auflösen.

Die Kraft dieser Übung ist enorm, egal ob der Brief sich an Ihren Ex-Partner richtet, an die (verstorbenen) Eltern, an gemeine Mitschüler, einen judashaften Freund, einen herzlosen Ex-Chef, einen penetranten Verehrer, einen dämlichen Vermieter oder einen ungerechten Lehrer. Was in Gedanken nie abgeschlossen wurde, findet nun in einer Handlung – sichtbar, spürbar, riechbar – seinen symbolischen Abschluss. Wer diese Übung absolviert, kann später keinen negativen Gedanken an diesen Menschen mehr entwickeln, ohne sofort an den brennenden Brief zu denken. Und in diesem Moment ist die Achtsamkeit geweckt und die negative Gedankenspirale unterbrochen.

Durch diese Übung gelang es Indra Klar, wieder einen freieren Kopf zu bekommen. Ihre Stimmung verbesserte sich, ihre Tatkraft wuchs. Und zwei Monate später kündigte sie ihre Festanstellung und meldete tatsächlich ihre eigene Firma an. Erst als sie sich auch in Gedanken von ihrem Mann gelöst hatte, war sie frei für ihren eigenen Weg.

DER KLEINE NEUDENKER

Wer mit Menschen aus seiner Vergangenheit kämpft, hat zwei Möglichkeiten: Er verliert den Kampf – oder er beendet ihn.

Haben Sie die richtigen Freunde?

Es gibt zwei Sorten von Freunden: Die einen mögen Sie, weil Sie sind, wer Sie sind. Und die anderen mögen Sie, weil Sie bleiben, wer Sie sind. Sprachlich ist das nur ein kleiner, inhaltlich ein gewaltiger Unterschied. Denn wer Sie als Standbild in seinem Kopf konserviert, hält Sie fest. Wer dafür kämpft, dass Sie der Alte bleiben, kämpft zugleich dagegen, dass Sie sich entwickeln und Neues wagen. Die ersten Freunde sind Kraftquellen, die zweiten Krafträuber.

Stellen Sie sich Ihr Leben als einen Hafen vor, aus dem Sie immer wieder zu neuen Ufern aufbrechen, sich beruflich oder privat verändern. Echte Freunde studieren mit Ihnen die Seekarte Ihrer Ziele und drücken die Daumen für Ihren Erfolg. Sie stehen an der Pier, wenn Sie ablegen, und nehmen Sie mit offenen Armen auf, wenn Sie zurückkommen – egal ob Ihr Segel zerfetzt wurde oder sich fröhlich im Wind wölbt. Und sie wollen unbedingt erfahren, was Ihnen Neues begegnet ist und wer Sie durch die Reise geworden sind.

Solche Freundschaften sind ein Schatz fürs Leben. Eine große Studie in Deutschland, die Fragebögen aus 25 Jahren auswertete, kam zu dem Ergebnis: Glück ist nicht nur eine Frage der Gene, wie in den 1990er Jahren angenommen – es hängt vor allem von sozialen Faktoren ab: vom Partner, von den Freunden und auch von der eigenen Fürsorglichkeit.[150]

Aber was, wenn aus Ihrem Heimathafen nicht nur Rückenwind weht, wenn einige »Freunde« und Bekannte Ihnen grundsätzlich ins Gewissen reden: Kann es nicht sein, dass Sie sich übernehmen, dass Sie Schiffbruch erleiden, dass Ihr Lebensboot auf den Grund sinkt? Wäre es nicht besser, für alle Zeit im Hafen zu bleiben – genau wie sie, die Freunde, es ja auch tun? Und wenn Sie dennoch Ihren Anker lichten, rufen sie Ihnen als Abschiedsgruß hinterher: »Du wirst schon sehen, was du davon hast!«

Bei Ihrer Rückkehr reagieren sie mit zwei Mustern: Wenn Ihr Plan gescheitert und Ihr Segel zerfetzt ist, sagen sie (in nur scheinbar fürsorglicher Tonlage): »Hättest du nur auf uns gehört!« Und wenn Sie unbeschadet zurückkommen, sich weiterentwickelt haben, werden sie von diesen vermeintlichen Freunden frei nach Brecht zu hören bekommen: »Du hast dich ja gar nicht verändert!« – »Oh«, werden Sie antworten und erbleichen – weil Sie genau deshalb, um sich zu verändern, ja die ganze Fahrt riskiert haben. War wirklich alles umsonst?

Es gibt viele Reisen im Leben, die Sie zu Veränderungen führen können:

▶ Sie lassen sich nach einer Trennung auf eine neue Liebe ein. Ihre Augen strahlen, Ihr Herz geht auf, Ihr Glück ist offensichtlich. Wie reagieren Ihre Freunde? Freuen Sie sich mit Ihnen? Nehmen Sie Ihre neue Liebe in ihren Kreis auf? Oder geben sie Ihnen zu verstehen, dass der Neue einfach nicht zu Ihnen und in den Freundeskreis passt, weil er sich anders kleidet, anders denkt, anders gibt?

▶ Sie satteln im Beruf um, wechseln den Arbeitgeber oder machen sich selbstständig. Wie reagieren Ihre Freunde? Freuen sie sich mit Ihnen, dass Sie genug Mut und Energie haben, das Steuerrad Ihres Lebens in eine andere Richtung zu drehen? Oder reden sie Ihnen ins Gewissen, dass Sie doch nicht alles »aufgeben«, nicht »noch mal bei null anfangen« dürfen?

▶ Sie entschließen sich, auf dem zweiten Bildungsweg einen höheren Abschluss zu machen, etwa Abitur oder ein (zweites) Studium. Wie reagieren Ihre Freunde? Begrüßen sie es, dass Sie Ihren Horizont und Ihre Chancen erweitern wollen? Oder geben sie Ihnen zu verstehen, dass Sie schon zu alt oder zu erfolgreich für einen solchen Schritt sind, es »doch gar nicht nötig« haben?

▶ Sie erzielen einen großen Erfolg im Beruf, erfinden ein Produkt, gewinnen einen Preis, schreiben einen Bestseller oder machen mit einer Geschäftsidee Furore. Wie reagieren Ihre Freunde? Sind sie stolz darauf, dass Sie es so weit gebracht haben, vermehrt sich das geteilte Glück? Oder mischt sich in die Gratulationen ein Unterton, der Ihnen heimlichen Neid verrät?

Ich bin mir sicher, dass beide Typen in Ihrem Freundes- und Bekanntenkreis vorkommen, die Unterstützer und die Bremser. Fatal ist nur: Schon ein bremsender Kommentar kann mehr Schaden anrichten, als ihn der Zuspruch von drei Unterstützern wettmacht. Warum? Weil jeder, der sich verändert, selbst mit Zweifeln kämpft. Sind der neue Partner, der neue Job, der neue Bildungsweg tatsächlich richtig für Sie? Und kaum, dass Sie diese inneren Zweifel überwunden haben, bringt die Stimme eines Bremsers sie wieder zum Klingen. Ich erlebe immer wieder, dass der Mut von Menschen in solchen Momenten zusammenbrechen kann.

Damit wir uns richtig verstehen: Ein guter Freund muss kein unkritischer Schulterklopfer sein, der alles gut findet, was Sie tun. Im Gegenteil, er soll Ihnen seine eigene Meinung sagen, auch wenn es mal wehtut. Denn besser, ein Freund warnt sie, als dass Sie in offene Messer laufen oder sich vor Fremden blamieren. Wer gelegentlich kritisch ist – auf wohlwollende Weise – kann durchaus als Unterstützer, als Kraftquelle gelten. Aber wer grundsätzlich Veränderungen in Ihrem Leben torpediert, ist ein Bremser, ein Krafträuber, ein Saboteur.

Der Unterschied zwischen beiden: Der Unterstützer nimmt Ihre Ziele wichtig. Es interessiert ihn, was Sie erreichen wollen – und er diskutiert mit Ihnen, welcher Weg der richtige ist. Der Bremser dagegen streckt Ihnen pauschal ein Stoppschild entgegen. Er interessiert sich nicht für Sie, sondern vor allem für sich selbst, und gehört zu jenen Zeitgenossen, denen der Psychologe und Menschenkenner Alfred Adler die Neigung zuschrieb, »in jeder Situation (…) andern das Leben zu verbittern, und die so herumgehen, als ob sie alles Licht auslöschen wollten«. Solche Miesepeter würden »unruhig, wenn sich irgendwo in ihrer Umgebung Freude regt, und suchen in jede menschliche Beziehung die Schattenseiten des Lebens hineinzutragen. Sie tun das nicht nur mit Worten, sondern stören auch durch ihre Handlungen und Forderungen das frohe Leben und die Entwicklung des Mitmenschen«.[151]

Der häufigste Grund, warum »Freunde« oder Bekannte Sie ausbremsen? Weil sie sich fortwährend mit Ihnen messen. Je kleiner Sie ihnen erscheinen, desto größer kommen sie sich selber vor! Deshalb haben sie ein Interesse daran, Ihr Wachstum zu behindern. Wäre ja noch schöner, wenn Sie – im Gegensatz zu ihnen – einen höheren Bildungsabschluss, ein neues Liebesglück oder eine Erfolgsstory im Beruf vorzuweisen hätten!

Welcher Art sind die Freunde und Bekannten, die im Hafen Ihres Lebens stehen? Suchen Sie das Gespräch mit denen, die Sie ermutigen, inspirieren und mit Energie laden. Nach der Begegnung mit solchen Freunden fühlen Sie sich lebendiger, stärker und liebenswürdiger. Und meiden Sie den Kontakt mit denen, die Ihnen ein Loch ins Segel schneiden. Solche Menschen bewirken, dass Sie sich nach Treffen matter, leerer und unsicherer fühlen.

Zur Unterscheidung beider Typen kann es helfen, dass Sie ein Menschen-Tagebuch führen. Schreiben Sie auf, wen Sie im Laufe eines Tages getroffen haben – und wie es sich auf Ihre Stimmung auswirkte, auf einer Skala von eins (für sehr bedrückend) bis zehn (für sehr beflügelnd). Nach ein paar Monaten werden Sie erkennen, dass sich die hohen, aber auch die niedrigen Zahlen immer wieder hinter denselben Namen sammeln. Ziehen Sie eine ehrliche Bilanz. Und überlegen Sie gut, ob Sie den Kontakt zu Energieräubern aufrechterhalten wollen. Wenn Sie den Mut haben, sich zu lösen, schenkt Ihnen diese Befreiung neue Energie, auch für produktivere Freundschaften.

Es liegt an Ihnen, wer in Ihrem Lebenshafen am Ufer steht.

DER KLEINE NEUDENKER

Es gibt zwei Gründe, die Menschen am Wachsen hindern: zu wenige Kalorien – oder zu wenige (echte) Freunde.

Prominent erlebt: Zwei Freunde vom Radio

Die beiden Radiojournalisten waren wie Tag und Nacht: Der eine fuhr ein altes »Metzgerauto« (wie er es selber nannte), der andere einen Jaguar *und* ein Mercedes-Coupé. Der eine lebte in Bescheidenheit, der andere in einer Villa am See. Der eine war als »Rundfunkbeamter« zehn Stunden im Sender, der andere schneite zehn Minuten vor der Sendung rein und erzählte seinen Hörern, was ihm gerade einfiel, statt die vorbereiteten Meldungen zu verkünden. Hier Handwerker, dort Paradiesvogel – und beide miteinander befreundet.

Der Handwerker zweifelte an seinem Unterhaltungstalent und strebte eine Karriere als Politik-Redakteur an. Er ging als Hauptstadt-Korrespondent nach Bonn, bis ihn eines Tages der Paradiesvogel anrief und zu einer gemeinsamen Radiosendung überredete. Die gemeinsame Show wurde ein großer Erfolg, weit über das Sendegebiet hinaus.

Der Paradiesvogel war mittlerweile bundesweit bekannt: Er moderierte eine Unterhaltungsshow im Fernsehen, mit großem Erfolg. Und eines Tages, als sich ihm eine noch größere Chance bot, kam er auf den Handwerker zu: »(…) Ich sehe dich als meinen Nachfolger (…)« Der Handwerker war überrascht, denn bislang hatte er nur eine politische Diskussionssendung im kleinen Rahmen moderiert. Wäre er tatsächlich in der Lage, große TV-Unterhaltung zu machen? Hatte sein Freund in ihm ein Talent erkannt, dessen er sich selbst nicht bewusst war?

Und so übernahm Günther Jauch die Sendung »Na sowas!« von Thomas Gottschalk, der zur gleichen Zeit bei »Wetten, dass …?« die Nachfolge von Frank Elstner antrat. Sein Freund Gottschalk, so

Jauch, habe ihn »nach dem Radio auch beim Fernsehen in die Unterhaltung reingequatscht« – und damit verhindert, dass es bei einer kleinen Radiokarriere im Politikressort mit jährlichem »Neujahrsempfang des Ministerpräsidenten« als dienstliche »Pflichtübung« geblieben sei.[152]

Wer wird Millionär? Einer, der Freunde hat, die seine Talente sehen und an ihn glauben!

Nicht ganz Mama, nicht ganz Papa – ganz ich selbst!

Kennen Sie das beliebteste Hotel Deutschlands? Das »Hotel Mama«! Jede zweite Frau ist über 21 Jahre, wenn sie zu Hause auszieht, jeder zweite Mann über 24.[153] Kindern fällt es schwer, sich von ihren Eltern zu lösen, nicht nur räumlich: Immer mehr junge Erwachsene, aber auch Menschen von 30, 40 oder 50 Jahren, richten sich in der Lebensauffassung ihrer Eltern ein. Meinungen und Eigenschaften, Gewohnheiten und Begrenztheiten übernehmen sie so unkritisch, als wären es Möbelstücke, die vom Kopf der Eltern in den eigenen gerückt werden.

Das Sicherheitsdenken von Mama (»Bloß nichts riskieren im Leben!«), die Arbeitseinstellung von Papa (»Firma über alles!«), gerne auch noch die Philosophie der Großmutter (»Hochmut kommt vor dem Fall!«): Aus diesen Versatzstücken puzzeln sie sich ihre eigene Existenz zusammen. Dann stehen sie vor dem Spiegel und sehen ihre (Groß-)Eltern. Wer Sie selber sind, was sie einmalig macht, bleibt unentdeckt.

Forscher weisen nach, dass junge Erwachsene oft Wiedergänger ihrer Eltern sind. Zum Beispiel fand der Pädagoge Helmut

Fend mit Langzeitstudien an bis zu 35-Jährigen heraus, dass Kinder die politische Färbung ihrer Eltern übernehmen. Sind die Eltern CDU-Wähler, wählen acht von zehn Kindern die CDU. Sind die Eltern Anhänger der Grünen, wählen fast alle Kinder grün.[154]

Diese Frage ist spannend: Haben wir unsere Zukunft vor uns? Können wir bestimmen, wie unser Leben verläuft? Oder liegt die Zukunft hinter uns, weil wir von der Erziehung zu stark geprägt sind; weil wir nicht über jene Fußspuren hinauskommen, die unsere Eltern gezogen haben?

Die Fremdbestimmung scheint enorm. Zum Beispiel ist die Wahrscheinlichkeit, dass ein Arbeiterkind Abitur macht, um ein Zwölftel niedriger als bei Kindern aus einer höheren Schicht. Schulnoten hängen bis zu 50 Prozent davon ab, was Vater und Mutter von einem Kind erwarten. Und sogar bei der Partnerwahl spielen die Eltern eine überraschende Rolle, wie ungarische Forscher nachweisen: Männer ziehen Frauen vor, deren Gesicht dem ihrer Mutter gleicht; und Frauen bevorzugen Männer, die ihrem Papi »wie aus dem Gesicht geschnitten« sind.[155]

Die Prägung kriecht in jeden Winkel eines Lebens, wie Psychologen und Berater aus Erfahrung wissen: Wer als Kind geschlagen wurde, schlägt bevorzugt seine Kinder. Wer süchtige Eltern hatte, wird bevorzugt süchtig. Und natürlich laufen Kinder von Langzeit-Arbeitslosen besondere Gefahr, selbst langzeitarbeitslos zu werden.

Dass viele Eltern aus Fürsorge in das Leben ihrer erwachsenen Kinder eingreifen, verstärkt die Fremdbestimmung. Ein Vater lässt am Freund der Tochter kein gutes Haar. Und mit jeder schlechten Eigenschaft, die er ihm nachsagt (»Er ist unzuverlässig!«), lobt er heimlich sich selbst (»Ich bin zuverlässig!«).

Spätestens am Weihnachtstisch schafft er es, einen Keil in diese Beziehung zu treiben. Und eine beruflich erfolgreiche Mutter organisiert der Tochter ein Praktikum in ihrer Branche, sucht ihr die passende Hochschule raus und vermittelt sie schließlich in die Firma einer ehemaligen Kommilitonin. Sie hält sich nicht für übergriffig, sondern für vorbildlich.

Der Erziehung entzieht sich keiner. Manchmal ist das gut, denn Eltern können Werte und Haltungen vermitteln, die uns stark fürs Leben machen. Aber spätestens mit Beginn der Volljährigkeit – und erst recht in späteren Lebensjahren – sollten Sie *bewusst,* also eigenständig, entscheiden, wer Sie sind und was Sie wollen. Die Erziehung hat Ihnen Angebote gemacht. Und es liegt an Ihnen, welche davon Sie annehmen.

Zwar mag sich der Schüler von den Eltern noch einreden lassen, dass er nicht das Zeug zum Abitur hat, weil er ein Mathe-Versager ist. Aber der Erwachsene ist reif genug, solche Überzeugungen infrage zu stellen – und das Abitur aus eigener Kraft nachzuholen, falls das sein Leben reicher macht. Zwar mag sich die Schülerin noch erzählen lassen, dass ein Mädchen sich hübsch zurücknimmt und nicht wie ein Junge balgt. Aber die Erwachsene ist reif genug, falsche Zurückhaltungen als Glücksbremse zu erkennen – und für die Verwirklichung ihrer Lebensträume genauso engagiert wie junge Männer zu kämpfen. Und während Kinder sich von ihren Eltern vielleicht noch einreden lassen, es sei eine Schande, schwul oder lesbisch zu sein, sollten sie als Erwachsene lernen, zu ihrer Neigung und damit zu sich selbst zu stehen: »Ich bin schwul (oder lesbisch), und es ist gut so!«

Eine solche Emanzipation setzt voraus, dass Sie Ihre Erziehung kritisch reflektieren. Die große Familientherapeutin Virginia Satir entdeckte fünf Rollenmuster, die wir aus unseren Familien übernehmen: den »Ankläger«, der andere in die Enge treibt, aber tatsächlich sein eigenes Minderwertigkeitsgefühl überspielt; den »Rationalisierer«, der alles mit seinem kühlen Verstand regelt, aber tatsächlich seine Gefühle verdrängt; den »Ablenker« (oft das jüngste Kind), der mit Action das emotionale Problem zerstreut, aber tatsächlich meint, er werde nur für seine Niedlichkeit geliebt; und den »Beschwichtiger«, der sich schuldbewusst gibt, aber tatsächlich dem Unmut der anderen entgehen will.

Lediglich eine Rolle, die fünfte, wird einem Erwachsenen gerecht: die des »Kommunikators«.[156] Er fühlt, wie er spricht, und spricht, wie er fühlt – er ist unverstellt. Dagegen besteht der Zweck der anderen Rollen darin, die eigenen Gefühle zu unterdrücken. Als Erwachsene sind wir gefragt, uns bei stressigen Gesprächen zu prüfen: Bin ich echt? Stimmen meine Worte und mein Fühlen überein? Oder spiele ich eine Kindheits-Rolle? Es gilt das Motto der Psychologin Ruth Cohn: Nicht alles, was wahr ist, müssen Sie sagen – aber alles, was Sie sagen, muss wahr sein.[157]

Eine Studie der Universität Harvard verfolgt seit 70 Jahren das Leben von 268 Menschen, um herauszufinden, wie Glück und Zufriedenheit entstehen. Studienleiter George Vaillant gelangte zu der Einsicht: »Niemand ist ein Gefangener seiner Kindheit.« Entgegen der gängigen Meinung sei es möglich, das Leben mit zunehmendem Alter selbst zu bestimmen.[158] Wer alles, was in seinem Leben nicht klappt, auf die Kindheit schiebt, führt ein bequemes, aber auch unehrliches Leben.

Zumal eine »anstrengende« Kindheit sogar fürs spätere Leben wappnen kann. So sind junge Erwachsene aus ärmeren Vierteln, die schon als Schüler Jobs annehmen müssen, im späteren Leben besser gegen Stress geimpft als Kinder reicher Familien, denen alles in den Schoß gelegt wird. Zu diesem Ergebnis kamen die amerikanischen Psychologen Jeremy Staff und Jeylan Mortimer.[159] Für Resilienz, für psychische Widerstandskraft, gilt offenbar: Je früher sie (dosiert) in einem Leben gefordert ist, desto nachhaltiger bleibt sie bestehen.

Die heimlichen Vorgaben Ihrer Erziehung – wie können Sie daraus ausbrechen? Durch Achtsamkeit. Schauen Sie auf Ihr Leben, als wären Sie ein neutraler Betrachter, und fragen Sie sich: Was hat die Erziehung aus mir gemacht? Und was will *ich* aus meinem Leben machen? In welchen Punkten unterstützt mich meine Prägung dabei? Und wo steht sie mir im Weg? Es kommt darauf an, dass Sie in Ihrem Kopf die verstaubten Denkmöbel verrücken, sich für Haltungen und Werte entscheiden: Elterndenken raus, Eigendenken rein!

Denn was Sie prägt, sind nicht die Eltern allein. Jeder Mensch entwickelt sich ein Leben lang, noch mit 30, mit 60, mit 90 Jahren. Die Einflüsse können Sie sich als Erwachsener selbst aussuchen. Zum Beispiel kommen Sie vorwärts durch den Kontakt zu Menschen, mit denen Sie sich austauschen können, durch Bücher, die Sie lesen, durch Filme, die Sie schauen, und durch Herausforderungen, denen Sie sich stellen.

Dabei gilt der alte Psychologensatz: »Wo der Widerstand ist, da geht's lang!« Gerade was Ihnen zunächst ungewohnt und vielleicht abstoßend erscheint, kann Ihren Horizont erweitern. Wer aus einem Elternhaus stammt, wo das Parteiprogramm der CDU wie das Evangelium zitiert wurde, neigt im späteren Leben zu konservativen Freunden – aber vielleicht könnte er mehr von »bunten Vögeln« profitieren, Bühnenkünstlern, Hausbesetzern, Öko-Aktivisten. Und wer als Baby unter dem Poster Che Guevaras gekrabbelt ist, mit Bob Dylan im Ohr, sollte ruhig mal eine Biographie über Konrad Adenauer lesen und sich mit einem konservativen Lokalpolitiker austauschen.

Natürlich wäre es Unfug, die Haltung der Eltern nur deshalb abzulehnen, weil sie die Haltung der Eltern ist. Aber es ist genauso Unfug, sie aus demselben Grund unreflektiert zu übernehmen.

Wie will jemand, der sein Leben lang nur Sauerkraut gegessen hat, über den Geschmack anderer Gerichte urteilen? Es kommt darauf an, dass Sie sich bunt gemischte geistige Nahrung zuführen, viele unterschiedliche Menschen sprechen, viele Lebensmodelle sehen, viele Denkansätze prüfen, viele Experimente wagen – erst dann können Sie wirklich entscheiden, was zu Ihnen passt und aus dem vorgegebenen Pfad der Erziehung in die Selbstbestimmung abbiegen.

Dass Sie sich für die richtigen Freunde entscheiden, spielt dabei eine zentrale Rolle. Die ZEIT-Autorin Eva-Maria Schnurr fand eine wunderbare Metapher: »Man kann sich einen Lebensweg vorstellen wie die Bahn einer Flipperkugel: Einmal abgeschossen, verändert sie die Richtung immer wieder, je nachdem, worauf sie stößt. Und im echten Leben sind es meistens Menschen, die einen in die eine oder andere Richtung lenken (…).«[160]

Prüfen Sie den Weg Ihrer Flipperkugel. Zum Beispiel können Sie sich fragen:

▶ Lebe ich mein eigenes Leben? Oder nur Teil zwei des Lebensfilmes meiner Eltern?

▶ Spreche ich mit einer eigenen Stimme? Oder nur mit der Stimme meines Vaters oder meiner Mutter?

▶ Welche Werte waren meinen Eltern wichtig? Welche Werte sind wichtig für mich?

- ▶ In welchen Überzeugungen und Gewohnheiten stimme ich mit meinen Eltern überein? Und wo unterscheide ich mich (oder will mich unterscheiden)?
- ▶ Welche Grenzen, die sie sich gesetzt haben, gelten nicht für mich?
- ▶ Welche Fehler, die sie begangen haben, werde ich vermeiden?
- ▶ Welche Prägungen durch meine Erziehung schätze ich? Welche will ich abschütteln?
- ▶ Welche Freunde brauche ich, um mich in meine gewünschte Richtung zu entwickeln?
- ▶ Welchen Einfluss, den die Eltern heute noch nehmen, verbitte ich mir?
- ▶ Und wann und wie kann ich das meinen Eltern liebevoll, aber deutlich sagen?

Und was können Sie lernen, falls Sie dieses Kapitel mit Elternaugen gelesen haben? Nicht nur, dass es sich lohnt, Ihre Kinder zum freien Denken zu erziehen – sondern auch, dass Sie alles tun sollten, sich selbst trotz (und wegen) der Kinder zu verwirklichen. Wenn Sie ein Leben voller Abstriche führen, den Kindern zuliebe, kann genau diese Liebe darunter leiden. Erst verzichten Sie, weil die Kinder klein sind und Sie brauchen. Dann verzichten Sie, weil Ihre Kinder in die Pubertät kommen und Sie brauchen. Und schließlich verzichten Sie, weil Ihre Kinder bis zum 30. Lebensjahr studieren und Sie (besser gesagt: Ihr Geld) brauchen. Und im Alter grollen Sie dann mit sich, aber (heimlich) auch mit Ihren Kindern, dass Sie Ihre beruflichen Träume nie verwirklicht, Ihr Hobby verlernt und sich die Weltreise abgeschminkt haben – und sehen womöglich eine Warnung George Bernard Shaws bestätigt: »Wenn du damit beginnst, dich denen aufzuopfern, die du liebst, wirst du damit enden, die zu hassen, denen du dich aufgeopfert hast.«

Sicher gibt es Einschränkungen, denen Eltern in den ersten Lebensjahren ihrer Kinder unterliegen – was die Selbstbestimmung und die Lebensqualität zunächst reduziert.[161] Aber danach kommt es auf die Haltung an. Hinterfragen Sie Bremssätze wie: »Ich muss für meine Kinder zurückstecken!« Müssen Sie das wirklich? Günstiger wäre die Überzeugung: »Je mehr ich dafür tue, selbst glücklich zu sein, desto glücklicher kann ich meine Kinder machen!«

Wie lernt ein Kind am leichtesten, seine Einzigartigkeit zu leben? Indem die Eltern diese Haltung vorleben!

DER KLEINE NEUDENKER

Wer das Haus seiner Eltern übernimmt, prüft vorher, ob die Substanz noch etwas taugt. Wer das Denken seiner Eltern übernimmt, sollte es genauso halten.

Wenn die Liebe Ihnen Mut macht

Es ist nicht wahr, dass Liebe blind macht, im Gegenteil: Wer liebt, sieht mehr! Mit einem kleinen Test können Sie herausfinden, ob Ihre Partnerschaft glücklich ist und Sie auf dem Weg in die Individualität unterstützt. Schreiben Sie zehn Ihrer Eigenschaften auf, die Ihnen besonders wichtig sind. Zum Beispiel könnte auf Ihrem Blatt stehen:

▶ Zuverlässigkeit

▶ Herzenswärme

▶ Kreativität

▶ Spontaneität

▶ Großzügigkeit

▶ Intelligenz

▶ Mut

▶ Schönheit

▶ Humor

▶ Taktgefühl

Und nun kopieren Sie diese Liste mehrfach. Eine Fassung geht an Ihren Lebenspartner, mehrere an Ihre besten Freunde. Alle bekommen die Aufgabe, hinter jeder Eigenschaft eine Schulnote zu notieren. Wer Sie für besonders mutig hält, gibt Ihnen für Mut zum Beispiel eine 1,0 oder eine 1,25 (auch Zwischennoten sind erlaubt). Wer dagegen meint, Sie seien besonders feige, bewertet Sie mit 5,75 oder 6,0. Am Ende jedes Blattes zählen Sie die Noten zusammen und errechnen einen Durchschnitt.

Geben Sie einen Tipp ab: Wer wird Ihnen die größeren Stärken zuschreiben und positive Eigenschaften entdecken, die andere nahe Menschen nicht sehen? Ich hoffe, es ist Ihr Partner (und umgekehrt Sie bei ihm). Denn »Liebesillusionen« sind ein Garant für stabile und glückliche Beziehungen. Falls Ihr Partner Ihnen aber besonders schlechte Noten gibt (oder Sie ihm), hängt der Haussegen schief.

Zu diesem Ergebnis ist eine Forscherin gelangt, die auf Liebesillusionen spezialisiert ist, die amerikanische Professorin Sandra Murray.[162] Aber wie kann es sein, dass eine offensichtliche Fehleinschätzung eine Beziehung stabilisiert? Das funktioniert deshalb, weil die Illusion eine sich selbst erfüllende Prophezeiung auslöst: Wenn Ihr Partner Sie positiver sieht, als Sie es (nach Meinung anderer) sind, werden Sie alles tun, um diesem Bild zu entsprechen – Sie wachsen in die (noch) zu großen Schuhe hinein, entwickeln sich.

Indem Ihr Partner Sie für »besonders kreativ« hält, spornt er Sie an, kreativ zu sein – Sie basteln die tollsten Geburtstagsgeschenke. Indem Ihr Partner Ihnen »Ausdauer« zuschreibt, spornt er Sie an, am Ball zu bleiben: Sie geben nicht auf und verschicken auch noch die 105. Bewerbung für eine neue Stelle.

Der Umkehrschluss: Wenn Ihr Partner Ihnen laufend sagt, dass Sie unkreativ sind, kann Ihr Kopf wie vernagelt sein. Wenn er Ihnen dauernd einredet, dass Sie sich einfach nicht durchsetzen können, kann der Muskel Ihrer Durchsetzungskraft erschlaffen – und Sie ertappen sich dabei, wie Sie in jeder Verhandlung Rückzieher machen.

Wie Ihr Partner über Sie denkt, hat großen Einfluss darauf, was Sie aus Ihren Anlagen machen – ob Sie sich verwirklichen oder mit den Wölfen heulen. Seine positive Erwartung wirkt sich auf die Saatkörner Ihrer Stärken und Wünsche wie Dünger aus. Oder wie Gift.

Zum Beispiel habe ich eine junge Schneiderin beraten, die kurz davor war, sich einen Stand auf einer wichtigen Messe zu mieten und ihre eigenen Entwürfe, gewagte Cocktailkleider aus Jeansstoffen, zu präsentieren. Jedes Mal verließ sie die Beratungsgespräche mit großer Tatkraft – doch beim Folgetermin stellte sich stets heraus, dass sie doch nichts unternommen hatte. Was sie bremste, war ihr Ehemann. Er wurde nicht müde, sie als »Spinnerin« zu bezeichnen. Sein häufigster Satz: »Du überschätzt dich – du bist Schneiderin, nicht Designerin!« Weil er sie kleinmachte, fühlte sie sich klein. Weil er nicht an sie glaubte, verlor sie den Glauben an sich.

Der Eheforscher John Gottman braucht ein Paar nur ein Wochenende zu beobachten, schon kann er vorhersagen, ob die Beziehung halten oder brechen wird. Den großen Unterschied macht es, ob die Partner sich achten oder verachten. Verachtung drückt sich aus durch abweisende Körpersprache, durch entwertende Kommunikation und durch schnelle Eskalation bei Streitigkeiten. Achtung dagegen manifestiert sich in kleinen Gesten: dass die Partner jeden Morgen darüber sprechen, was den anderen heute erwartet, und jeden Abend, wie der Tag gelaufen ist; dass sie sich durch Küsse, durch Berührungen, durch kurze Gesten der alltäglichen Zärtlichkeit ihre Gefühle zeigen und Zeit für ihre Zweisamkeit nehmen; und dass sie jeden Tag dem anderen sagen, was sie an ihm bewundern und wofür sie ihm dankbar sind.[163]

Wie sieht es in Ihrer Beziehung aus: Spüren Sie die Bewunderung Ihres Partners, sein Interesse für das, was in Ihrem Kopf und Ihrem Leben vorgeht? Nimmt er Sie größer oder kleiner wahr (als Sie es womöglich sind), erfolgreicher oder erfolgloser, intelligenter oder dümmer, individueller oder angepasster?

Und wenn Sie sich vorstellen, die Macht einer Beziehung könnte sich in Körpergröße ausdrücken: Wären Sie dann gleich groß? Oder würde ein Partner den anderen überragen? Um ein paar Zentimeter? Einen Kopf? Zwei Köpfe? Schaut Ihr Partner von weit oben auf Sie herab? Weiß er genau, was gut für Sie ist? Schiebt er Sie wie eine Schachfigur auf dem Spielbrett Ihres Lebens hin und her? Oder tun Sie das mit ihm? Dann besteht Abhängigkeit, aber keine Achtung. Dann werden Sie nicht motiviert, sondern manipuliert.

Oder begegnen Sie sich auf Augenhöhe? Macht Ihr Partner

Ihnen Mut? Hilft er Ihnen, die Saatkörner Ihrer Wünsche groß-
zuziehen? Sieht und fördert er Ihr Potenzial? Steht er auch dann
als Mutmacher hinter Ihnen, wenn Sie schwierige Phasen durchlaufen? Und malt er sich ein Bild von Ihnen aus, das dem Menschen entspricht, der Sie einmal werden wollen? Dann hilft Ihnen
diese Zweisamkeit dabei, zu sich und zu Ihrer eigenen Einma-
ligkeit zu finden.

Jede Beziehung besteht aus drei Ebenen: einer körperlichen,
einer seelischen und einer geistigen. Wenn eine Liebe beginnt,
dominiert die körperliche Anziehung. Die Liebesnächte sind rau-
schend, und die Seelen schweben vor lauter Verliebtheit unter der
Decke. So, denken Paare, soll es bleiben.

Denn schließlich kam in den westlichen Ländern gegen Ende
des 18. Jahrhunderts eine neue Form der Liebe auf: die roman-
tische Liebe. Bis dahin wurden die Eheleute in spe von ihren Eltern mit kaltem Kalkül zusammengeführt. Der Bauer, der reich
mit Kühen gesegnet war, aber zu wenig Land hatte, verheiratete
seine Tochter mit dem Bodenbesitzer, der reichlich Land besaß,
aber zu wenig Kühe. Und wenn das Paar dann Kinder zeugte, so
auch, weil der Nachwuchs ihnen bei der Arbeit unter die Arme
greifen und sie später im Alter durchbringen sollte. Diese Liebe,
so fanden die Frühromantiker, war nur ein Abfallprodukt des
Nützlichkeitsdenkens.

Doch heute kommt der Druck aus der Gegenrichtung: Die
Medien erwecken den Eindruck, dass die Schmetterlinge im
Bauch niemals ruhen dürfen. Als ließe sich Verliebtheit über
Jahrzehnte konservieren. Als wäre es ein Vergehen, die meisten
Nächte nur nebeneinander und nicht miteinander zu schlafen.
Dabei hat es biochemische Gründe, dass die Verliebtheit nach-
lässt: Die körpereigenen Glücksdrogen werden nur so lange aus-

geschüttet, wie es vor Erfindung der Geburtenkontrolle dauerte, bis ein Paar sich durch gemeinsame Kinder gebunden hatte. Der italienische Forscher Emanuele Enzo wies in einer Studie mit 58 Personen nach: Zu Beginn einer Beziehung steigen die Werte der Neurotrophine, also jener Signalstoffe, die Nervenzellen miteinander verbinden. Aber nach einem Jahr ist keine signifikante Erhöhung mehr feststellbar.[164]

Das ist der Moment, in dem sich viele moderne Menschen in neue Beziehungen stürzen, weil sie sich ewige Verliebtheit als Normalzustand haben einreden lassen und wieder mal in die Vergleichsfalle tappen. »Eine Ehe ist wie ein Restaurantbesuch – man denkt immer, man hat das Beste gewählt, bis man sieht, was der Nachbar bekommt«, spottet der deutsche Comedian Bernd Stelter in seiner Bühnenshow »Wer heiratet, teilt sich die Sorgen, die er vorher nicht hatte«.

Beim nächsten Mal, so die Hoffnung, wird ungetrübte Verliebtheit bis zum letzten Atemzug herrschen. Genauso gut könnte man hoffen, ein Regenbogen bliebe ewig am Himmel. Dabei macht es seinen Zauber doch aus, dass er zeitlich begrenzt ist. Die Paarberaterin Eva-Maria Zurhorst sieht in dem naiven Glauben an Dauerverliebtheit einen Fluchtmechanismus: »Wir verlieben uns, damit wir nicht lieben müssen.«[165]

Mit der Dauer einer Beziehung kann sich verstärken, was der Philosoph Wilhelm Schmid »die dritte Ebene der Liebe« nennt: die geistige Ebene, der Austausch der Gedanken.[166] Diese Phase ist für Ihr Liebes- und Lebensglück die wichtigste, weil sie, anders als die Verliebtheit, dauerhaft bestehen und Ihr Wachstum fördern kann. »Am Anfang gehören alle Gedanken der Liebe«, sagte der Physiker Albert Einstein, »später gehört dann alle Liebe den Gedanken.« Auch John Gottman hält die geistige Ebene für entscheidend. Glückliche Beziehungen erkenne man vor allem an einer starken geistigen Verbundenheit der Partner.

Wenn Sie ein Mensch sind, der wachsen will, passt zu Ihnen ein Partner, der dieses Wachstum fördert (und umgekehrt); sonst verkümmern Sie. Wer Ihr Wesen achtet, wird Freude daran haben, wenn Sie blühen und Ihre Träume verwirklichen. Diese eine Stimme, die im Getümmel Ihren Namen ruft und an Sie glaubt, kann alle Zweifel dieser Welt übertönen:

▶ Da ist die Hobbyautorin, die immer nur für sich Geschichten geschrieben und tausendmal gehört hat, dass die Verlage keine neuen Manuskripte brauchen, bis ihr Mann zu ihr sagte: »Das ist so gut, was du schreibst – das müssen auch andere lesen!« Ein paar Monate später hat sie einen Verlag gefunden.

▶ Da ist die Tagesmutter, die abends beim Rotwein davon fantasiert, sie könnte ja eines Tages im Internet eine Vermittlung für Tagesmütter gründen, aber sofort an die vielen Firmenpleiten denkt, von denen sie gerade in der Zeitung gelesen hat – und von ihrem Freund als Antwort hört: »Das ist eine geniale Idee, Schatz. Mach es!« Ein paar Monate später ist ihre Firma gegründet.

▶ Und da ist der Rentner, der mit 70 Jahren bitter bereut, nie in seinem Leben das Klavier spielen gelernt zu haben, aber sich schon viel zu alt fühlt – und zum nächsten Geburtstag von seiner Frau ein Klavier und einen Gutschein für Unterrichtsstunden bekommt. Zu seinem 75. Geburtstag spielt er als musikalischer Alleinunterhalter auf.

»Für die Welt bist du irgendjemand, aber für irgendjemand bist du die Welt«, schrieb der Dichter Erich Fried. Die Liebe verleiht uns Bedeutung, macht uns mutiger, größer, einzigartig. Ein Befund, den sogar ein nüchterner Naturwissenschaftler wie der Hirnforscher Gerald Hüther unterschreibt: Wer alte Grenzen sprengen, neue Haltungen einnehmen und damit sein Gehirn anders verschalten will, schaffe das nur durch »andere Menschen, mit denen er seine Wahrnehmungen, seine Empfindungen, seine Erfahrungen und sein Wissen teilen kann. Wer sein Gehirn auf diese umfassende Weise nutzen will, muss also lieben lernen.«[167]

Und was, wenn Sie bei der Lektüre dieses Kapitels feststellen, dass Ihr Partner Sie negativ sieht, kleinmacht und in der Entfaltung blockiert? Müssen Sie dann Ihren Traum vom individuellen Leben aufgeben? Anstelle des Traums könnten Sie auch den Partner aufgeben! Aber erst, nachdem Sie Ihr eigenes Verhalten kritisch geprüft haben. Denn oft bekommen Sie zurück, was Sie selbst in eine Beziehung geben – und können, indem Sie sich verändern, auch Ihren Partner positiv beeinflussen (siehe ab Seite 157).

DER KLEINE NEUDENKER

Der junge Liebende sagte zum Weisen: »Ich habe ein schlechtes Gewissen: Sie sieht mich klüger, als ich es bin.«
»Sei unbesorgt«, sagte der Weise, »was sie heute sieht, wird morgen wahr sein.«

DIE SELBSTCOACHING-ÜBUNG

Inspizieren Sie Ihre Beziehungen!

Bitte prüfen Sie Ihre Beziehungen zu den sieben wichtigsten Menschen Ihres Lebens. Notieren Sie die Namen (Familie, Freunde usw.), ehe Sie weiterlesen:

1. _____

2. _____

3. _____

4. _____

5. _____

6. _____

7. _____

Und nun fragen Sie sich bitte: Was hat Ihre Reihenfolge zu heißen? Warum sind Ihnen einige Namen früher als andere eingefallen? Wer hat in den letzten Jahren an Wichtigkeit gewonnen? Wer verloren? Wer ist von der Liste gerutscht – und warum?

Wer macht Ihnen Mut, schenkt Ihnen Kraft, steht bei wichtigen Entscheidungen hinter Ihnen? Und wer neigt dazu, Sie zu blockieren? Hat der Blockierer seinen Platz auf der Liste wirklich verdient?

Angenommen, Sie könnten sich ein »Trainerteam« aufstellen: Wer bekäme welche Rolle? Wer sollte Sie motivieren, wer Sie strategisch, wer Sie moralisch unterstützen? Welche Namen fallen Ihnen jetzt mehrfach ein – und welche gar nicht?

Und wen hätten Sie gerne auf dieser Liste stehen, obwohl er noch nicht dort steht? Was werden Sie unternehmen, um diesen Kontakt aus- oder aufzubauen?

14 Anstiftung zum Nein-Sagen:

Wie Sie sich mit einem Wort das Leben retten

In diesem Kapitel erfahren Sie …

▶ warum Sie ein großes Ja denken müssen, um ein klares Nein zu sagen,

▶ was erfolgreiche Nein-Sager mit einer guten Abwehrreihe beim Fußball gemeinsam haben,

▶ wie Sie raffinierte Manipulationsversuche aufdecken und kontern

▶ und wie Sie aggressive Forderungen mit der Vernebelungs-Taktik gekonnt ins Leere laufen lassen.

Das große Ja im Nein

Zwei Gedankenexperimente vorab:

Angenommen, Sie sind frisch verliebt, Ihr Himmel hängt voller Geigen, und jedes Mal, wenn Sie die Augen schließen, sehen Sie das Bild Ihres neuen Partners. In diesem Zustand spricht Sie in einem Café ein höchst attraktiver Mann (oder eine solche Frau) an. Und am Ende des Plausches gibt er (oder sie) zu verstehen, er sei an mehr als nur an gemeinsamem Kaffeetrinken interessiert, und bittet Sie um Ihre Handynummer. Wie schwer fällt es Ihnen, Nein zu sagen?

Oder: Sie haben vor einem halben Jahr eine Konzertkarte gekauft. Heute Abend, Punkt 20 Uhr, findet das Konzert Ihrer Lieblingsband statt. Die Vorfreude lässt Sie fast abheben. Doch ausgerechnet jetzt bittet Sie Ihr Chef, ob Sie nicht bis 21.30 Uhr im Büro bleiben könnten. Wie schwer fällt es Ihnen, Nein zu sagen?

Beide Male ist das Nein-Sagen für Sie wohl eine leichte Übung. Niemand schafft es, Sie zu manipulieren. Und warum? Weil Sie innerlich klar sind. Wann immer Sie wissen, was Sie wollen, wissen Sie auch, was Sie nicht wollen. Wer ein unumstößliches Nein sagt, sagt *immer* Ja zu etwas Attraktiverem: Das Nein zur Affäre mit dem Fremden entspringt dem Ja zur (frischen) Partnerschaft; das Nein zur Mehrarbeit dem Ja zum Konzert. Diese innere Sicherheit strahlt nach außen ab. Ihr Flirt wird seinen Korb akzeptieren, Ihr Chef nach einem anderen Dummen fahnden.

Aber was wäre passiert ohne frische Liebe oder Konzert? Dann hätten Sie, auch bei schlechtem Bauchgefühl, vielleicht beim Nein-

Sagen gewankt und damit die Hoffnung auf Ihr Einknicken genährt. Ein unsicheres »Nein« hätte die Fordernden forscher gemacht. »Ich will doch nur mal telefonieren«, hätte Ihr Flirt geschwindelt. »Morgen dürfen Sie dafür früher gehen«, hätte Ihr Chef gelockt.

»Die Fähigkeit, das Wort Nein auszusprechen, ist der erste Schritt zur Freiheit«, ruft uns der Dramatiker Nicolas Chamfort aus dem 18. Jahrhundert zu. Und diese Fähigkeit hat mit Selbstreflexion, mit der Kunst des Ja-Sagens zu tun. Ein Ja zu Ihrer Individualität, zu Ihren Werten, ist der beste Schutz vor unstimmigen Entscheidungen. Ein solches Ja ist ein Fixstern, auf den Sie Ihren Blick richten können, wenn Sie im Gewühl des Alltags schnell entscheiden müssen und Orientierung brauchen. Jede Entscheidung, ob im Berufs- oder im Liebesleben, ob in Finanz- oder in Gesundheitsfragen, lässt sich aus Ihren Werten ableiten.

Wenn Sie Ja zum Wert »Fairness« sagen, wird Ihr Chef Sie nie überreden können, einen Kunden zu betrügen oder einen Kollegen auszubooten. Wenn Sie Ja zur »Authentizität« sagen, werden Sie keine unerwünschten Einladungen annehmen und sich in Vorstellungsgesprächen nicht bis zur Unkenntlichkeit verbiegen. Wenn Sie Ja zur »Bescheidenheit« sagen, wird Ihnen kein Vermögensberater windige Anlagen aufschwatzen können, auch wenn alle Ihre Nachbarn darauf schwören.

Ein Ja zu Werten kann Menschen so viel Kraft verleihen, dass sie über sich hinauswachsen – weil das, woran sie glauben, größer ist als Sie selbst. Zum Beispiel war es ein Ja zu humanistischen Werten, das Sophie Scholl und ihre Mitstreiter der Weißen Rose den Nazis ein Nein entgegenschmettern ließ, wofür sie hingerichtet wurden; ein solches Ja gab Nelson Mandela die Kraft, Nein zur Apartheids-Politik in Südafrika zu sagen und sich für 27 Jahre einsperren zu lassen, ehe er 1994 vom Ex-Häftling zum

Präsidenten aufstieg. Und wenn Sie ein überzeugtes Ja zu einem Wert wie Gerechtigkeit sagen, schöpfen Sie daraus nicht nur die Energie für ein Nein zum Schutz Ihrer Interessen, sondern auch für eines, das Sie denen in den Weg stellen, die sich als Mobber auf einen Kollegen stürzen wollen.

Denken Sie an eine Situation, in der es Ihnen gelungen ist, unter Druck eine Forderung abzuwehren. Kann es sein, dass Sie sich unbewusst an Ihren Werten orientiert haben? Welche Werte waren das? Und inwiefern können Sie eine persönliche Strategie zum Nein-Sagen aus diesem Erfolg ableiten?

Indem wir Ja zu anderen sagen, ohne es so zu meinen, sagen wir Nein zu uns selbst. Aus Angst, einen anderen vor den Kopf zu stoßen, stoßen wir uns selbst. Aus Angst, als egoistisch zu gelten, schubsen wir unser Ego unter die Räder eines anderen. Wer gegen seine Werte verstößt, ent*wertet* sich, auch nach außen. Denn meist erhöht ein klares Nein Ihr Ansehen. Wer immer Ja sagt, dessen Zustimmung ist wertlos wie ein Tropfen Wasser im ewigen Regen. Erst die Dürre macht das Wasser kostbar, erst die Ablehnung Ihre Zustimmung. »Wäre nicht das Nein, so wäre das Ja ohne Kraft«, brachte der Philosoph Friedrich Wilhelm von Schelling diese Wechselwirkung auf den Punkt.

 **DER KLEINE NEUDENKER**

Wer Nein dazu sagt, andere anzulügen, sagt Ja zur Wahrheit. Wer Nein dazu sagt, ein Mitläufer zu sein, sagt Ja zur Individualität. Jedes Nein trägt ein größeres Ja im Gepäck.

Der Strafraum der Individualität

Was passiert beim Fußball, wenn ein Stürmer auf den Strafraum zueilt? Springen die Verteidiger zur Seite? Winkt der Torhüter den Ball durch? Nein, je näher der Stürmer dem Tor kommt, desto härter wird er angegriffen. Spätestens an der Strafraum-Grenze ist Schluss mit lustig.

Stellen Sie sich Ihre Interessen, Ihre Individualität, wie einen Strafraum vor. Immer wieder nehmen andere Anlauf, um dort einzudringen und Tore auf Ihre Kosten zu schießen. Wie reagieren Sie darauf, wenn der Chef Ihren lange geplanten Jahresurlaub kurzfristig verschieben will? Wenn Ihnen eine Freundin eine Versicherung andrehen will, die Sie gar nicht brauchen? Oder wenn Ihnen die Eltern Ihre Träume wieder mal als »Flausen« ausreden wollen?

Jetzt ist Ihre Abwehr gefragt! Sind Sie gut aufgestellt? Gehen Sie rechtzeitig dazwischen? Beherrschen Sie die Verbal-Grätsche, das klare Nein? Oder ist Ihre Verteidigung halbherzig? Und kommen die Angreifer durch?

Zwischen Ihrer Defensive und der Offensive der anderen besteht ein systemischer Zusammenhang: Jedes Mal, wenn Sie unentschlossen wirken, erhöhen Sie die Entschlossenheit der Angreifer. Zum Beispiel wird Ihr Chef sofort spüren, wie Sie auf sein Ansinnen reagieren: Zögerlich? Dann bleibt der Ball in der Gefahrenzone – Ihr Chef setzt nach! Oder weisen Sie sein Anliegen klar zurück? Dann kicken Sie den Ball zurück ins Mittelfeld – und Ihr Chef dreht ab.

Der Strafraum des Fußballfeldes wird durch weithin sichtbare Linien markiert. Haben Sie auch in Ihrem Leben klare Grenzlinien gezogen, von denen andere wissen, dass sie diese nicht ungehindert überschreiten können? Haben Sie mit sich selbst vereinbart, welche Zonen Ihres Leben Sie schützen? Zum Beispiel ist Ihre Grenze klar definiert, wenn Sie Ihren Besuchern bei einer Party sagen: »In meiner Wohnung wird nicht geraucht.« Dann weiß jeder: »Wenn ich's dennoch tue, bekomme ich Ärger.« Aber ein zusätzliches Wort in diesem Satz reicht, um die gezogene Grenzlinie zu verwischen: »Eigentlich wird in meiner Wohnung nicht geraucht.« Schon spekulieren die Gäste darauf, die Grenze ungestraft zu überschreiten.

Zwei Arten von Angriffen bedrohen Ihre Interessen: die offensichtlichen und die heimlichen. Ein offensichtlicher Angriff Ihres Chefs wäre: »Ich erwarte, dass Sie Ihren Urlaub verschieben: Wir haben im Moment einfach zu viel zu tun.« Solche Vorstöße sind gefährlich, weil sie Ihre innere Abwehr wie schnelle Konter überrollen können – der fordernde Ton klingt, als hätten Sie gar keine Wahl. Doch immerhin merken Sie: Hier rollt ein Angriff! Das versetzt Sie in die Lage, Ihre innere Verteidigung aufzustellen.

Dagegen gleichen heimliche Angriffe guten Freistoß-Tricks; man bemerkt sie erst in letzter Sekunde. Zum Beispiel sagt Ihr Chef: »Ich weiß, Sie haben ab kommender Woche Urlaub. Und ich verstehe, dass Sie ihn antreten wollen. Nur wächst uns die Arbeit hier über die Ohren. Und Frau Heinze hat ihren Urlaub auch gerade verschoben. Aus Solidarität mit den Kollegen und weil ihr die Firma so wichtig ist.«

Offiziell hat Ihr Chef keinen Angriff gestartet, sondern Verständnis bekundet. Aber tatsächlich will er Sie austricksen, denn indirekt sagt er: »Was Frau Heinze tut, erwarte ich auch von Ihnen! Sonst sind Sie unsolidarisch mit den Kollegen und zeigen, dass die Firma Ihnen nicht wichtig ist!« Dieser moralische Druck soll Sie daran hindern, ihm ein klares Nein entgegenzuhalten.

Oder eine penetrante Bekannte, die den Jahresurlaub unbedingt mit Ihnen verbringen will, sagt spitz: »Wahrscheinlich hast du schon andere Pläne. Ein Urlaub mit mir wäre ja auch eine Zumutung. Du findest bestimmt eine nettere Reisebegleitung.« Diese Provokation soll Sie aus Höflichkeit sagen lassen, dass ihre Begleitung keine Zumutung sei (auch wenn Sie es genau so empfinden!). Und schon haben Sie – durch Manipulation ausgetrickst – ein großes Loch in Ihre innere Abwehr gerissen.

Die ersten beiden Herausforderungen, wenn Sie ein guter Nein-Sager werden wollen: Definieren Sie eine klare Strafraumgrenze, die Sie mit aller Macht verteidigen! Und seien Sie wachsam, damit Sie neben offenen Angriffen auch heimliche, also Manipulationsversuche, frühzeitig erkennen. Denn nur, wer einen Angriff kommen sieht, kann ihn mit einem klaren Nein abwehren.

DER KLEINE NEUDENKER

Ein Staat, der keine Grenzen zieht, wird annektiert – genauso geht es Menschen, die nicht klar genug Nein sagen.

Die 22 besten Tipps zum Nein-Sagen

Gute Golfer haben immer mehrere Schläger dabei – fürs Abschlagen, fürs Putten, je nach Bedarf. Und als guter Nein-Sager sollten Sie ebenfalls eine Vielzahl von Strategien im Gepäck haben, für jede Situation die richtige. In diesem Kapitel bekommen Sie 22 Tipps zum Nein-Sagen – fünf für Ihre mentale Stärke, fünf für Ihre Rhetorik und zwölf zur praktischen Umsetzung.

Fünf Strategien für Ihre mentale Nein-Stärke

Ein Nein steht und fällt mit Ihrem Denken. Bei diesen mentalen Strategien geht es darum, wie Sie gedankliche Stärke aufbauen, Ihre Emotionen steuern und das nötige Selbstbewusstsein entwickeln.

▶ **1.**
Überlegen Sie, was Ihr Nein Ihnen bringt!
Ob Ihnen ein deutliches Nein gelingt, hängt davon ab, worauf Sie Ihre Gedanken konzentrieren: Malen Sie sich in den schwärzesten Farben aus, welche negativen Folgen Ihr Nein hätte? Zum Beispiel, dass Ihr Arbeitsplatz wackelt, Ihre Kollegen meutern und Ihr Chef Amok läuft, wenn Sie die kurzfristig geforderte Nachtschicht ablehnen? Dann verlässt Sie jeder Mut. Und Sie werden aus Furcht ein unstimmiges Ja über die Lippen pressen.

Umgekehrt wird ein Schuh daraus: Malen Sie sich aus, welche positiven Folgen ein Nein hätte! Wie werden Sie den Abend dann verbringen? Toben Sie mit Ihren Kindern? Dinieren Sie bei Ihrem Lieblingsitaliener? Oder erwartet Sie eine kuschelige Nacht zu zweit? Diese positiven Bilder, die sich an Ihre Werte lehnen, verleihen Ihnen Kraft und Entschlossenheit, unangemessene Forderungen mit einem starken Nein abzuwehren.

▶ 2.
Belassen Sie das Problem beim Absender!

Eigentlich ist es eine Stärke, wenn Sie sich in andere hineinversetzen. Doch beim Nein-Sagen kann das hinderlich sein, weil Sie zu viel über die Interessen der anderen nachdenken. Und zu wenig über Ihre eigenen.

Zum Beispiel überlegen Sie, welche Folgen es für andere hätte, wenn Sie die kurzfristige Nachtschicht ablehnen. Dann schnappt sich Ihr Chef doch sicher einen Kollegen. Oder er springt selber ein (obwohl er schon so viele Überstunden hat). Oder die Schicht bleibt unbesetzt, und er bekommt Ärger mit seinen Bossen.

Doch Stopp! Lassen Sie es nicht zu, dass Sie sich ein fremdes Problem zu eigen machen. Wer hat die Schwierigkeit? Die Firma! Und wer muss die Schwierigkeit folglich lösen? Die Firma – nicht Sie! Vielleicht sind die Schichtpläne mit zu heißer Nadel gestrickt. Oder die Personaldecke ist zu dünn. Zu diesem Kern des Problems wird die Firma nur vordringen, wenn Sie das Problem bei ihr belassen.

▶ 3.
Gestehen Sie sich Schwächen zu!

Drei Kinder erziehen, die alte Mutter pflegen, die Arbeit der kranken Kollegin mitmachen und die Facebook-Freunde täglich mit Neuigkeiten füttern: Der moderne Mensch soll alles auf die Reihe kriegen, gleichzeitig und perfekt. Wenn Sie sich diesem Diktat unterwerfen, scheuen Sie vor einem Nein zurück – es würde Ihnen als Eingeständnis Ihrer Schwäche, als Kapitulation erscheinen.

Aber wenn Sie so tun, als könnten Sie unbegrenzt Lasten tragen, was passiert dann? Richtig, Sie werden von Ihren Mitmenschen unbegrenzt beladen. Mehr Arbeit. Mehr Termine. Mehr private Gefälligkeiten. Bis Sie eines Tages – für die anderen völlig überraschend – in Ihrer Erschöpfung versinken.

Das Gegenmittel: Gestehen Sie sich beim Nein-Sagen ein, dass Ihre Kräfte begrenzt sind. Das Motto: »Ich würde ja gerne, aber der Tag hat nur 24 Stunden, und ich habe nur zwei Hände …« Solche Antworten sind sympathisch, weil Sie zu Ihrer Belastungsgrenze stehen. Sie werden merken: Wenn Sie die weiße Flagge hissen, lässt der Beschuss mit Forderungen sofort nach.

▶ 4.
Klären Sie Ihre Rolle!
Wenn Sie Nein meinen, es aber nicht über die Lippen bringen, liegt das oft an Rollenkonflikten. Zum Beispiel bittet Sie eine Arbeitskollegin, mit der Sie privat befreundet sind: »Kannst du heute mal die Telefonate für mich annehmen? Ich habe so schrecklich viel auf dem Schreibtisch!« Diesen Wunsch Ihrer Freundin wollen Sie nicht ablehnen und sagen zu – was Sie später bereuen. Denn auf Ihrem Tisch ballt sich mindestens genauso viel Arbeit. Und die Telefonate nerven Sie nicht minder und rauben Ihnen kostbare Zeit und Kraft.

Wenn Sie Ihre beiden Rollen – Freundin und Arbeitskollegin – getrennt hätten, wäre Ihnen eine stimmigere Antwort leichter gefallen, zum Beispiel: »Als Freundin würde ich dir diesen Gefallen gerne tun. Du weißt, im Privatleben unterstütze ich dich nach Kräften. Hier in der Firma, als Arbeitskollegin, bin ich jedoch in derselben Situation wie du: Mein Tisch ist voll mit Arbeit. Ich schaffe es gerade, meine eigenen Anrufe zu bewältigen. Bitte such nach einer anderen Lösung.«

▶ 5.

Rationalisieren Sie Katastrophen-Fantasien!

Wir fürchten nicht das Nein-Sagen an sich – wir fürchten seine Folgen. Tausend Katastrophenfilme in unserem Kopf beginnen mit den Worten: »Wenn ich Nein sage, dann ...« Und nun bricht in Gedanken – je nachdem, wessen Wunsch man zurückgewiesen hat – die eigene Ehe auseinander oder ein Nachbarschafts-Krieg los, der Chef mutiert zum mobbenden Monster, der eigene Arbeitsplatz löst sich in Rauch auf oder die Vereinskollegen werfen einen wegen »unehrenhaften Verhaltens« aus ihren Reihen.

Gegen solche Katastrophen-Fantasien helfen Fragen aus der Rational-Emotiven Verhaltenstherapie: Wie wahrscheinlich ist es, dass Ihre Ehe in die Brüche geht, nur weil Sie einen Sonntagsausflug zu Ihren Schwiegereltern ablehnen? Was spricht gegen diese These? Könnte sogar ihr Gegenteil wahr sein? Und warum? Fast immer werden Sie merken: Ein ehrliches Nein ist nicht nur für Ihr inneres Gleichgewicht, sondern auch für das Verhältnis zum Gesprächspartner besser als ein geheucheltes Ja.

Fünf Strategien für Ihre Nein-Rhetorik

Ein Nein ist immer nur so gut, wie Sie es rüberbringen – durch Ihre Rhetorik. Dabei kommt es auf Ihre Wortwahl, Ihre Körpersprache und sogar auf Ihre Fähigkeit an, Schweigen auszuhalten.

► **6.**

Machen Sie kein Drama draus!

Viele Antworten, die in ein Nein münden, klingen nach rhetorischem Kniefall: »Es tut mir echt wahnsinnig leid, dass ich dich enttäuschen muss, aber …« Durch eine solche Entschuldigung erreichen Sie nur, dass der andere Sie – siehe Ihr Geständnis! – als schuldig wahrnimmt. Und indem Sie die Enttäuschung ansprechen, verstärken Sie dieses Gefühl. Je schuldbewusster Sie antworten, desto mehr Schuld schreibt Ihnen der andere zu – und leitet daraus einen Anspruch auf Ihr Ja ab.

Profitieren können Sie von einem *lockeren* Nein, das Sie aussprechen wie eine undramatische Selbstverständlichkeit: »Nö, das passt jetzt nicht.« Ein freundlicher Blick, aber keinesfalls entschuldigend, darf die Aussage begleiten. Wollen wir wetten, dass Ihre Leichtigkeit abfärbt? Würde der Bittsteller Ihnen jetzt eine Szene machen, käme ihm das wie eine Überreaktion vor. Ihre Lockerheit macht ihn locker. Weil Sie Nein sagen, als wäre es selbstverständlich, nimmt er es als Selbstverständlichkeit auf.

► **7.**

Meiden Sie Konjunktive und sprachliche Weichmacher!

Aus Ihrer Sprache lässt sich auf Ihre Entschlossenheit schließen. »Ich werde meine Kunden nicht anlügen« klingt anders als: »Ich möchte meine Kunden eigentlich nicht anlügen!« Im ersten Fall haben Sie klar Position zu einer Forderung Ihrer Chefin bezogen – im zweiten ein Türchen geöffnet, in das sie ihr rhetorisches Stemmeisen stoßen wird. Konjunktive wie »würde« und »hätte«, Relativierungen wie »eigentlich« und »vielleicht«: Solche sprachlichen Weichmacher bewirken, dass hinter Ihrem Nein kein Ausrufungszeichen, sondern nur ein dickes Fragezeichen steht. Wer seine Kunden »eigentlich nicht anlügen« möchte, gibt zu verstehen, dass er in Gedanken schon mit einer Arschbacke auf der Kanonenkugel sitzt.

Achten Sie darauf, dass Sie sprachliche Weichmacher beim Nein-Sagen aus Ihrem Wortschatz verbannen. Klare Positionen erreichen Sie durch eine klare Sprache.

▶ **8.**

Nutzen Sie Ihre Körpersprache!

Wie ernst ist ein Nein zu nehmen, das jemand in den Raum nuschelt, während er auf den Boden starrt, von einem Bein aufs andere wippt und dabei an seinem Kinn zupft? Botschaften werden zu 80 bis 90 Prozent über die Stimme und den Körper vermittelt – nur der Rest läuft über den Inhalt.[168] Sorgen Sie dafür, dass Sie Ihre inhaltliche Aussage körperlich unterstützen: Sprechen Sie beim Nein-Sagen tief und nicht zu leise. Stehen (oder sitzen) Sie stabil, halten Sie den Blickkontakt, vermeiden Sie Übersprungs-Handlungen wie das Spielen mit Stiften – und bevorzugen Sie gegenüber hartnäckigen Gesprächspartnern eine Körpersprache, die für Abgrenzung steht, etwa vorm Körper verschränkte Arme. Und keinesfalls entschuldigend lächeln! Gefragt ist ein freundlicher, aber ernster Blick. Wenn Sie in zwei Sprachen Nein sagen, in Wort- und Körpersprache, wird es noch besser verstanden!

▶ **9.**

Senden Sie Ich-Botschaften!

Wenn Sie mit einer Forderung konfrontiert sind, die Ihnen nicht passt, blasen Sie vielleicht direkt zum Gegenangriff: »Da verlangen Sie einfach zu viel von mir!«, oder: »Du willst immer deinen Kopf durchsetzen!« Damit haben Sie etwas über den anderen gesagt, aber nichts über sich. Das ist unklug, denn so bringen Sie Ihren Gesprächspartner gegen sich auf und verlocken ihn zu kontern, etwa: »Ich verlange nicht zu viel, sondern nur mein gutes Recht!«

Besser fahren Sie mit Ich-Botschaften, also Aussagen über Ihr eigenes Befinden: »Ich fühle mich überfordert, weil ich ...« Solche Sätze haben den Vorteil, dass niemand widersprechen kann – was Sie empfinden, ist allein Ihre Sache. Das erspart Ihnen lästige Diskussionen und kühlt die Auseinandersetzung ab.

▶ 10.
Halten Sie Schweigen aus!

Sie haben »Nein« gesagt. Aber was tut Ihr Gesprächspartner? Er starrt Sie an, als hätten Sie ihn gerade beleidigt. Nun ist die Verlockung groß, dass Sie Ihr Nein relativieren und entschuldigen: »Das ist nicht gegen dich gerichtet, ich will doch nur ...«

Damit schwächen Sie Ihre eigene Aussage! Der Gesprächspartner ahnt, dass Sie doch nicht so sicher im Sattel sitzen, wie es schien. Besser stellen Sie Ihre Kernaussage in den Raum – um dann, wenn nötig, ein längeres Schweigen auszuhalten. Jede Sekunde, in der Sie nichts hinzufügen, flüstert Ihrem Gegenüber: Das Gesagte gilt vollständig – es wankt nicht!

Wer in der Lage ist, Schweigen auszuhalten, versetzt sich damit in den Hochstatus. Während der Diener pausenlos plappert, um sich vor dem König zu rechtfertigen, sitzt dieser still und ungerührt auf seinem Thron. Beim Nein-Sagen ist es von Vorteil, wenn Sie königliche Würde ausstrahlen!

Prominent erlebt: Mein Weg zum Irrenhaus

»Bist du wahnsinnig!«, rief der Kollege, als er von meinem Plan hörte: Ich wollte meine sichere Position als stellvertretender Chefredakteur der Zeitschrift »Blinker« kündigen und Abteilungsleiter bei einem Lifestyle-Konzern werden. »Das ist doch viel zu riskant, eine völlig andere Branche!«, mahnte er. Doch ich sagte Nein zu seinen Bedenken – und ging meinen Weg.

»Bist du wahnsinnig!«, hörte ich einige Jahre später erneut, als ich meine Führungsposition bei dem Lifestyle-Unternehmen aufgab, um Buchautor und Berater zu werden. »Wovon willst du leben? Du hast ja noch gar keine Kunden. Und Bücher können nur ein Zubrot sein.« Wieder sagte ich Nein zu den Bedenken – wieder ging ich meinen Weg.

»Bist du wahnsinnig!«, riefen meine Beraterkollegen schließlich, als sie meine ersten Bücher lasen. »Warum kritisierst du Firmen und Führungskräfte? Genau die müssen dir doch Aufträge geben! Sei besser mitarbeiterkritisch.« Wieder sagte ich Nein – wieder ging ich meinen Weg.

Ich habe alles falsch gemacht, nach Meinung der anderen. Und alles richtig gemacht, nach Meinung meines Herzens. Und weil ich tat, wovon ich überzeugt war, tat ich es offenbar überzeugend. Immer mehr Unternehmen buchten mich als Redner, weil ich für Klartext bekannt war. Andere Karriereberater ließen sich von mir ausbilden, weil sich meine Philosophie abhob. Und allein mein unternehmenskritisches Buch »Ich arbeite in einem Irrenhaus« verkaufte sich über eine Viertelmillion Mal, weil es vielen aus der Seele sprach.

Nicht ich lief dem Erfolg hinterher, der Erfolg lief zu mir. So geht das oft, wenn Sie Ihren eigenen Weg einschlagen. Wie gut, dass ich mich als junger Mann in eine Behörde verirrt und dort gelitten hatte! Seit dieser Zeit folge ich meinen Sehnsüchten und spreche das Wort »Nein« deutlich aus!

Zwölf Strategien für Ihr praktisches Nein

Dürfen Sie beim Nein-Sagen auf Ihren Bauch hören? Was können Sie tun, damit Ihr Gesprächspartner Sie nicht doch noch rumkriegt? Und wie müssen Sie ein Nein servieren, damit es für Ihren Gesprächspartner genießbarer wird? In den folgenden zwölf Tipps geht es um die Praxis des Nein-Sagens.

▶ 11.

Hören Sie auf Ihren Bauch!

Können Sie sich an Harry erinnern, den Mann, der zwischen zwei Frauen stand (siehe Seite 197)? Seine Intuition hatte die Antwort längst gewusst, während ihn sein Verstand noch narrte. Was passiert, wenn Sie auf Ihren Bauch hören und sich fragen: Wohin tendiere ich spontan, zum Ja oder zum Nein? Schließen Sie die Augen, und stellen Sie sich eine Ampel vor: Steht Sie auf Rot? Oder auf Grün?

Eine rote Ampel überfährt man selten ungestraft. Die Managerin, die bei einem Bewerber spontan Nein denkt, ihn auf Drängen des Personalchefs aber doch einstellt; die Abiturientin, die das von der Freundin empfohlene Studium zunächst schrecklich findet, sich dann aber doch einschreibt; der Verkäufer, der seiner Kollegin auf Anhieb keine 250 Euro leihen will, dann aber doch nachgibt: Mit einem Nein aus dem Bauch wären sie wahrscheinlich besser gefahren.

Gehen Sie Fälle durch, in denen sich Ihr überlegtes Ja als Fehler erwiesen hat, und fragen Sie sich: Wie hätte ich spontan entschieden? Und dann denken Sie an Situationen, in denen Sie Nein aus dem Bauch sagten. Lagen Sie richtig? Oder falsch? Diese persönliche Bilanz kann Ihnen zeigen, wie erstaunlich zuverlässig Ihre Intuition ist.

Argumentieren Sie mit diesem Bauchgefühl und formulieren Sie Ihr Nein als Ich-Botschaft: »Ich hätte kein gutes Gefühl, dir Geld zu leihen.« Diese Antwort bietet zwei Vorteile: Sie sagen die Wahrheit, was Ihnen Selbstsicherheit verleiht; und Sie sind inhaltlich nicht angreifbar (denn wer will Ihr Gefühl widerlegen?). Dagegen würden Ausreden – »Ich habe gerade kein Geld« – Sie in Gewissensnöte stürzen. Zudem ließen sie sich anfechten und zögen Diskussionen nach sich.

▶ 12.
Nehmen Sie sich Zeit!

»Kannst du mal für eine Weile auf meinen Hund aufpassen?«, fragt die Nachbarin und schiebt Ihnen schon ihren bellenden Dackel durch die Tür. Und Sie, völlig überrumpelt, hören sich »Ja« sagen – und sehen Ihre Nachbarin mit großen Schritten entschwinden. Aber hatten Sie nicht einen stillen Samstagnachmittag geplant, um sich vom Lärm der Woche zu erholen? Wollten Sie nicht in Ihren Lieblingszeitschriften blättern, in Ihrem Buch weiterlesen und nebenbei einen Tee trinken?

Jetzt kämpfen Sie mit einem kläffenden Hund, fühlen sich überfordert und ärgern sich über Ihre Zusage – zumal dieselbe Nachbarin bislang nicht dadurch aufgefallen ist, dass sie Ihnen Gefälligkeiten erwiesen hätte. Wie konnte es passieren, dass Sie gegen Ihren Willen zugestimmt haben? Sie wurden das Opfer der Überrumpelungs-Taktik! Dabei setzt derjenige, der Sie etwas fragt, Ihr Einverständnis schon voraus – und schafft sofort Fakten, indem er Ihnen einen Hund durch die Tür schiebt, eine Mehrarbeit auf den Schreibtisch wirft oder Ihren Namen in eine Teilnehmerliste schreibt.

Der beste Schutz gegen eine Überrumpelung? Halten Sie sich an ein Motto von Pythagoras von Samos: »Die kürzesten Wörter, nämlich ›ja‹ und ›nein‹, erfordern das meiste Nachdenken.« Nehmen Sie sich Zeit, statt sich unter Druck setzen zu lassen! Zum Beispiel hätten Sie zur Nachbarin sagen können: »Lass mich einen Moment darüber nachdenken. Ich komme gleich bei dir vorbei und gebe Bescheid.« Dann hätten Sie in sich hören, stimmig entscheiden und diesen Entschluss mitteilen können – zum Beispiel: »Das passt bei mir nicht. Ich habe einen ruhigen Nachmittag geplant und wäre böse auf mich selbst, wenn ich diesen Plan jetzt umstoße.« Eine wirksame Ich-Botschaft.

▶ 13.
Achten Sie auf Rattenschwänze!

Wie lange müssen Sie eigentlich auf den Hund achtgeben? Sollen Sie mit ihm Gassi gehen? Womöglich Ihr Abendessen mit ihm teilen? Ehe Sie Ja sagen, sollten Sie genau wissen, worauf Sie sich einlassen. Schon mancher, der scheinbar nur einen kleinen Gefallen zusagte, hat dabei einen Rattenschwanz übersehen.

Wie viel Mehrarbeit bedeutet der neue Firmenkunde, den Ihre Chefin Ihnen aufhalsen will? Werden Sie dafür von Ihren anderen Aufgaben entlastet? Bekommen Sie Unterstützung von Ihren Kollegen? Welche Umsatzziele stellt sie sich vor? Ehe solche Fragen geklärt sind, gliche Ihr Ja einem Blankoscheck.

Deshalb: Sammeln Sie vor einer (für Sie unklaren) Entscheidung ausreichend Infos. Und erst, wenn Sie die Konsequenzen überblicken, geben Sie eine Rückmeldung. Zum Beispiel: »Nein, ich kann diesen Kunden nicht annehmen. Meine aktuellen Kunden lasten mich aus und brauchen meine volle Konzentration. Dieser zusätzliche Kunde würde – ich hab das mal überschlagen – 15 Stunden Einsatz pro Woche erfordern. Diese Zeit kann ich Ihnen nicht seriös zusagen, ohne die anderen Kunden zu vernachlässigen. Wer zwei Hasen jagt, fängt keinen.«

Diese Aussage wirkt fundiert, weil sie auf Fakten verweist (15 Stunden Einsatz pro Woche), den Vorteil der bestehenden Kunden betont und die Härte im Inhalt durch die leichte Hasen-Metapher abfedert.

▶ 14.

Zeigen Sie Alternativen auf!

Und was, wenn Sie zwar Nein zur Betreuung des neuen Firmenkunden sagen, Ihrer Chefin aber guten Willen signalisieren wollen? Dann können Sie dieselbe Antwort wie gerade eben geben, nur dass Sie im Anschluss erläutern, unter welchen Bedingungen Ihre Ampel doch noch auf Grün spränge oder welche anderen Lösungswege Sie sehen: »Wenn ich einen großen Bestandskunden abgeben könnte, würde meine Kapazität für den neuen Kunden reichen.« Oder: »Gerade hat mir der Kollege John gesagt, dass der Vertrag mit seinem US-Kunden ausläuft. Fragen Sie ihn doch mal, vielleicht kann er den neuen Kunden einplanen. Ich wäre gerne bereit, ihn einzuweisen.«

Beide Vorschläge zeigen: Statt einfach nur Nein zu sagen, denken Sie über den Tellerrand hinaus und arbeiten aktiv an der Lösung mit. Offenbar ist es Ihnen wichtig, dass Ihre Chefin einen Weg findet. Dieses konstruktive Verhalten verleiht Ihnen Glaubwürdigkeit, Ansehen und gibt Ihrem Nein noch mehr Gewicht.

► 15.
Würdigen Sie die Absicht Ihres Gegenübers!

Einige Angebote sind gut gemeint, auch wenn sie Ihnen nicht in den Kram passen. Zum Beispiel kommt Ihr Abteilungsleiter auf Sie zu und sagt: »Ich habe eine gute Nachricht für Sie: In einem halben Jahr werde ich befördert und mache Sie zu meinem Nachfolger. Gratulation!« Sofort zucken Sie zusammen, denn Sie lieben Ihre Fachaufgabe und haben keine Lust auf Führung. Was antworten Sie?

Ein gutes Vorgehen: Würdigen Sie die positive Absicht hinter dem Angebot, indem Sie aktiv zuhören, und zeigen Sie auf, warum sich diese durch Ihr Ja nicht verwirklichen ließe. Das klingt dann zum Beispiel so: »Erst einmal ganz herzlichen Dank, dass Sie ausgerechnet auf mich zukommen. Ich weiß Ihr Vertrauen zu schätzen.« (Sie würdigen das Angebot.) »Bestimmt ist es Ihnen wichtig, das Team an jemanden zu übergeben, der die Arbeit in Ihrem Sinne fortführt.« (Ihr Chef nickt.) »Und vielleicht wollen Sie mir auch eine Freude machen und meine Arbeit der letzten Jahre würdigen?« (Ihr Chef nickt erneut.) »Dann muss ich ganz ehrlich sein: Beides wird durch meine Beförderung nicht gelingen. Ich habe, anders als Sie, keine Freude an Führungsarbeit und sehe meine Stärken in der Facharbeit. Deshalb lehne ich dankend ab.«

► 16.
Betonen Sie den Vorteil der Gegenseite!

Nein-Sagen fällt so schwer, weil uns die Leistungsgesellschaft das

Tennis-Denken lehrt: Jeden rhetorischen Ballwechsel, den der eine gewinnt, verliert der andere. Dem ist aber nicht so – manchmal dient ein Nein beiden Seiten. Mit dieser Einsicht geht Ihnen ein Nein leichter über die Lippen.

Zum Beispiel will Sie eine Freundin überreden, endlich einen Facebook-Account einzurichten: »Na komm schon, ich will einfach wissen, was in deinem Leben so passiert. Und wenn du hier nicht vertreten bist, dann verliere ich dich ja allmählich aus den Augen.«

Mal angenommen, Sie haben keine Lust darauf, Ihr Privatestes öffentlich zu machen. Oder Sie sind eher der analoge Typ. Oder es gefällt Ihnen nicht, dass Facebook mit Ihren Daten undurchschaubare Geschäfte treibt. Wie können Sie Nein sagen, aber Ihrer Freundin zugleich den Vorteil dieser vermeintlichen Zurückweisung vor Augen führen? Hören Sie wieder aktiv zu, finden Sie das Ziel Ihrer Gesprächspartnerin heraus und bieten Sie einen alternativen Weg an. Zum Beispiel so:

»Verstehe ich dich richtig: Du willst möglichst zeitnah erfahren, was sich in meinem Leben tut und deshalb schlägst du mir Facebook vor?« (Ihre Freundin nickt.) »Dann sei lieber froh, dass ich jetzt Nein sage. Du würdest sonst vergeblich auf meine neuesten News warten müssen – ich würde sie nämlich nicht einpflegen, weil ich bei den sozialen Medien ein ganz schlechtes Gefühl habe und mich lieber mündlich austausche. Da ich jetzt weiß, dass du auf dem neuesten Stand sein willst, werde ich dich einfach öfter anrufen. Einverstanden?« (Sie haben Ihr Nein in einer freundlichen Form serviert, die Ihr Verhältnis zur Freundin würdigt, dennoch aber deutlich ist.)

▶ 17.
Seien Sie klar in Ihrem Nein!

Ihre Freundin gibt sich nicht geschlagen, sie hakt nach: »Na komm, gib dir einen Ruck, die sozialen Medien beißen nicht!« Und Sie sagen: »Eigentlich will ich das nicht.« Schon haben Sie durch den sprachlichen Weichmacher (»eigentlich«) zu erkennen gegeben, dass Ihre Abwehr zu knacken ist. Gewiss wird Ihre Freundin in diese Lücke stoßen: »Ich helf dir gern beim Einrichten. Wollen wir das nicht gleich machen? Sei kein Frosch, dort drüben steht mein PC.«

Drei Grundsätze können Sie vor einem unklaren Nein und den möglichen Folgen schützen:

1. Ziehen Sie innerlich eine klare Grenzlinie, die Sie konsequent verteidigen, ohne sprachliche Weichmacher (»würde«, »vielleicht«), unsichere Mimik (entschuldigendes Lachen) oder Scheinargumente (»Ich bin zu ungeschickt am Computer«).
2. Wiederholen Sie Ihr Nein, gerne noch etwas deutlicher, wenn der andere Sie bedrängt. Das lässt ihn zurückweichen.
3. Bleiben Sie einem Nein treu – anders als der US-Komiker Groucho Marx, der einmal sagte: »Ich habe eiserne Prinzipien. Wenn sie Ihnen nicht gefallen, habe ich auch noch andere.« Denn wenn Sie anfangen, Ausnahmen zu machen, heißt es bald über Sie: »Ziert sich zwar, ist aber doch zu überreden!«

▶ 18.
Werden Sie nicht müde, Ihre Kernaussage zu wiederholen!

Ein guter Nachbar klingelt an Ihrer Haustür. Er bittet Sie, seine Bürgerinitiative durch Ihre Unterschrift zu unterstützen. Seine

Forderung: Das Sitzungsgeld der Stadträte sollte gekürzt werden. Gerne würden Sie ihm den Gefallen tun. Aber die 50 Euro Sitzungsgeld scheinen Ihnen angemessen. Also sagen Sie:

»Dein Einsatz in Ehren. Aber ich finde, wir müssen froh sein, dass Menschen sich nach Feierabend noch ehrenamtlich für andere engagieren. 50 Euro pro Sitzung sind aus meiner Sicht in Ordnung.«

Er antwortet: »Stimmt! Aber das Problem ist: Die meisten Stadträte *engagieren* sich eben nicht! Sie kassieren vor allem das Sitzungsgeld.«

»Ich glaube doch, dass die Stadträte engagiert sind«, sagen Sie.

»Nein, zum Beispiel haben Sie bei der Baugenehmigung der Sporthalle ...« (Es folgen Details, die Sie nicht kennen und nicht überprüfen können.)

»Ist das denn nachgewiesen?«, fragen Sie.

»Klar, es gibt da sogar ein Protokoll, und zwar ...«

Warum wird Ihre Position immer schwächer? Weil Sie sich auf einen Nebenkriegs-Schauplatz locken lassen – hier können Sie die Argumente nicht mehr nachprüfen. Besser hätten Sie Ihr (gutes) Kernargument einfach wiederholt. Dann läuft der Dialog in etwa so:

»Das Problem ist: Die meisten Stadträte (...) kassieren vor allem das Sitzungsgeld.«

»Ich bleibe bei meiner Meinung: Ich schätze das ehrenamtliche Engagement und finde das Sitzungsgeld angemessen.«

»Aber in anderen Städten gibt es 10 Euro weniger.«

»Bei uns finde ich 50 Euro in Ordnung.«

»Aber die Faulen haben das doch nicht verdient!«

»50 Euro sind ein guter Mittelwert.«

Nun erreichen Sie den umgekehrten Effekt: Sie wiederholen

Ihr bestes Argument – und Ihr überforderter Gesprächspartner rutscht in immer schlechtere Argumente ab. Ihr Nein steht felsenfest.

▶ **19.**
Decken Sie Manipulationen auf!

Ihr Chef sagt zu Ihnen: »Niemand kommt mit der Mentalität der Asiaten so gut zurecht wie Sie! Das haben Sie schon mehrfach bewiesen. Deshalb möchte ich, dass Sie drei Wochen nach China reisen, um dort in unserer Niederlassung für Ordnung zu sorgen. Außer Ihnen kriegt das keiner hin.«

Sofort ist Ihnen klar: Ihr Chef sucht einen Dummen, der dieses Himmelfahrtskommando übernimmt. Die Art, wie er seine Offerte formuliert hat, setzt Sie mehrfach unter Druck: Zum einen umarmt er Sie mit seinem Lob, um Ihre Gegenwehr zu blockieren; zum anderen stellt er die (sicher unwahre) Behauptung auf, Sie seien die einzige Lösung seines Problems.

Nun liegt es an Ihnen, diesen Manipulationsversuch mit einem Augenzwinkern aufzudecken. Was Sie brauchen, ist eine lockere Formulierung, die Sie scheinbar amüsiert vorbringen, aber inhaltlich durchaus ernst meinen. Zum Beispiel könnten Sie mit einem selbstbewussten Lächeln sagen: »Wenn Sie solche Lobgesänge auf mich anstimmen, wollen Sie immer etwas von mir, was ich so nicht will. Stimmt's?« Nun sagen Sie Ihrem Chef ganz klar, dass Sie für diese Mission nicht zu haben sind.

Auf diese Weise haben Sie ihn entlarvt, ohne ihn vor den Kopf zu stoßen. Weil er weiß, dass er durchschaut ist, wird er sich höchstwahrscheinlich zurückziehen.

Und falls er doch weiterbohrt? Dann schalten Sie um auf ein

klares Nein, an dem Ihr Chef so lange abprallt, bis er die Lektion verstanden hat – und jemand anderen anspricht, der das Nein-Sagen weniger gut beherrscht als Sie.

▶ 20.

Nutzen Sie die Vernebelungs-Taktik!

In schwierigen Diskussionen müssen Sie sich gegen Vorwürfe wehren. Zum Beispiel sagt Ihr Chef:

»Wenn Sie die China-Reise ablehnen, fehlt es Ihnen an Verantwortungsbewusstsein!«

»Nein, daran fehlt es mir nicht! Schließlich war ich schon dreimal in China.«

»Na sehen Sie, dann geht es auch noch ein viertes Mal!«

Jedes Wort, das Sie zu Ihrer Verteidigung sagen, liefert dem Angreifer neue Munition. Manchmal fällt das Nein-Sagen leichter, wenn Sie die Angriffe Ihres Gegners mit der Vernebelungs-Taktik ins Leere laufen lassen. Dabei räumen Sie die mögliche (aber nicht tatsächliche) Berechtigung der Gegenargumente ein.[169] Das kann so verlaufen:

»Wenn Sie diese Dienstreise nicht antreten, dann fehlt es Ihnen an Verantwortungsbewusstsein.«

»Das können Sie natürlich so deuten.«

»Also geben Sie mir recht?«

»Eine solche Deutung ist möglich.«

»In Wirklichkeit scheuen Sie sich doch nur vor den Konflikten mit den Chinesen.«

»Das kann durchaus sein.«

Merken Sie, wie mächtig Sie durch diese Vernebelungs-Taktik werden? Der Chef bekommt Ihre Antworten nicht zu fassen. Weil Sie ihm weder zustimmen noch seinen Standpunkt ablehnen, läuft er ins Leere. Sie liefern ihm auf diese Weise keine Ansätze, den Druck auf Sie zu erhöhen.

▶ 21.

Berufen Sie sich auf Prinzipien!

Der häufigste Grund, warum Ihnen ein Nein krummgenommen wird? Der andere nimmt es persönlich! Das können Sie vermeiden, indem Sie deutlich machen: Ihr Nein hat nichts mit diesem Einzelfall, nichts mit Ihrem Gesprächspartner persönlich zu tun, sondern geht auf Prinzipien zurück. Zum Beispiel könnten Sie Ihrem Chef sagen:

»Ich habe mit meiner Familie besprochen, dass ich keine Dienstreisen nach China mehr unternehme.«

»Aber in diesem Fall ist es dringend!«

»Diese Abmachung mit meiner Familie steht. Ich habe mein Wort drauf gegeben.«

»Vielleicht wären zwei statt drei Wochen drin!«

»Ich stehe zu meinem Wort, das ich meinem Partner und meinen Kindern gegeben habe: keine Dienstreisen nach China.«

Weil Sie auf Ihre Prinzipien verweisen und das Argument wiederholen, wird Ihr Gesprächspartner entwaffnet. Würden Sie Sachgründe benennen – etwa dass Ihre Familie Ihre Unterstützung braucht – könnte er mit Ihnen diskutieren: »Die werden doch mal drei Wochen ohne Sie auskommen.« Oder: »Ich zahle Ihrer Familie ein Flugticket für ein verlängertes Wochenende.«

Dagegen sind Ihre Prinzipien nicht diskutierbar: ein Fundament aus Beton, das Ihr Nein trägt.

▶ 22.

Sagen Sie ein zeitlich befristetes Nein!

Manchmal ist ein Nein nicht grundsätzlich, sondern bezieht sich auf eine bestimmte Zeit – dann sollten Sie diese Perspektive aufzeigen. Zum Beispiel hätten Sie zu Ihrem Chef sagen können: »Ich habe mit meiner Familie vereinbart, dass ich dieses Jahr keine Dienstreisen nach China mehr machen werde. Im neuen Jahr können wir wieder ins Gespräch kommen.«

Oder, wenn Ihnen jemand Arbeit auf den Tisch delegieren will: »Diesen Monat passt es überhaupt nicht. Nächsten Monat kann das wieder anders sein. Kommen Sie dann noch einmal auf mich zu, falls Ihre Anfrage immer noch akut sein sollte.«

Wichtig: Sprechen Sie solche Einladungen nur aus, wenn Sie es ernst damit meinen. Und sagen Sie noch nicht definitiv zu, sondern halten Sie Ihre Entscheidung offen (»… kann das anders sein«). Damit demonstrieren Sie grundsätzliche Offenheit – während Sie Ihre persönlichen Grenzen für den Moment konsequent verteidigen.

DER KLEINE NEUDENKER

»Nein« ist ein merkwürdiges Wort: Wenn Sie es aussprechen, hören die anderen oft »Ja« – es sei denn, Sie trainieren Ihre »Aussprache«.

DIE SELBSTCOACHING-ÜBUNG

Sagen Sie Nein wie ein Gangster-Boss!

Experimentieren Sie im Alltag mit dem Nein-Sagen. Wählen Sie belanglose Situationen, etwa wenn Ihre Kinder eine Kleinigkeit fordern, Ihre Kollegen Sie zum Mittagessen mitnehmen oder Zeugen Jehovas Sie bekehren wollen.

▶ 1.) Was passiert, wenn Sie sprachliche Weichmacher verwenden: »*Eigentlich wollte* ich nicht, dass du heute Abend Fernsehen schaust.« Achten Sie darauf, welche Botschaft ankommt: das relative Nein oder das relative Ja?

_____

_____

_____

▶ 2.) Probieren Sie bei anderer Gelegenheit ein sprachlich klares Nein, aber in hoher Stimmlage und mit unsicherem Lächeln, während Sie an Ihrem Kinn zupfen. Wie reagiert Ihr Gesprächspartner? Nimmt er Ihr Nein ernst? Oder fühlt er sich ermuntert, Sie zu überreden?

_____

_____

_____

▶ 3.) Und nun, in der nächsten Situation, stellen Sie sich vor, ein harter Hund zu sein – etwa ein Gangster-Boss. Sagen Sie Ihr Nein mit fester Überzeugung, mit tiefer Stimme und so kurz angebunden, als wäre es völlig klar, dass der andere es akzeptiert.

_____

_____

_____

Welche Wirkung entfaltet dieses Nein im Unterschied zu den ersten beiden? Hätten Sie gedacht, dass dasselbe Wort so unterschiedlich ankommen kann? Hat Ihnen diese innere Haltung auch eine andere Körpersprache verliehen? Was können Sie aus dem Experiment für sich lernen?

Wenn Sie mögen: Probieren Sie die 22 vorangegangenen Tipps zum Nein-Sagen in undramatischen Situationen aus. Dann merken Sie, was am besten zu Ihnen passt und sind für die entscheidenden Momente gerüstet.

Nachwort:

Ich hab da was gefunden – mein Leben!

»Eine Rentnerin ist erschlagen worden!«, rief der Radiomoderator in sein Mikrophon. Und mit gesteigerter Empörung fügte er hinzu: »Erschlagen, für nur 25 Euro, ein Wahnsinn!« Warum hob er die 25 Euro so hervor? Wäre es in Ordnung gewesen, die Frau für 2500 Euro zu erschlagen? Für 25 000? Oder für 250 000? Der Moderator übernahm eine gängige Meinung: »Alles eine Frage des Preises!«

Wenn jemand sein Leben verliert, auch durch Anpassung, kommt es nicht auf die Summe an. Ob er im Gegenzug 25 000 Euro, 250 000 oder 2,5 Millionen im Jahr verdient, ob er Ruhm, Anerkennung oder stürmischen Applaus kassiert: Sein *eigenes* Leben ist weg. Vorbei, verweht, nie wieder.

Dieses Buch hat Sie ermutigt, einzig statt artig zu sein und Ihre Individualität zu verteidigen: Ganz egal, was die Firma an Gehalt bezahlt, sie bekommt Ihr Leben nicht! Ganz egal, was die Werbung an Glück verspricht, sie bekommt Ihr Leben nicht! Und ganz egal, wie Ihnen andere Menschen schmeicheln oder drohen, sie bekommen Ihr Leben nicht! Denn Ihr Leben gehört Ihnen, niemandem sonst.

Übernehmen Sie in Ihrem eigenen Lebensfilm die Regie. Sprechen Sie nicht länger fremde Drehbücher nach, ignorieren Sie unstimmige Regieanweisungen. Glück kommt immer von innen. Und Selbstbestimmung beginnt mit Eigenliebe. Nehmen Sie sich so, wie Sie sind: nicht nur Ihre Stärken, sondern auch Ihre Schwächen, nicht nur Ihre harten, sondern auch Ihre weichen Seiten. Wer sich selbst annimmt, entzieht sich der Manipulierbarkeit.

Verbringen Sie Ihre Zeit mit Aufgaben, die Sie erfüllen, und mit Menschen, die es wert sind. Und widerstehen Sie der Versuchung, andere verantwortlich zu machen, wenn es in Ihrem Leben hakt. Denn wer – wenn nicht Sie – hat den Arbeitgeber gewählt, mit dem Sie jetzt unzufrieden sind? Oder den Partner, mit dem Sie dauernd zanken? Jedes Glück, aber auch jedes Unglück, geht auf Ihre Entscheidungen zurück.

Es geht um Verantwortung, um ein überzeugtes Ja zu Ihrem Leben, darum, dass Sie jeden Tag vor dem Spiegel in etwa sagen können:

»Ja, das bin ich, einmalig unter sieben Milliarden Menschen, so noch nie da gewesen, so nie wiederkehrend. Und auf meiner kurzen Strecke zwischen Geburt und Tod werde ich keine faulen Kompromisse mehr machen. Ich nicke nicht, wenn ich anderer Meinung bin; sage nicht »Ich muss«, sondern finde zu einem »Ich will«; und arrangiere mich nicht mit dem Leben, sondern arrangiere mein Leben für mich.

Ich habe meinen eigenen Kopf, in den ich mir vieles setze, aber nichts mehr setzen lasse. Ich erwarte nicht länger, dass meine Mitmenschen mich glücklich machen. Ich widme mich meinem Leben mit Liebe, damit es mir Liebe zurückgibt. Ich begegne den Menschen mit Achtung, damit ich geachtet werde. Und wenn das nicht klappt, verändere ich mich (sofern ich das will), statt andere verändern zu wollen. Dann habe ich mein Leben in der Hand und bin selbstbestimmt.

Mit der Zukunft werde ich nicht länger flirten, mit der Vergangenheit nicht grollen – die Gegenwart soll meine Freundin sein. Zur Arbeit gehe ich nicht mehr, um ein Gehalt zu bekommen, sondern der Arbeit wegen. Zum Joggen gehe ich nicht mehr, um mein Herz zu stärken, sondern des Joggens wegen. Und meine Kinder erziehe ich nicht mehr, damit mal etwas aus ihnen wird, sondern des Erziehens wegen.

Ich höre auf damit, heute Kröten zu schlucken, um morgen glücklich zu sein – denn sonst sind nur die heutigen Kröten sicher, nicht das morgige Glück.«

Erfülltes Leben setzt Lebendigkeit voraus. Der Augenblick muss Selbstzweck sein, nicht nur Brücke in die Zukunft. Wer sein Studium als Mittel sieht, das durch den künftigen Job als Zweck geheiligt wird, kann mit dieser Haltung weder das Studium noch den Job noch die Zeit danach genießen. Während er studiert (und unter dem Studium leidet), sieht er sich als künftige Führungskraft; während er dann Führungskraft ist (und unter der Überlastung leidet), sieht er sich als Rentner – und wenn er dann Rentner ist (und unter der Last seines Alters leidet), sehnt er sich wieder zu seiner Studienzeit zurück. Seine Gegenwart? Ein schwarzes Loch!

Wenn man erfolgreiche Menschen wie Firmengründer oder Modedesignerinnen in höheren Lebensjahren fragt, zu welcher Zeit sie am glücklichsten waren, verweisen fast alle auf die Zeit *vor* ihrem großen Erfolg. Das war die Zeit der größten Schwierigkeiten, der Ungewissheit – die Zeit, in der sie gefordert, im Flow und deshalb ganz lebendig waren.

»Eines Tages hast du es geschafft!«, redet uns die Gesellschaft ein. »Dann hast du dein Haus, dein Auto, deine Familie, dein Vermögen – und bist glücklich!« Das Gegenteil ist wahr: Glück besteht nicht im Erreichen von, sondern im Streben nach. Der

Hirnforscher Gerhard Roth bestätigt, dass Vorfreude die schönste Freude ist, sofern wir ein absehbares Ziel anstreben.[170] Hinter der Ziellinie kippt der Marathonläufer erschöpft um; beim Laufen ist er lebendig. Wir unterschätzen den Weg und überschätzen das Ziel.

Ebenso unterschätzen wir das eigene Glück und überschätzen das der anderen. Da ist die junge Frau ohne Kinder, die neidisch auf die junge Mutter nebenan blickt: Ach, muss das eine Erfüllung sein, ein eigenes Kind zu haben! Es zu wiegen, zu stillen, zu spüren! Und die Mutter ihrerseits blickt zur kinderlosen Nachbarin und denkt: Ach, muss das eine Erfüllung sein, ganz ohne Kind! Auszugehen, auszuschlafen und nie herbeigeschrien zu werden!

Selbstbestimmung bedeutet Verzicht: Sie werden weniger *haben,* als wenn Sie fremdbestimmt durch den Supermarkt des Lebens stolpern und wahllos alles Greifbare, ob Freunde, Produkte oder Jobs, in den Einkaufswagen stopfen – aber im Sinne Erich Fromms mehr *sein.* Die Entscheidung für das eine bedingt den Verzicht auf das andere.

Nie werden Sie erfahren, was aus Ihnen geworden wäre, hätten Sie sich für den anderen Partner, den anderen Job, das andere Land, das andere Leben entschieden. Wäre alles besser gelaufen für Sie? Wohl kaum. Wichtig an Entscheidungen ist, sie überhaupt zu fällen und das Beste daraus zu machen. Wer nicht entscheidet, über den wird entschieden – er treibt aus seinem *eigenen* Leben ab. Wer nur die versäumte Möglichkeit sieht, statt die gewählte zu bejahen, wie die beiden Nachbarinnen, vereitelt sein eigenes Glück.

Erfüllung hat mit Erwartung zu tun. Genießen Sie die schönen Momente Ihres Lebens, aber erwarten Sie nicht, sich *dabei* glücklich zu fühlen. Gegenwärtiges Glück ist ein Gespenst, das noch keiner eingefangen hat. Glück ist für den, der es gerade erlebt, unsichtbar. Wenn Sie glücklich sind, ob bei der Arbeit, beim Sex oder beim Meditieren, füllt dieses Glück Sie aus – ohne Raum zu lassen für den Gedanken: »Du bist gerade glücklich!« Der russische Autor Fjodor Dostojewski, ein großer Kenner der menschlichen Seele, schrieb: »Der Mensch ist unglücklich, weil er nicht weiß, dass er glücklich ist. Nur deshalb. Das ist alles, alles!« Glück ist lediglich im Rückspiegel erkennbar.

Steigen Sie in die Lok Ihres Lebenszuges, stellen Sie die Weichen und folgen dem Gleis Ihrer Werte. Lassen Sie sich von den Stoppsignalen der anderen nicht bremsen. Nehmen Sie auch die Tunnel in Kauf, die dunklen Phasen. Solche Zweifel sind normal, wenn Sie abseits der eingefahrenen Gleise rollen. Lichte Momente werden folgen, wenn Sie Ihrer Individualität weit genug entgegenfahren. Die Landschaft wird immer vertrauter, das Heimatgefühl größer werden. Und dann kommen Sie an einem Bahnhof an, der nur für Sie bestimmt ist, dem Bahnhof Ihrer persönlichen Erfüllung.

Willkommen in der Selbstbestimmung – willkommen zu Hause *bei sich!*

DER KLEINE NEUDENKER

Es gibt nur zwei Wege, sein Leben zu verlieren: den Tod und die Anpassung. Im zweiten Fall haben Sie die Chance, sich zu weigern!

Weiterführende Literatur

Adler, Alfred, *Menschenkenntnis.* Anaconda, 2008

Aristoteles, *Nikomachische Ethik.* Reclam, 2013

Benson, Nigel u. a., *Das Psychologie-Buch.* Dorling Kindersley, 2012

Berndt, Christina, *Resilienz.* dtv, 2013

Buckingham W. u. a., *Das Philosophie-Buch.* Dorling Kindersley, 2011

Byron, Katie, *Lieben was ist.* Arkana, 2002

Camus, Albert, *Der Mythos des Sisyphos.* Rowohlt, 2000

Crawford, Matthew B., *Ich schraube, also bin ich.* Ullstein, 2010

Csikszentmihalyi, Mihaly, *Flow – der Weg zum Glück.* Herder, 2012

Csikszentmihalyi, Mihaly, *Lebe gut!* dtv, 2001

Ellis, Albert, *Training der Gefühle.* mvg, 2013

Esser, Michael; Schmitt, Tom, *Status-Spiele.* Scherz, 2009

Faltin, Günter, *Kopf schlägt Kapital.* dtv, 2012

Förster, Anja; Kreuz, Peter, *Hört auf zu arbeiten.* Pantheon, 2013

Frankl, Viktor, *… trotzdem Ja zum Leben sagen.* dtv, 1982

Frisch, Max, *Stiller.* Suhrkamp, 2011

Fromm, Erich, *Die Kunst des Liebens.* Ullstein, 2005

Fromm, Erich, *Haben oder Sein.* dtv, 1994.

Gigerenzer, Gerd, *Bauchentscheidungen.* Goldmann, 2008

Gladwell, Malcolm, *Tipping Point.* Goldmann, 2002

Goleman, Daniel, *Emotionale Intelligenz.* dtv, 1997

Gottman, John M., *Die 7 Geheimnisse der glücklichen Ehe.* Ullstein, 2013

Gruen, Arno. *Wider den Gehorsam.* Klett-Cotta, 2014

Harris, Thomas A., *Ich bin o. k., Du bist o. k.* Rowohlt, 2007

Hesse, Hermann, *Eigensinn macht Spaß.* Insel, 2012

Hohensee, Thomas, *Gelassenheit beginnt im Kopf.* MensSana, 2007

Hüther, Gerald, *Bedienungsanleitung für ein menschliches Gehirn.* Vandenhoeck & Ruprecht, 2010

Jaeggi, Rahel, *Entfremdung.* Campus, 2005

Kitzler, Albert, *Wie lebe ich ein gutes Leben?* Pattloch, 2014

Klein, Stefan, *Die Glücks-Formel.* Rowohlt, 2002

Kolbusa, Matthias, *Gegen den Schwarm.* Ariston, 2014

Layard, Richard, *Die glückliche Gesellschaft.* Campus, 2005

Metzinger, Thomas, *Der Ego-Tunnel.* Piper, 2014

Perls, Fritz, *Grundlagen der Gestalt-Therapie.* Klett-Cotta, 2013

Prieß, Mirriam, *Burnout kommt nicht nur von Stress.* Südwest, 2014

Richter, Horst-Eberhard, *Umgang mit Angst.* 1993, Econ

Rogers, Carl, *Die klientenzentrierte Gesprächspsychotherapie.* Fischer, 2012

Satir, Virginia, *Familienbehandlung.* Lambertus, 2003

Scherer, Hermann, *Glückskinder.* Campus, 2011

Schmid, Wilhelm, *Liebe.* Insel, 2014

Schopenhauer, Arthur, *Über die Freiheit des menschlichen Willens. Über die Grundlage der Moral.* Diogenes, 1977

Schulz von Thun, Friedemann, *Miteinander reden 2.* Rowohlt, 2001

Schulz von Thun, Friedemann, *Miteinander reden 3.* Rowohlt, 2001

Seligman, Martin E. P., *Der Glücks-Faktor.* Bastei Lübbe, 2002

Seligman, Martin E. P., *Erlernte Hilflosigkeit.* Belz, 2011

Servan-Schreiber, David, *Die Neue Medizin der Emotionen.* Goldmann, 2006

Smith, Manuel, *Sag Nein ohne Skrupel.* mvg, 2012

Sprenger, Reinhard K., *Die Entscheidung liegt bei dir.* Campus, 2002

Thoreau, Henry David, *Walden.* Könemann, 1999

Wallace, David Foster, *Das hier ist Wasser.* Kiepenheuer & Witsch, 2012

Wehrle, Martin, *Bin ich hier der Depp?* Mosaik, 2013

Wehrle, Martin, *Die 500 besten Coaching-Fragen.* managerSeminare, 2012

Wehrle, Martin, *Herr Müller, Sie sind doch nicht schwanger?!* Mosaik, 2014

Weischedel, Wilhelm, *Die philosophische Hintertreppe.* dtv, 1992

Wiseman, Richard, *Wie Sie in 60 Sekunden Ihr Leben verändern.* Fischer, 2013

Zurhorst, Eva-Maria, *Liebe dich selbst und es ist egal, wen du heiratest.* Goldmann, 2009

Quellenverzeichnis

1 Spiegel-Online, »No Milk Today« in der Endlosschleife, 26.09.2012

2 focus.de, Studie: Die Deutschen fühlen sich nicht richtig wohl, 28.08.2012

3 bmg.bund.de, Gesundheitsgefahr Depression, 13.10.2014

4 Alle Aphorismen ohne gesonderte Kennzeichnung stammen aus »Das große Handbuch der Zitate« (Bassermann-Verlag) oder aus digitalen Zitate-Sammlungen. Im Zweifel wurde die gängigste Fassung verwendet.

5 Ende, Michael, *Jim Knopf und Lukas der Lokomotivführer*. Thienemann Verlag, 1990

6 Alle Namen von Klienten sind zum Schutz der Persönlichkeit verändert

7 Weischedel, Wilhelm, *Die philosophische Hintertreppe*. dtv, 1992

8 Spiegel-Online, Deutsche können alles – außer genießen, 22.05.2012

9 Hesse, Hermann, *Eigensinn macht Spaß*. Insel, 2012

10 Nietzsche, Friedrich, *Wie man wird, was man ist*. Insel, 1988

11 Spiegel-Online, Familienstudie: Deutsche haben kaum Zeit für ihre Liebsten, 12.09.2012

12 hna.de, So viel TV schauen die Deutschen pro Tag, 01.07.2013

13 Layard, Richard, *Die glückliche Gesellschaft*. Campus, 2005

14 Isaacson, Walter, *Steve Jobs*. C. Bertelsmann, 2011

15 focus.de, »Der Tod ist die beste Erfindung des Lebens«, 06.10.2011

16 Sprenger, Reinhard K., *Die Entscheidung liegt bei dir*. Campus, 2002

17 The Times, 22.04.2005

18 Scherer, Hermann, *Glückskinder*. Campus, 2011

19 bild.de, Was macht Messi mit seiner ganzen Kohle, 28.05.2014

20 welt.de, Maschmeyer verlangt für Mallorca-Villa 38 Millionen, 10.08.2014

21 Goleman, Daniel, *Emotionale Intelligenz.* dtv, 1997

22 www.cz-wellmed.de

23 kaernten.orf.at, Immer mehr Schönheits-OPs vor Weihnachten, 14.12.2014

24 welt.de, Das teure Geschäft mit der falschen Schönheit, 19.10.2012

25 Penz, Otto, *Schönheit als Praxis.* Campus, 2010

26 frauenzimmer.de, Nach 90 OPs: Justin Jedlica ist der fleischgewordene Ken, abgerufen am 29.12.2014

27 Richter, Horst-Eberhard, *Umgang mit Angst.* 1993, Econ

28 Spiegel-Online, 192.126 Euro für »Ich liebe Dich«, 12.08.2009

29 Spiegel-Online, Sternstunde der Ekelpakete, 24.11.2008

30 s. Layard, 2005

31 ebenda

32 bundesregierung.de, Schwerpunkt: Im Visier der Werbung, abgerufen am 07.03.2015

33 Kolbusa, Matthias, *Gegen den Schwarm.* Ariston, 2014

34 Spiegel-Online, Wie versteckte Werbung wirkt, 28.05.2011

35 ZEIT Wissen, Die tägliche Verführung, 03/2012

36 Perls, Fritz, *Grundlagen der Gestalt-Therapie.* Klett-Cotta, 2013

37 Popper, Karl R., *Alles Leben ist Problemlösen.* Piper, 2012

38 s. ZEIT Wissen, 03/2012

39 ebenda

40 Spiegel-Online, Herdentrieb verführt zum »Liken«, 08.08.2013

41 Elliot, Aronson u.a., *Sozialpsychologie.* Addison-Wesley, 2008

42 Harris, Thomas A., Ich bin o.k., Du bist o.k.. Rowohlt, 2007

43 fr-online.de, Der liebe Entführer, 19.10.2012

44 Mey, Reinhard, *Alles geht (*Musikalbum). Intercord, 2003

45 Sprenger, Reinhard K., *Mythos Motivation.* Campus, 2010

46 Fromm, Erich, *Die Kunst des Liebens.* Ullstein, 2005

47 Wehrle, Martin, *Herr Müller, Sie sind doch nicht schwanger?!* Mosaik, 2014

48 Gruen, Arno. *Wider den Gehorsam.* Klett-Cotta, 2014

49 Förster, Anja; Kreuz, Peter, *Hört auf zu arbeiten.* Pantheon, 2013

50 rp-online.de, Das sind prominente Sitzenbleiber, abgerufen am 06.01.2015

51 berliner-zeitung.de, Die Einschläge kommen näher, 04.03.2009

52 ksta.de, Auf Sitzenbleiben folgt Depression, 20.06.2008

53 Hesse, Hermann, *Lektüre für Minuten.* Suhrkamp, 1971

54 King, Stephen, *Das Leben und das Schreiben.* Heyne, 2002

55 sueddeutsche.de, Nichts ist schlimmer als Bambi, 20.11.2013

56 Festinger, Leon, *Theorie der Kognitiven Dissonanz.* Huber, 1978

57 Kant, Immanuel, *Was ist Aufklärung?* Meiner, 1999

58 Adorno, Theodor W., *Minima Moralia.* Suhrkamp, 2000

59 Hohensee, Thomas, *Gelassenheit beginnt im Kopf.* MensSana, 2007

60 Spiegel-Online, Die meisten Deutschen sind mit ihrem Leben unzufrieden, 27.09.2011

61 welt.de, Enttäuschte Hoffnung auf Glück, 25.12.2005

62 ebenda

63 Schöpf, Hans, *Geh mir aus der Sonne!* Artemis & Winkler, 2005

64 Strohm, Christoph, *Leben und Werk des Reformators.* C.H. Beck, 2009

65 Krause, Jochen (Dr. Wort), *Klappe zu, Affe tot.* Rowohlt, 2011

66 Fink, Gerhard, *Who's who in der antiken Mythologie.* dtv, 1993

67 Cohn, Ruth C., *Von der Psychoanalyse zur themenzentrierten Interaktion.* Klett-Cotta, 2000

68 Prieß, Mirriam, *Burnout kommt nicht nur von Stress.* Südwest, 2014

69 Journal of Social Issues. Jg. 30, Nr. 1, 1974

70 Jung, Carl Gustav, *Die Archetypen und das kollektive Unbewusste.* Patmos, 2011

71 ebenda

72 Süddeutsche Zeitung, 02./03.03.2013

73 IWH, Wirtschaft im Wandel, Unbezahlte Überstunden in Deutschland, Jg. 18 (10), 2012

74 Wehrle, Martin, *Bin ich hier der Depp?* Mosaik, 2013

75 focus.de, Immer mehr Arbeitnehmer haben psychische Probleme, 16.08.2012

76 s. Wehrle, 2013

77 Sandberg, Sheryl, *Lean in.* Econ, 2013

78 Seligman, Martin E.P., *Erlernte Hilflosigkeit.* Belz, 2011

79 ebenda

80 ebenda

81 dak.de, Krankschreibung: Depressionen erreichen Höchststand, 21.02.2015

82 ebenda

83 Csikszentmihalyi, Mihaly, *Flow – der Weg zum Glück.* Herder, 2012

84 Schulz von Thun, Friedemann, *Miteinander reden 2.* Rowohlt, 2001

85 Esser, Michael; Schmitt, Tom, *Status-Spiele.* Scherz, 2009

86 s. Aristoteles, 2013

87 Rogers, Carl, *Die klientenzentrierte Gesprächspsychotherapie.* Fischer, 2012

88 Bork, Horst, *Falco die Wahrheit.* Schwarzkopf & Schwarzkopf, 2009

89 Nozick, Robert, *Anarchie, Staat, Utopia.* Lau, 2011

90 Nielsen, Frederic W., *Appelle an die Welt.* Toleranz Verlag, 2003

91 Kafka, Franz, *Der Prozess.* Suhrkamp, 2005

92 Lück. Helmut E., *Geschichte der Psychologie*. Kohlhammer, 2011

93 Wehrle, Martin, *Die 500 besten Coaching-Fragen*. managerSeminare, 2012

94 Wiseman, Richard, *Wie Sie in 60 Sekunden Ihr Leben verändern*. Fischer, 2013

95 dpa, *Echt wahr? – Kuriose Meldungen der (dpa)*. Tandem Verlag, 2007

96 *Peter Voß fragt ... Wolf Biermann*. ARD/SWR (DVD), 2009

97 Thoreau, Henry David, Walden. Könemann, 1999

98 Fromm, Erich, *Haben oder Sein*. dtv, 1994.

99 Frankl, Viktor, *... trotzdem Ja zum Leben sagen*. dtv, 1982

100 Frankl, Viktor, *Ärztliche Seelsorge. Grundlagen der Logotherapie und Existenzanalyse*. dtv, 2007

101 s. Frankl, 1982

102 Gigerenzer, Gerd, *Bauchentscheidungen*. Goldmann, 2008

103 ebenda

104 Kitzler, Albert, *Wie lebe ich ein gutes Leben?* Pattloch, 2014

105 Byron, Katie, *Lieben was ist*. Arkana, 2002

106 s. Weischedel, 1992

107 Schopenhauer, Arthur, *Über die Freiheit des menschlichen Willens. Über die Grundlage der Moral*. Diogenes, 1977

108 ebenda

109 Wallace, David Foster, *Das hier ist Wasser*. Kiepenheuer & Witsch, 2012

110 washingtonpost.com, Happiness on the Medal Stand? It's as Simple as 1-3-2, 18.08.2008

111 ebenda

112 Klein, Stefan, *Die Glücks-Formel*. Rowohlt, 2002

113 Benson, Nigel u.a., *Das Psychologie-Buch*, Dorling Kindersley, 2012

114 Ellis, Albert, *Training der Gefühle*. mvg, 2013

115 Skinner, Burrhus Frederic, *Die Funktion der Verstärkung in der Verhaltenswissenschaft.* Kindler, 1982

116 zeit.de, Ein Prozent der Weltbevölkerung hat mehr als alle anderen, 19.01.2015

117 Zieger, Jean, *Wir lassen sie verhungern.* btb, 2013

118 s. Scherer, 2011

119 Gladwell, Malcolm, *Tipping Point.* Goldmann, 2002

120 s. Goleman, 1997

121 s. Gladwell, 2002

122 ebenda

123 Havemann, Katja; Widmann, Joachim. *Robert Havemann.* Ullstein, 2003

124 Seligman, Martin E.P., *Der Glücks-Faktor.* Bastei Lübbe, 2002

125 ebenda

126 s. Goleman, 1997

127 Servan-Schreiber, David, *Die Neue Medizin der Emotionen.* Goldmann, 2006

128 s. dpa, 2007

129 Csikszentmihalyi, Mihaly, *Lebe gut!* dtv, 2001

130 Bauer, Joachim, *Arbeit.* Blessing, 2013

131 Spiegel-Online, 60.000 Euro jährlich reichen für vollendetes Glück, 07.09.2010

132 Faltin, Günter, *Kopf schlägt Kapital.* dtv, 2012

133 Metzinger, Thomas, *Der Ego-Tunnel.* Piper, 2014

134 Camus, Albert, *Der Mythos des Sisyphos.* Rowohlt, 2000

135 morgenpost.de, Papst Franziskus schockiert Kiosk-Verkäufer mit Anruf, 22.03.2013

136 focus.de, Fiat, Eisenkreuz, Kantine: So bescheiden lebt der Papst, 21.10.2013

137 s. Csikszentmihalyi, 2001

138 Spiegel-Online, Tagträume machen unglücklich, 12.11.2010

139 berliner-zeitung.de, Stress im Job nimmt für viele zu, 29.01.2013

140 Schulz von Thun, Friedemann, *Miteinander reden 3*, Rowohlt, 2001

141 Crawford, Matthew B., *Ich schraube, also bin ich*. Ullstein, 2010

142 Pörksen, Bernhard; Schulz von Thun, Friedemann, *Kommunikation als Lebenskunst*. Carl-Auer, 2014

143 Friedan, Betty, Der Weiblichkeitswahn oder die Selbstbefreiung der Frau. Rowohlt, 1970

144 s. Wehrle, 2013

145 s. Servan-Schreiber, 2006

146 s. Klein, 2002

147 s. Servan-Schreiber, 2006

148 sagepub.com, Loneliness and Social Isolation as Risk Factors for Mortality: A Meta-Analytic Review, 2015

149 ebenda

150 Spiegel-Online, Fürsorgliche Menschen leben glücklicher, 05.10.2010

151 Adler, Alfred, *Menschenkenntnis*. Anaconda, 2008

152 Heidenreich, Gert, *Thomas Gottschalk*. dtv, 2006

153 zeit.de, Die Macht der Familie, 03.02.2010

154 ebenda

155 ebenda

156 Satir, Virginia, *Familienbehandlung*. Lambertus, 2003

157 s. Cohn, 2000

158 Spiegel-Online, Wie ein glückliches Leben gelingt, 28.08.2012

159 Berndt, Christina, *Resilienz*. dtv, 2013

160 s. zeit.de, 03.02.2010

161 sueddeutsche.de, Was uns glücklich macht, 20.03.2014

162 Psychological Inquiry, 10, 2000

163 Gottman, John M., *Die 7 Geheimnisse der glücklichen Ehe*. Ullstein, 2013

164 alltagsforschung.de, 10 psychologische Fakten über die Ehe, 22.11.2010

165 Zurhorst, Eva-Maria, *Liebe dich selbst*. Goldmann, 2009

166 Schmid, Wilhelm, *Liebe*. Insel, 2014

167 Hüther, Gerald, *Bedienungsanleitung für ein menschliches Gehirn*. Vandenhoeck & Ruprecht, 2010

168 Molcho, Samy, *Körpersprache*. Goldmann, 2013

169 Smith, Manuel, *Sag Nein ohne Skrupel*. mvg, 2012

170 welt.de, Warum Lottogewinner nicht glücklich sind, 11.11.2007

Sachregister

Lasst ihn doch reden!

Dieses Buch hat Ihnen gefallen? Dann laden Sie MARTIN WEHRLE doch ein. Gerne besucht er Sie als Redner oder Podiumsteilnehmer.
Seine Vorträge begeistern Firmen und private Teilnehmer, u.a. mit folgenden Themen:

 **Sei einzig, nicht artig** — Von der Kunst, einmalig zu leben und zu arbeiten

 **Frauenkarriere mit Hindernis** — „Herr Müller, Sie sind doch nicht schwanger?!"

 **Einzigartig führen** — Der Weg in die moderne Unternehmenskultur

Sie suchen eine originelle Keynote?
Dann lassen Sie ihn doch reden: www.wehrle-redner.de

„Wo Martin Wehrle draufsteht, ist beste Unterhaltung garantiert."
HAMBURGER ABENDBLATT